Jean-François Susbielle

China – USA

D1936838

Jean-François Susbielle

CHINA – USA

Der programmierte Krieg

Aus dem Französischen
von Angelika Hildebrandt
und Heiner Must

Propyläen

Propyläen ist ein Verlag der Ullstein Buchverlage GmbH
www.propylaeen-verlag.de

ISBN 978-3-549-07313-1

© Éditions Générales First, Paris 2006
© der deutschen Ausgabe Ullstein Buchverlage GmbH, Berlin 2007
Alle Rechte vorbehalten
Gesetzt aus der Janson Text bei Leingärtner, Nabburg
Druck und Bindung: Pustet, Regensburg
Printed in Germany

Inhalt

Einleitung

Droht der Vierte Weltkrieg?

Nein, wir leben nicht in einer unipolaren, von der amerikanischen Supermacht beherrschten Welt. Noch nie hatten die USA die Lage so wenig unter Kontrolle wie heute.

Der Schauplatz der künftigen Konflikte wird nicht der Nahe Osten sein, sondern Ostasien. Denn alle Gefahren, die auf die Amerikaner zukommen, haben ihren Ursprung im Aufstieg Chinas zur Weltmacht. Der eigentliche Gegner Amerikas ist keineswegs Al Qaida, sondern das Reich der Mitte. Denn bis zum Jahr 2020 wird China die USA und alle anderen Länder des Erdballs zu seinen Vasallen machen. Höchstens fünf Jahre bleiben Amerika, um den Aufstieg des »Großen Drachen« zu stoppen und einen Weg zu finden, seine führende Rolle in der Welt aufrechtzuerhalten.

Um Chinas Vormarsch zu bremsen, investieren die Vereinigten Staaten jährlich fast 10 Milliarden Dollar in die Entwicklung eines Raketenabwehrsystems. Um den Einfluss Chinas zurückzudrängen, geben die Amerikaner offiziell 510 Milliarden Dollar für Verteidigung aus, fast doppelt so viel wie am Ende der Amtszeit von Bill Clinton. Die USA haben den Irak und seine Erdölvorkommen auch deshalb unter ihre Kontrolle gebracht, um Chinas Abhängigkeit in der Energieversorgung aufrechtzuerhalten. Und ebenso gehört es zur Vorbereitung des vierten Weltkonflikts, wenn die Amerikaner an Chinas Grenzen militärische Stützpunkte einrichten.

In manchen europäischen Ländern vergisst man allzu leicht, dass der Krieg der USA gegen den Kommunismus ein Weltkrieg war, dessen Schlachtfelder von Vietnam bis Afrika, von Korea bis Kuba und von Berlin bis Santiago de Chile reichten.

Der Dritte Weltkrieg begann im August 1945 mit dem Abwurf der Atombomben auf Hiroshima und Nagasaki. Damit wollten die USA sowohl die Kapitulation Japans herbeiführen als auch die Sowjetunion einschüchtern und deren politischem Ehrgeiz Grenzen setzen. Das Ende des Kalten Krieges kam mit dem Fall der Berliner Mauer am 9. November 1989, der den vollständigen Triumph der USA bedeutete. Und so konnte der siegreiche Kapitalismus nun seine neoliberale Ideologie über die ganze Welt verbreiten.

»China wird es wirtschaftlich nie zu etwas bringen!«, prophezeite Richard Nixon 1972, als er von seiner historischen Reise nach Peking zurückkehrte. Zum Teil hatte er recht. Der »Große Sprung nach vorn« hatte Ende der fünfziger Jahre eine riesige Hungersnot ausgelöst, der rund vierzig Millionen Chinesen zum Opfer fielen. Trotzdem fand Deng Xiaoping weniger als zehn Jahre nach Nixons Besuch das Wundermittel für die Lösung dieses Problems: Wiederherstellung des Privateigentums, Ermöglichung privater Initiative – und die Erhaltung der Kommunistischen Partei als Ordnungsfaktor. Nun erlebte das Reich der Mitte einen spektakulären wirtschaftlichen Aufschwung: Innerhalb von zwanzig Jahren wuchs sein Bruttoinlandsprodukt (BIP) auf das Vierfache.

In den reichen Ländern sagten früher die Eltern zu ihren wohlgenährten Kindern: »Mit dem, was du auf dem Teller hast, könnte man zehn kleine Chinesen ernähren.«

Heute, vierzig Jahre später, sind manche nicht gerade begeistert darüber, dass eben diese Chinesen genug zu essen haben und nun Hunderte von Millionen Einwohner des Landes eher der Mittelschicht zuzurechnen sind. Offenbar wird der »friedliche Aufstieg Chinas« als so störend betrachtet, dass man darüber vergisst, dass dieses Land 450 Millionen Menschen von der Armut befreit hat.

Das zur wirtschaftlichen Großmacht gewordene Reich der Mitte stellt nun plötzlich »eine Bedrohung des politischen Gleichgewichts in Ostasien« und »eine Herausforderung der Weltordnung« dar, wie die amerikanische Regierung und in ihrem Kielwasser auch ihr japanischer Verbündeter verkünden.

Was wirft man China eigentlich vor? Offenbar seine Existenz an sich, den Versuch, seine 1,5 Milliarden Menschen zu ernähren, am Konsum und an der Wohlstands- und Überflussgesellschaft teilzuhaben, auf die der Westen ein Exklusivrecht beansprucht.

Bis zum Ende des 20. Jahrhunderts hat nur die Hälfte der Menschheit von der Wirtschaftsentwicklung profitiert. China, Indien und Afrika standen abseits dieses Prozesses, die Verbesserung des Lebensstandards und der technische Fortschritt gingen an ihnen vorbei. Inzwischen sind diese Regionen jedoch aufgewacht und verlangen ihren Anteil. Die enormen chinesischen Wachstumsraten wirken sich selbst noch in Afrika aus.

Wird China das Recht auf wirtschaftlichen Fortschritt verweigert? Auf jeden Fall dann, wenn dabei eine Schwelle überschritten wird, die die Vereinigten Staaten einerseits und Japan andererseits hinzunehmen bereit sind. Außerdem wird das Reich der Mitte nicht in alle Ewigkeit japanische oder deutsche Werkzeugmaschinen importieren und Kunde von Caterpillar oder General Electric bleiben. Es wird nämlich eines nicht sehr fernen Tages selbst Produktionsgüter und Hightech-Produkte herstellen und dann ein ernstzunehmender Konkurrent von Firmen wie Boeing, Pfizer oder Merck werden. An diesem Punkt dürfte die Liebesgeschichte zwischen dem Dow Jones und dem China unter Hu Jintao zu Ende sein.

Was man China verwehrt, ist vor allem das Recht, sich zu verteidigen und sein militärisches Potential auszubauen. Doch warum sollte ein Land mit einer Fläche von 9,5 Millionen Quadratkilometern, mit 15 000 Kilometern Grenzen zu vierzehn Nachbarländern, 14 500 Kilometern Küste und 5400 Inseln in dem Meer, das seinen Namen trägt, nicht befugt sein, eine Hochseemarine und eine Abschreckungsstreitmacht aufzubauen?

Für die Falken in der amerikanischen Administration ist China mit seiner zentralistischen Wirtschaft, seinem stark wachsenden Militärhaushalt und seinem aufkeimenden Nationalismus zu einem »faschistischen« Staat geworden. Im Vergleich zu Nazideutschland hat es zudem den Vorteil der großen Bevölkerungszahl. Es beherrscht das moderne System der Massenproduktion und deren phantastische Chancen, den Wohlstand zu mehren und die Menschen zu konditionieren.

Heute ist die chinesische Volkswirtschaft die viertgrößte der Welt. Sie hat mit einem Schlag Großbritannien, Frankreich und Italien hinter sich gelassen. Vor ihr liegt nur noch die deutsche Wirtschaft, und dann bleiben für die Schlussoffensive zunächst Japan und danach die USA übrig.

Gegenwärtig ist China jedoch noch nicht dafür gerüstet, es ist ein Organismus, der sich in vollem Wachstum befindet. Es gleicht dem Jungtier einer Spezies, bei der wir noch nicht wissen, wie das erwachsene Tier genau aussehen wird. Auf jeden Fall hat dieses Tier sich bereits zum Herrn über sein Revier aufgeworfen und es in den Dienst seines beschleunigten Wachstums gestellt, von den Sojafeldern Brasiliens bis hin zu den Ölfeldern Afrikas. Und dieser Prozess steht erst an seinem Anfang.

Während China demnach Zeit zu gewinnen sucht – die kostbare Zeit, die es noch bis zum Erreichen der unabwendbaren Vormachtstellung benötigt –, wird den Amerikanern die Zeit knapp. Ihre Weltherrschaft könnte in Kürze zu Ende sein, weil ein fünfmal so großes, extrem motiviertes und planmäßig agierendes »Monster« beschlossen hat, mit ihnen gleichzuziehen.

Erster Teil

Die Wiederherstellung des Kaiserreiches

»Was führen die Chinesen im Schilde?«, fragt man sich weltweit angesichts dieses aufstrebenden, alle gewohnten Maße übersteigenden riesenhaften Machtblocks. Der verängstigte Westen sucht fieberhaft in den Geschichtsbüchern nach dem historischen Vorleben dieses »Monsters«, man befasst sich mit seinen weltanschaulichen Normen und seiner Vergangenheit und kommt zu einem einigermaßen beruhigenden Ergebnis. Chinas außenpolitisches Sündenregister zeigt fast keine Einträge, das einzige große Vergehen war 1950 die Eroberung von Tibet. Kaum hatten Maos Truppen den chinesischen Bürgerkrieg für sich entschieden, stürzten sie sich – vergleichbar mit den primitiven spanischen Eroberern Südamerikas – auf das kleine Land, das »Dach der Welt«, zerstörten die Tempel und erschlugen die Mönche des Dalai Lama.

Von dieser schlimmen Episode einmal abgesehen, gilt China als ein Land, das sich lange Zeit hinter seiner Großen Mauer verschanzt hat, ohne sich viel um die übrige Welt zu kümmern. Dschingis Khan war Mongole, kein Chinese, die Kolonisatoren und Imperialisten der vergangenen Jahrhunderte waren Europäer, und George W. Bush ist Amerikaner. Das sollte uns eigentlich beruhigen.

Warum erfüllt uns dann ein Unbehagen, wenn chinesische Spitzenpolitiker wie Jiang Zemin, Wen Jiabao und Hu Jintao beteuern, dass ihr einziges Ziel die friedliche Mitwirkung ihres Landes auf der internationalen politischen Bühne sowie der gewaltlose Aufbau einer gewissen Machtposition sei?

Ein Machtzuwachs also, aber bis zu welchem Punkt? Die Größe des Landes, sein Entwicklungspotential und sein maßloser Ehrgeiz, der Einfallsreichtum und der Fleiß seiner Menschen lassen der übrigen Welt nur noch wenig Raum, zumal das Ende dieses Wachstumsprozesses nicht abzusehen ist. Den Wirtschaftsaufschwung Japans konnte die Weltwirtschaft in den siebziger und achtziger Jahren des 20. Jahrhunderts problemlos bewältigen, aber China mit seinen 1,4 Milliarden Einwohnern ist ein ganz anderer Fall.

Und warum sollte die Entwicklung nicht friedlich verlaufen? Es wäre allerdings das erste Mal in der Menschheitsgeschichte, dass eine politische Macht sich mit friedlichen Mitteln durchsetzt, dass der zähe Kampf um die Beherrschung eines Territoriums nicht zu einer Folge mörderischer Konflikte führt.

Auch muss man mit Besorgnis konstatieren, dass wir bisher kein Beispiel für solch einen ungestümen Auftritt eines politischen Riesen auf der internationalen Bühne kennen. Denn durch die Integration Chinas und Indiens in die Globalisierung hat sich die aktiv das Weltgeschehen mitgestaltende Bevölkerung auf der Welt verdoppelt.

Was ist nun das wirkliche Ziel der Chinesen? Am Ende des 18. Jahrhunderts war China die größte Wirtschaftsmacht und der Mittelpunkt der Welt. Danach erlebte es einen langen und schmerzlichen Niedergang, der erst 1979 endete. Wird es nun an seine imperiale Vergangenheit anknüpfen?

China sehnt sich nach Anerkennung und Respekt. Vor allem will es die während des »Jahrhunderts der Schande« erlittenen Demütigungen abschütteln und sich die Führungsposition in der Welt erobern, die ihm seiner Meinung nach zusteht – während die restliche Welt in den Vasallenstatus zurückfällt.

Kapitel 1

Historische Wiedergutmachung

Die Geschichte eines Landes gehört zu seinem kulturellen Erbe und formt seinen Charakter. Das wird bei China besonders offensichtlich.

Während ab dem 16. Jahrhundert das Europa der Renaissance die Welt zu entdecken und zu kolonisieren begann, zog sich das Reich der Mitte in sein Schneckenhaus zurück. Während der Westen im 19. Jahrhundert die industrielle Revolution vorantrieb, verpasste ein durch Opium, soziale Unruhen und Besatzungstruppen geschwächtes Land den Anschluss. Während die übrigen Länder nach dem Ende des Zweiten Weltkriegs dreißig Jahre lang im Wohlstand lebten, verrannte sich China auf tragische Weise in den Maoismus. Was wollen nun also die Chinesen? Ganz sicher geht es ihnen um eine historische Wiedergutmachung.

Stammen die Chinesen aus Afrika?

Die Chinesen sind sehr stolz auf ihre fünftausendjährige Geschichte, und sie haben auch ihre eigenen Vorstellungen über die Herkunft ihres Volkes.

Im Westen herrscht weitgehend Konsens darüber, dass die Ursprünge des modernen Menschen in Afrika liegen. Vor 150000 bis 200000 Jahren soll er dann diesen Kontinent verlassen und sich über den Rest der Welt verbreitet haben. Die Untersuchung der genetischen Unterschiede in der mitochondrialen DNA von Probanden aus allen Regionen der Erde hat diese Hypothese im Übrigen bestätigt. Aber im Unterschied zu den Europäern, die sich ohne Weiteres mit diesen Vorfahren identifizieren können, haben die Chinesen diesen Stammbaum abgelehnt. Mit ungeheurem Aufwand haben chinesische Wissenschaftler die Theorie »out of Africa« zu widerlegen versucht, durch die ihre Ethnie zu einem bloßen Zweig einer einzigen genetischen Abstammungslinie würde, die ihren Ursprung auf einem fernen Kontinent hat.

Dieser Streit hat es in sich. Indem die westliche Theorie das sinozentrische Weltbild in Frage stellt, verletzt sie gleichzeitig den Nationalstolz dieses Volkes. Die Chinesen erheben keineswegs einen »Vaterschaftsanspruch« für die gesamte übrige Welt, denn die anderen Völker sind ihnen ziemlich gleichgültig. Entscheidend ist für sie die Vorstellung, dass sich die Wiege der chinesischen Kultur in China selbst als dem Mittelpunkt der Welt befindet.

Daher erscheint es ihnen inakzeptabel, die Abstammung des Menschen auf einen einzigen gemeinsamen Vorfahren zurückzuführen. Chinesische Wissenschaftler vertreten die These, der Homo sapiens sei an mehreren Stellen der Erde gleichzeitig entstanden, unter anderem auch im Reich der Mitte. Wir haben es also gewissermaßen mit einem multipolaren Weltbild zu tun.

In den 1920er Jahren entdeckte man in Zhoukoudian Knochen des »Peking-Menschen« (*Sinanthropus pekinensis*, spätere Bezeichnung: *Homo erectus pekinensis*), dessen Alter man auf 250 000 bis 400 000 Jahre schätzte. Schon damals kam die Vermutung auf, die ersten Menschen hätten in Asien gelebt. Doch als in den dreißiger Jahren die japanischen Eroberer immer weiter vorrückten, wurden diese vierzehn Schädel und 147 Zähne aus Sicherheitsgründen an Bord des Unterseeboots *USS Jefferson* gebracht. Aber auf dem Weg in die USA wurde das Schiff versenkt, und so gingen die wertvollen Funde verloren. 1957 legte der berühmte chinesische Paläontologe Jia Lanpo die Überreste des Changyang-Menschen frei, eines primitiven Homo sapiens, dem er ein Alter von 200000 Jahren zuschrieb. Und zu Beginn des Jahres 2005 entdeckte man in einer Höhle bei dem Dorf Mazhaping im Westen der Provinz Hubei drei fossile Zähne. Ihr ehemaliger Besitzer, der den Beinamen »Janshi-Mensch« erhielt, soll vor 2 Millionen Jahren gelebt haben. Laut den chinesischen Wissenschaftlern handelte es sich um einen Hominiden und nicht um einen Affen.

Die Chinesen sind fest davon überzeugt, dass sie eine vollkommen eigenständige und von allen anderen Rassen klar unterscheidbare Rasse, die Han, darstellen. In der Tat haben sie sich kaum mit ihren Nachbarvölkern vermischt. In China gibt es fünfzig nationale Minderheiten, aber diese zählen insgesamt nur hundert Millionen Menschen, das heißt 8 Prozent der Gesamtbevölkerung.

Die Anfänge der chinesischen Geschichte

»Unsere Traditionen, unsere Kultur sind 5000 Jahre alt, denn Kriegskunst und Medizin entstanden vor 5000 Jahren«, betonen die Chinesen. Setzt man den Anfang ihrer Geschichte um das Jahr 3000 v. Chr. an, wäre sie ebenso alt wie die ältesten Kulturen des Nahen Ostens, zum Beispiel die der Sumerer oder Ägypter.

Laut den chinesischen Archäologen gibt es Spuren einer Reiskultur, die sogar 8000 bis 10000 Jahre zurückreichen. Doch wenn man sich an die übliche Definition des Begriffs Geschichte hält, die an das Vorliegen von Schriftzeugnissen geknüpft ist, so sind die ältesten Spuren der chinesischen Kultur im 13. Jahrhundert v. Chr. auf Schulterblättern von Schafen und Schildkrötenpanzern zu finden, die man im Bogen des Gelben Flusses entdeckt hat. Jene Kritzeleien auf Schildkrötenpanzern, die im Orakelwesen eine Rolle spielten, scheinen übrigens bei der Entstehung der aus kleinen Strichen aufgebauten chinesischen Schrift als Modell gewirkt zu haben.

Die dynastischen Zyklen

Anders als unsere von der Idee des Fortschritts geprägten westlichen Kulturen haben die Chinesen kein lineares Geschichtsbild. Vielleicht erklärt dies auch, warum dieses im Wesentlichen bäuerlich geprägte Volk Wissenschaft und Technik als Instrumenten zur Umgestaltung der Gesellschaft lange Zeit nur geringe Bedeutung beimaß. Erst der dramatische Einsatz der britischen Kanonenboote im Jahr 1839 machte den Chinesen die Bedeutung der modernen Technologie klar.

Die Geschichte dieses Volkes setzt sich aus Phasen des Niedergangs und Zerfalls und darauf folgenden wunderbaren Blütezeiten zusammen. Die Verbindung beider Phasen wird als »dynastischer Zyklus« bezeichnet. Die chinesische Kultur geht also nie unter, sie löst sich nur zeitweise auf, um danach quasi in identischer Form wiederhergestellt zu werden. Ihre Geschichte steht also gewissermaßen still.

Diesem eigenartigen, flexiblen Geschichtsbild verdankt das Reich der Mitte eine außergewöhnliche politische Widerstandskraft.

Im Zeitalter der »Streitenden Reiche« (ca. 500 v. Chr. bis 221 v. Chr.) kämpfte eine Vielzahl von Kriegsherren um die Erweiterung und Festigung ihrer Macht und ihres Territoriums. Dies gab Gelegenheit zur Entwicklung ausgeklügelter militärischer Strategien. Die vorausgegangene »Frühling-und-Herbst-Periode« ist wie die gleiche Epoche in Griechenland eine Blütezeit philosophischen Denkens. Es war die Ära der »Hundert philosophischen Schulen«, wobei Konfuzius (»Meister Kong«, 551–479 v. Chr.) sicher der berühmteste und einflussreichste Denker war. Er lehrte unter anderem, dass Tugend die Basis des Regierens sein müsse und die Gesellschaft nicht nach Klassen, sondern nach Verdienst gegliedert werden solle. Etwa zur gleichen Zeit – das heißt im 6./5. Jahrhundert v. Chr. – lebte auch Laozi, dem man den Basistext des Taoismus, das *Taoteking*, verdankt, sowie Sunzi, der Autor des Buches *Über die Kriegskunst*. Dies war auch das Zeitalter von Sokrates, Platon und Buddha.

Qin Shihuangdi (221–207 v. Chr.) war der erste Kaiser und Begründer der Qin-Dynastie. Aus dem Eigennamen Qin (ausgesprochen etwa wie ›tschin‹) wurde übrigens die Bezeichnung für das ganze Land abgeleitet: China. Qin Shihuangdi herrschte zunächst über das Königreich Qin, später gelang ihm die Vereinigung der Sieben Königreiche, womit er die Grundlagen des Kaiserreichs schuf. Dieser als grausam und tyrannisch geltende Herrscher begann den Bau der Großen Mauer, indem er vorhandene Teilstücke miteinander verband, er kodifizierte die Schrift sowie die Maß- und Gewichtssysteme und erweiterte auch die Gesetzessammlungen. Er war ein Gegner des Konfuzianismus, verfolgte dessen Anhänger und zerstörte dessen Schriften, ausgenommen jene mit praktischem Inhalt. Ein Vorgehen, das später Mao Zedong und seiner Kulturrevolution als Vorbild diente.

Die Qin-Dynastie wurde von aufständischen Bauern gestürzt. Auf sie folgten die Han (207 v. Chr.–220 n. Chr.), eine Dynastie, unter der der Einfluss von Konfuzianismus und Taoismus zunahm. Um 250 erreichte allerdings der aus Indien kommende Buddhismus China. Die Han betrieben eine expansionistische Politik: Sie erweiterten das Reich in südlicher Richtung, wobei sie die Insel Hainan in ihren Besitz brachten und bis Yunnan und Burma vorstießen. Aber auch im Norden, in Richtung Mandschurei und Korea, führten sie Eroberungszüge. Korea wurde dem Reich einverleibt. Im Westen rissen sie die Kontrolle über die Seidenstraße an sich. Danach zerbrach die Einheit des Reiches, und dieses »Zeitalter der Zerrissenheit« dauerte fast 400 Jahre.

Auf die Sui (581–618 n. Chr.), die das chinesische Reich wieder vereinigt hatten, folgte die glanzvolle Tang-Dynastie (618–907). Sie schenkte dem Land mit seiner stetig wachsenden Bevölkerung drei Jahrhunderte lang Stabilität und Wohlstand. Es war das goldene Zeitalter der chinesischen Kunst.

Die Tang verbündeten sich mit den Uiguren, einem in der Mongolei ansässigen Turkvolk, und setzten die territoriale Expansion fort. Sie führten mehrere siegreiche Feldzüge gegen die Türken und sicherten so ihre Vormachtstellung in Zentralasien bis hin zum heutigen Usbekistan. Auch Korea, Vietnam und Kambodscha gerieten unter die chinesische Herrschaft.

Die Hauptstadt Chang'an (das moderne Xi'an) war sehr kosmopolitisch geprägt, und religiöse Toleranz war eine Selbstverständlichkeit. Man konnte dort Türken und Uiguren, Gesandte aus Persien, Bagdad und Byzanz, japanische oder chinesische Buddhisten, christliche Nestorianer, Manichäer und Muslime treffen. Doch am Ende der Tang-Herrschaft verloren die Chinesen die Kontrolle über Zentralasien, Korea und Vietnam, ja sogar über Yunnan. Der Buddhismus wurde in dieser Endphase gewaltsam unterdrückt, obwohl der Hof der Tang selbst buddhistisch war. Schließlich spaltete sich das Reich erneut in fünf Dynastien und zehn Königreiche.

Die Song-Dynastie (960–1279) begann 960 mit einem Militärputsch. Unter ihr wurde das Reich wiedervereinigt. In jener Zeit wurden der Buchdruck, das Steuerruder, der

Kompass und die hochseetüchtige Dschunke erfunden. Der Ausbau der chinesischen Marine erreichte seinen Höhepunkt; sie besaß Tausende von Schiffen. Das Reich musste sich jedoch gegen die Einfälle der Mongolen wehren und so seine Pläne, eine große Seemacht zu werden, vorerst aufgeben. Zuerst ging im Norden das Jin-Reich verloren und schließlich – 1279 – auch das Song-Reich im Süden.

Das kriegerische Nomadenvolk der Mongolen eroberte unter der Führung von Dschingis Khan (1165–1227) von Norden her den eurasischen Kontinent. Die Mongolen wurden in China sesshaft und rasch akkulturiert. Die aus der Steppe kommenden Reitertruppen waren äußerst schnell und wegen ihrer Grausamkeit gefürchtet. Das war auch der Grund des ungeheueren Erfolgs ihrer Feldzüge. Zuerst eroberten sie Yunnan und wenig später Vietnam. Kublai Khan, der Enkel von Dschingis Khan, machte Peking zur Hauptstadt, nahm einen chinesischen Namen an und begründete so 1271 die Yuan-Dynastie, die bis 1368 herrschen sollte. Paradoxerweise war Peking unter seiner Herrschaft eine aufgeschlossene, in künstlerischen wie religiösen Fragen tolerante Stadt. Kublai Khan war es auch, der 1275 den venezianischen Reisenden Marco Polo empfing. Auf dem Höhepunkt ihrer Macht herrschten die Mongolen über das größte Kontinentalreich der Weltgeschichte; dazu gehörten neben China und Tibet die indonesische Halbinsel, Korea, Burma sowie Iran, Irak, die Türkei sowie Teile Osteuropas und Sibiriens.

Nun galt es noch, Japan zu erobern. Da die Mongolen von Schifffahrt keine Ahnung hatten, befahlen sie den unterworfenen Koreanern, ihnen Schiffe zu bauen. 1274 fand ein erster Landungsversuch statt. Die Mongolenkrieger besiegten die japanischen Samurai, aber in der Nacht kam ein Sturm auf, der die Eroberer zum Rückzug zwang. Doch 1281 kamen sie wieder, mit 100000 chinesischen Soldaten als Verstärkung. Die inzwischen besser gerüsteten Japaner errangen zu Lande wie zu Wasser einige Erfolge, aber was militärische Taktik und Waffentechnik betraf, waren ihnen die Mongolen trotzdem überlegen. Doch da ereignete sich ein zweites Wunder: Erneut erhob sich ein Sturm – ein »göttlicher Wind«, japanisch »Kamikaze« –, und diesmal gaben die Eroberer auf. Ein dritter Versuch unterblieb. Während die Mongolen den Glauben an die eigene Unbesiegbarkeit verloren, entstand bei den Japanern der umgekehrte Eindruck: Sie hielten sich nun bis zur atomaren Endphase des Zweiten Weltkriegs für unbesiegbar, geschützt durch Kamikaze, den »göttlichen Wind«.

Schließlich kam es so weit, dass das Volk sich gegen die Mongolen erhob. Ein aufständischer Bauer vertrieb sie und begründete die Dynastie der Ming-Kaiser (1368–1644). In Peking entstand die Verbotene Stadt, in der sich der Kaiserpalast befindet. Zur Sicherung der Nordgrenze setzten die Ming-Kaiser den Bau der Großen Mauer fort. Außerdem initiierten sie den Bau von Kanälen und großen Bewässerungssystemen. Mit einer Bevölkerungszahl von hundert Millionen waren die Chinesen damals das bei Weitem größte Volk der Erde.

Da auf dem Kontinent keine neue Bedrohung zu erkennen war, wandte sich das Reich nun wieder dem Meer zu. Nach dem Ausbau der Marine unter den Song und dem blühenden Seehandel während der Yuan-Dynastie wurde China unter den Ming, genauer gesagt unter Kaiser Yongle, kurzzeitig zur führenden Seemacht der Welt.

Yongle gab den Anstoß zu sieben Expeditionen, geführt von dem berühmten Admiral Zheng He, einem zwei Meter großen islamischen Eunuchen.

Nach 1405 erkundeten die riesigen Dschunken der chinesischen Flotte den Indischen Ozean, Australien, den Persischen Golf, die Küsten Afrikas und andere Regionen. Eine

Legende erzählt sogar, Zheng He sei über das Kap der Guten Hoffnung hinausgelangt und habe sechzig Jahre vor Kolumbus Amerika entdeckt, der sich das chinesische Kartenmaterial zunutze gemacht habe. Die sechzig Dschunken der Flotte waren 150 Meter lang und hatten mindestens sieben bis acht Masten. Sie konnten Pferde und Zehntausende von Menschen aufnehmen. Die drei kümmerlichen Karavellen von Kolumbus waren dagegen kaum mehr als 30 Meter lang.

Welches Ziel hatten diese Expeditionen? Wollte man fremde Territorien besiedeln oder andere Völker unterwerfen? Andersgläubige bekehren und ihre Gotteshäuser zerstören? Nichts von alledem. Ähnlich wie Sindbad der Seefahrer, für den er vielleicht Modell stand, wollte Zheng He lediglich die Völker der Erde mit China bekannt machen, Handelsbeziehungen und diplomatische Verbindungen knüpfen. Es handelte sich also schlicht und einfach um Öffentlichkeitsarbeit.

Doch 1433 hörten die Reisen plötzlich auf. Nun war es sogar bei Todesstrafe verboten, hochseetüchtige Schiffe zu bauen. Zheng He selbst starb auf einer der Reisen, seine Dschunken verrotteten an den Kais.

An der Nordgrenze waren nämlich die Mongolen wieder aufgetaucht. Daher wurden die für die Marine vorgesehenen Haushaltsmittel umgelenkt und für den Weiterbau der Großen Mauer verwendet. Das Reich der Mitte zog sich auf sich selbst zurück.

1514 waren es dann portugiesische Schiffe, die an der Südküste Chinas landeten.

Die Portugiesen setzten sich in Macau fest. Zu ihrem Tross gehörten auch italienische Jesuiten, darunter der berühmte Pater Matteo Ricci, ein gelehrter Astronom und Geograph. Für den Konfuzius-Exegeten, der ausgezeichnet Mandarin sprach, öffneten sich die Tore der Verbotenen Stadt. Als er 1610 starb, erhielten die Jesuiten vom Kaiser die Erlaubnis, in den bevölkerungsreichen Provinzen des Ostens das Christentum zu predigen. Als große Bewunderer Chinas und geschickte Strategen ließen Ricci und seine Nachfolger aber auch dem traditionellen religiösen Brauchtum sein Recht, beispielsweise dem Ahnenkult. Rom empörte sich darüber und befahl die sofortige Wiederherstellung der reinen katholischen Lehre. Der Kaiser fand den neuen Glauben durchaus sympathisch, verstand aber nicht, was hinter diesem Richtungsstreit steckte. Ein Papst, der sich in die inneren Angelegenheiten seines Reiches einmischte, war ihm verdächtig. 1724 wurde das Christentum schließlich verboten.

Damit begann auch der Stern der Ming-Dynastie zu sinken. Von den Überfällen der Mongolen und Aufständen im Inneren bedrängt, begann ihre Herrschaft zu bröckeln. Der lachende Dritte waren am Ende andere Barbaren, nämlich die Mandschus. Sie waren von Nordosten nach China eingedrungen und etablierten 1644 mit brutaler Gewalt die zweite Fremddynastie, das Geschlecht der Qing, das bis 1911 herrschen sollte.

Der neue Kaiser ließ die chinesischen Küsten überwachen, um die Piraten von ihren Stützpunkten auf dem Festland abzuschneiden. Der chinesische Handel brach zusammen, und das Land versank in einer Rezession. 1683 wurde Taiwan offiziell annektiert, 1751 folgten Tibet und die turksprachigen Gebiete im Westen, die später die Provinz Xinjiang bildeten. Innerhalb von siebzig Jahren, das heißt zwischen 1740 und 1810, wuchs die Bevölkerung von 140 auf 350 Millionen Einwohner. Die Überbevölkerung und die damit einhergehenden sozialen Krisen schwächten die Qing-Herrschaft und leiteten den Niedergang des Kaiserreichs ein.

Damals erreichte das chinesische Reich seine größte territoriale Ausdehnung. Zu seinen Vasallen gehörten zum Beispiel Burma, Korea, die Philippinen, Nepal und Siam.

Trotzdem sollte es nun den größten Umbruch seiner ganzen Geschichte erleben.

Das »Jahrhundert der Schande« beginnt

Ende des 18. Jahrhunderts waren die europäischen Höfe geradezu süchtig nach chinesischen Produkten wie Tee, Seide, chinierten Stoffen, Lackarbeiten oder Porzellan (das man bald darauf etwa in Sèvres oder Meißen nachmachte). Alle europäischen Herrscher blickten mit großer Neugier auf dieses Land, seine Kultur, seine Philosophie, seine Sitten und Gebräuche, während China umgekehrt sich kaum für andere Länder interessierte und nur wenige Produkte vom Westen bezog.

Daher schickte König Georg III. von England Lord Macartney als Sonderbotschafter nach Peking. Mit zahlreichen Geschenken für den Kaiser trat er seine Reise an. Man wollte China mit sanftem Druck dazu bringen, seine Tore für britische Produkte zu öffnen. Wie man sieht, übte der riesige chinesische Markt schon damals große Anziehungskraft aus. Der arrogante Engländer und der stolze Chinese versuchten einander an Überheblichkeit zu überbieten. Für den Kaiser war China *zhongguo*, das Land im Mittelpunkt der Welt, umgeben von Barbaren, die man durch große Mauern von sich fernhielt und deren Kultur naturgemäß weniger hoch entwickelt und verfeinert war als die eigene. Vor allem aber konnten diese Barbaren nichts anderes als Vasallen sein. Der Engländer sollte sich also Kaiser Qianlong unterwerfen, indem er dreimal vor ihm niederkniete und dabei mit der Stirn den Boden berührte. »Kommt nicht in Frage!«, empörte sich der Brite. Die chinesische Antwort lautete: »Dann können Sie gehen und Ihre Geschenke wieder mitnehmen. Wir wollen nichts mit Ihnen zu schaffen haben.«

Man braucht nicht zu betonen, dass dem Engländer das diplomatische Geschick eines Marco Polo oder Matteo Ricci vollkommen fehlte. Der Kaiser von China hatte es nicht nötig, sich drängen zu lassen!

Die Briten wollten das Reich der Mitte als Abnehmer von zwei aus ihrem indischen Herrschaftsbereich stammenden Produkten gewinnen: Rohbaumwolle und ... Opium. Sicher haben die Chinesen die künstlichen Paradiese nicht erst durch die Engländer entdeckt. Opium war in China zumindest seit Anfang des 19. Jahrhunderts sehr begehrt, wenn auch von der Mandschu-Regierung offiziell verboten.

Auf äußerst zynische und verbrecherische Weise überschwemmten die britischen Drogenhändler das China der Qing-Zeit mit Opium. Bald war die große Mehrheit der erwachsenen Bevölkerung drogensüchtig.

Dank des Opiums verwandelte sich das Handelsdefizit Englands gegenüber China schon nach kurzer Zeit in einen Überschuss. 1839 beschloss Kaiser Daoguang, Gegenmaßnahmen zu ergreifen. Er schickte den unbestechlichen und gewissenhaften Lin Zexu nach Guangzhou (Kanton), dem wichtigsten Drogenumschlagplatz. Er sollte den Opiumschmuggel ein für alle Mal beenden. Lin Zexu ließ Tausende von Kisten mit Opium zerstören und sogar Ausländer vor Gericht stellen.

Die Engländer betrachteten dieses Vorgehen als Affront und nutzten es als Vorwand, um China den Krieg zu erklären.

1839 begann dieser sogenannte erste Opiumkrieg. Er dauerte drei Jahre und endete mit der Niederlage der kaiserlichen Streitmacht, denn gegen die britischen Kanonenboote hatten die chinesischen Verteidiger keine Chance. Dies war die übelste Überraschung in der fünftausendjährigen Geschichte des Kaiserreichs. Eine ganze Welt brach zusammen und damit auch die Überzeugung, die glanzvollste Kultur des Universums zu sein. Dabei besaßen die ausländischen Teufel lediglich eine überlegene Militärtechnologie.

Der Krieg wurde 1842 mit dem demütigenden Friedensvertrag von Nanking beendet, den die Briten nicht ohne Sinn für Ironie »Vertrag über Frieden und ewige Freundschaft« nannten. Während China bisher alle übrigen Länder als bloße Vasallen behandelt hatte, musste es sich nun selbst einem ausländischen Barbarenvolk beugen. Die Engländer hatten ihr Ziel erreicht. Hongkong gehörte vorerst ihnen, und außer Guangzhou wurden ihnen vier weitere Häfen geöffnet: Shanghai, Fuzhou, Ningbo und Xiamen (Amoy). Diese erhielten das Privileg der Extraterritorialität und konnten sich deshalb der Kontrolle des Reiches entziehen. Der Gipfel war, dass die Chinesen den Briten eine hohe Kriegsentschädigung zahlen mussten. Peking sprach von »ungleichen Verträgen«, ein Euphemismus, der so viel wie »demütigend« oder »schändlich« bedeutete. Für ein ganzes Jahrhundert wurde China zu einer Art Kolonie, in der sich die Großmächte jener Zeit festsetzten.

Doch die Westmächte wollten immer noch mehr Häfen und noch mehr Rechte. Deshalb entfesselten sie 1858 den zweiten Opiumkrieg. Als Vorwand diente diesmal die angeblich illegale Aufbringung der britischen *Arrow*, die von der chinesischen Polizei nach Guangzhou verschleppt und als Piratenschiff entlarvt worden war.

Britische und französische Truppen besetzten Tianjin und Guangzhou und zwangen der chinesischen Regierung die Tianjiner Verträge auf, die auch von Russland und den Vereinigten Staaten unterzeichnet wurden. Elf neue Häfen wurden für den Außenhandel geöffnet, der Opiumhandel wurde vollkommen liberalisiert. Ausländische Mächte erhielten das Recht, Vertretungen in Peking einzurichten. Berücksichtigt wurde auch ein besonderes Anliegen Frankreichs – es war die Zeit des Zweiten Kaiserreichs, noch nicht der laizistischen Dritten Republik –, nämlich die Verbreitung des Christentums, dieser »Grundlage jeder Kultur«, in China zu ermöglichen. Franzosen und Engländer hatten also im Grunde dasselbe Ziel: Beide wollten mehr »Opium für das Volk«.

Die Mandschu-Regierung gestattete aber nicht ohne weiteres den Zuzug westlicher »Diplomaten« in die Hauptstadt, der Kaiser zögerte. Englische Schiffe, die den Bai He in Richtung Tianjin (Tientsin) hinauffuhren, wurden von chinesischen Kanonen beschossen. Daraufhin begann 1859 der dritte Opiumkrieg. Britische und französische Truppen besetzten Peking. Sie sollten sich beim Sommerpalast, dem chinesischen Versailles, mit seinen unermesslichen Schätzen vereinigen. Die Engländer fanden nicht gleich den Weg, und als sie schließlich den Palast erreichten, konnten sie es nicht fassen: Die Franzosen hatten schon mit der Plünderung angefangen. Im Gegenzug brannten die Briten innerhalb von drei Tagen den wunderbaren Palast nieder. Es sei bemerkt, dass ihr Expeditionskorps von einem gewissen Lord Elgin befehligt wurde, Sohn von Thomas Earl of Elgin, dem Plünderer der Marmorstatuen des Parthenon. Er gab den Befehl, jedes einzelne Gebäude des Palastes in Brand zu stecken. Vergeblich protestierten die Franzosen gegen diesen ihrer Meinung nach völlig sinnlosen Vandalismus. Von dem chinesischen Versailles blieb nichts übrig, auch nicht die kostbaren Büchersammlungen. Man schrieb das Jahr 1860. Die ausländischen Barbaren hatten ihrem Namen alle Ehre gemacht.

Diese unbegreifliche Kriegstat stieß in Frankreich auf heftige Kritik. Auch Victor Hugo, damals im Exil auf der Insel Guernsey, gab seiner Empörung Ausdruck.

Nun nutzte Russland die Gunst der Stunde. Es besetzte die Region nördlich des Amur, eroberte Südsibirien zurück, gründete 1860 im äußersten Osten die Stadt Wladiwostok und zwang China zur Abtretung der Provinz Ussuri.

1884 musste das Reich der Mitte eine Niederlage gegen Frankreich hinnehmen, das sich so die Kontrolle über Indochina sichern konnte.

Im Dezember 1897 besetzten deutsche Truppen Qingdao und erzwangen die Verpachtung der Stadt in der Provinz Shandong.

Das japanische Kaiserreich nutzte die Situation ebenfalls aus. 1895 griff es China unter dem Vorwand an, die Unabhängigkeit Koreas sichern zu wollen. Da alle für die Modernisierung der Marine vorgesehenen Mittel auf Anordnung von Kaiserinwitwe Cixi für die Wiederherstellung des Sommerpalastes aufgewandt wurden, hatten die Japaner leichtes Spiel. Im Frieden von Shimonoseki musste Peking Taiwan, die Inselgruppe der Pescadores und die Halbinsel Liaodong (Südmandschurei) an Japan abtreten, wobei letztere schließlich an Russland fiel. Außerdem musste es die übliche Kriegsentschädigung zahlen und die Unabhängigkeit Koreas anerkennen, das zehn Jahre später von Japan annektiert wurde. Nachdem die beiden asiatischen Kaiserreiche jahrhundertelang auf Abstand bedacht gewesen waren, bemerkte China nun mit Schrecken, dass Japan, das die moderne Technologie des Westens sehr rasch aufgenommen hatte, zur Vormacht in der Region geworden war. Erst heute, zu Beginn des 21. Jahrhunderts, ist China in der Lage, die Führungsposition in Ostasien zurückzugewinnen.

Die tragische Rebellion der Taiping und der Boxeraufstand

Bereits geschwächt durch die ersten aufgezwungenen Verträge, sah sich Peking 1851 mit einem bedrohlichen Aufstand konfrontiert. Die Taiping-Bewegung verlangte die Errichtung einer echten chinesischen Dynastie anstelle der Mandschu-Kaiser. Die Rebellen forderten auch die Abschaffung der Sklaverei und einiger als überholt betrachteter Sitten; dazu zählten zum Beispiel das Füßebinden der

Frauen und die Zopffrisur bei den Männern. Sie kämpften für eine gerechtere Gesellschaft, in der Grund und Boden geteilt werden sollten, und setzten sich für Gleichberechtigung zwischen den Geschlechtern ein. Die Europäer betrachteten diese »Revolutionäre« als Gefahr für ihre Handelsinteressen und beschlossen, dem Mandschu-Kaiser zu Hilfe zu kommen, natürlich nicht ohne neue Zugeständnisse zu verlangen. Der Aufstand endete 1864 und kostete zwanzig Millionen Chinesen das Leben. Bei einer Bevölkerung von 400 Millionen waren das immerhin fünf Prozent.

Die Boxerbewegung, eine Geheimgesellschaft, wie es sie in China immer in großer Zahl gegeben hat, verdankt ihren Namen der Tatsache, dass das Boxen als Kampfsport in dieser Gesellschaft eine große Rolle spielte. Die Revolte begann 1900 und richtete sich im Wesentlichen gegen die Ausländer, die sich während der letzten fünfzig Jahre im Lande festgesetzt hatten.

Die Westmächte nutzten die Ermordung von Missionaren als Vorwand, sich immer neue Territorien anzueignen. Dadurch nahm die Fremdenfeindlichkeit in der Bevölkerung stark zu. Man lehnte alles, was aus dem Ausland kam, grundsätzlich ab: sowohl neue Technologien – wie etwa Eisenbahnen und Telegraf – als auch die christlichen Missionare, deren Bekehrungsversuche den Chinesen lästig waren.

Während manche sehr progressive Strömungen nach dem Vorbild der Meiji in Japan rasche Reformen forderten, verlangten Armee und Bevölkerung vor allem die Ausweisung der Fremden. Der Kampf gegen die Besetzung Chinas durch westliche Länder hatte zur Folge, dass die von reformbereiten Kräften angestrebte Modernisierung des Landes im Keim erstickt wurde.

Der Boxeraufstand brachte vielen zum Christentum übergetretenen Chinesen und etwa 300 Ausländern den

Tod. Als die Rebellen das Pekinger Gesandtschaftsviertel bedrohten, intervenierten die imperialistischen Mächte. Kaiser Wilhelm II. sprach von der »Gelben Gefahr« und hielt seine berüchtigte »Hunnenrede«. Ein internationales Expeditionskorps, dem deutsche, französische, britische, japanische und amerikanische Truppen angehörten, schlug den Aufstand nieder.

Sturz der Monarchie und Bürgerkrieg

Die Qing-Dynastie war mit ihren Kräften am Ende. Die Revolution von 1911 führte zur Abdankung des letzten Kaisers. Im Jahr darauf rief Sun Yat-sen, der Gründer der Kuomintang, die Republik aus und proklamierte die »Drei Volksprinzipien«: Nationale Unabhängigkeit, Demokratie und soziale Revolution. Aber das Land war noch nicht reif für dieses Programm, und auf die Errichtung der Republik folgten 37 Jahre Chaos und Bürgerkrieg sowie die Besetzung durch Japan.

Am 4. Mai 1919 demonstrierte die Studentenschaft, nachdem bekannt geworden war, dass die Siegermächte des Ersten Weltkriegs die deutschen Besitzungen in China den Japanern überlassen wollten. Außerdem wandte sie sich gegen die Macht der Mandarine und die Unterdrückung der Frau. Rasch breitete sich der Protest im ganzen Land aus. Überall forderten die Demonstranten die Öffnung des Landes für die Naturwissenschaften und die Moderne. Doch es sollte weitere sechzig Jahre dauern, bis schließlich Deng Xiaoping den Weg dafür bereitete.

Nach der Ausrufung der Republik versank das Land in der Anarchie, wobei sich die nördliche Region in der Hand von Warlords befand. Bald nach dem Tod Sun Yat-sens rückte Chiang Kai-shek an die Spitze der Kuomintang. Er kämpfte erfolgreich gegen die Militärmachthaber und wurde 1928 Vorsitzender einer nationalistischen Regierung in Nanking. Drei Jahre später proklamierte die 1921 in Shanghai gegründete Kommunistische Partei Chinas in der Provinz Kiangsi eine »Chinesische Sowjetrepublik«. Belagert von den Truppen der Kuomintang, entschlossen sich die Kommunisten unter Maos Führung zu ihrem opferreichen »Langen Marsch« in die Provinz Shensi.

Der zweite chinesisch-japanische Krieg (1931–1945)

Auch in früheren Zeiten war die antijapanische Stimmung in China sehr stark, aber was nun kam, stellte alle bisherigen bösen Erfahrungen mit den Japanern bei Weitem in den Schatten.

1931 besetzte das militaristische Japan die Mandschurei und setzte dort den letzten chinesischen Kaiser Puyi als »Regenten« ein. Nach weiteren Übergriffen auf das Nachbarland begann 1937 eine umfassende japanische Offensive, die zur Besetzung von Ostchina führte. Daraufhin schlossen Kommunisten und Kuomintang einen Waffenstillstand, um die Eroberer gemeinsam zu bekämpfen.

Der Krieg gegen Japan forderte etwa zwölf Millionen Menschenleben auf chinesischer Seite, davon drei Millionen Soldaten und neun Millionen Zivilisten. Nach der Sowjetunion war dies der zweithöchste Blutzoll, den ein Land im Kampf gegen die Achsenmächte bezahlen musste.

Nach der Kapitulation der japanischen Truppen auf dem Kontinent am 9. September 1945 wurden Taiwan, die Mandschurei und die Pescadores-Inseln an China zurückgegeben. Damit war der Waffenstillstand zwischen Kuomintang und Kommunistischer Partei beendet, und der Bürgerkrieg ging weiter. Drei Jahre dauerte es, bis die Kommunisten am 1. Januar 1949 als Sieger in Peking einzogen. Noch im gleichen Jahr proklamierte Mao Zedong die Gründung der Volksrepublik China. Für Chiang Kai-shek begannen die langen Jahre des Exils in Taiwan, in denen er und scine Kuomintang-Regierung den Anspruch erhoben, für ganz China zu sprechen.

Die »Modernisierung« Chinas unter Mao

Mit der Ausrufung der Volksrepublik am 1. Oktober 1949 erklärte China das »Jahrhundert der Schande« offiziell für beendet. Zwischen den ersten Salven der britischen Kanonenboote in der Bucht von Kanton 1840 und dem Kriegsende 1945 lagen hundert Jahre, in denen dieses Land nahezu ohne Unterbrechung von fremden Mächten unterdrückt worden war.

Von den Imperialisten zerrissen und zerstückelt, blieb das Reich der Mitte von der industriellen Revolution des 19. Jahrhunderts ausgeschlossen. Die Modernisierung des Landes, die Öffnung für Wissenschaft und Technik, die Gleichberechtigung von Mann und Frau, die Verteilung von Grund und Boden, der Bruch mit überholten, noch aus dem Mandschu-Reich überkommenen Traditionen – all dies konnte nun endlich verwirklicht werden. Nach der Befreiung konnte China die verlorene Zeit aufholen – so glaubte man wenigstens.

Doch um sein großes Modernisierungsprogramm umzusetzen, knüpfte China an alte Traditionen an: Als Erstes schloss man die Grenzen für die Barbaren und entschied, nur der eigenen Kraft zu vertrauen – zumindest beinahe. Diesmal bat Peking nämlich den großen sowjetischen Bruder um Hilfe. Schließlich war er der ideologische und strategische Feind der amerikanischen, europäischen und japanischen Kapitalisten, die China so lange gedemütigt hatten.

Die chinesischen Kommunisten glauben felsenfest und mit bestürzender Naivität an die Vorbildfunktion der sowjetischen Revolution. Mit aller Kraft versuchten sie den in der kommunistischen Utopie propagierten »neuen Menschen« zu verwirklichen und errichteten zu diesem Zweck ein geschlossenes totalitäres System. Und so sollte die Wiedergeburt Chinas weitere dreißig Jahre auf sich warten lassen.

In den fünfziger Jahren trieb man die Industrialisierung mit aller Macht voran und holte dazu scharenweise sowjetische Ingenieure ins Land. Der 1958 ausgerufene »Große Sprung nach vorn« zwang die Bauern zur Herstellung von Stahl, sodass die Agrarproduktion stark zurückging und eine schreckliche Hungersnot ausbrach, die vierzig bis fünfzig Millionen Menschen das Leben kostete.

Während Chruschtschow 1956 den Prozess der Entstalinisierung der Sowjetunion einleitete, verschärfte Peking das Tempo der kommunistischen Revolution, weshalb es 1960 zum Bruch mit Moskau kam. Mao litt immer mehr unter Paranoia und ordnete nach 1966 eine Säuberung an. Mit Hilfe der »Kulturrevolution« wollte er Intellektuelle und Regimegegner zum Schweigen bringen. Mehr als hundert Millionen Menschen wurden physisch und psychisch gequält, bis 1971 der Pragmatiker Zhou Enlai das Chaos etwas lichtete. Man musste jedoch zunächst Maos Tod (1976) abwarten, ehe der zeitweise entmachtete Deng Xiaoping wieder in das politische Geschehen eingreifen und 1978 das Plenum der Kommunistischen Partei auf seine Linie bringen konnte.

Hatte China erneut eine Modernisierungswelle verschlafen? Um diese Frage zu beantworten, braucht man China nur mit einem Land wie Indien zu vergleichen, wo zur gleichen Zeit ein lebendiges, demokratisches Regierungssystem bestand. 1970 lagen die indische und die chinesische Volkswirtschaft etwa gleichauf. Im Jahr 2000 ist die chinesische Wirtschaft fast dreimal so groß wie die indische: ein

Beweis für die Effizienz der Strategie von Deng Xiaoping, der aber auch zeigt, dass Demokratie weder eine notwendige noch hinreichende Bedingung für wirtschaftlichen Fortschritt darstellt.

Deng Xiaopings Revolution

Deng Xiaoping war gerade sechzehn Jahre alt geworden, als er im Oktober 1920 mit einer Gruppe chinesischer Schüler nach Frankreich kam. Hier traf er mit Zhou Enlai zusammen, der schon seit einigen Jahren in Frankreich lebte. Zuerst arbeitete Deng in Le Creusot (Burgund) in einem Stahlwerk, dann als Einrichter im Automobilwerk von Renault in Paris-Billancourt, ja sogar als Feuerwehrmann und als Kellner in einem Restaurant. 1922 trat er der Kommunistischen Jugendliga bei, 1926 reiste er nach Moskau. Im darauffolgenden Jahr kehrte er nach China zurück und engagierte sich im Kampf gegen die Kuomintang und die Japaner. Im Zusammenhang mit dem »Langen Marsch« wurde Mao Zedong auf ihn aufmerksam, und nach dem Krieg begann sein politischer Aufstieg. 1954 wurde Deng Xiaoping Generalsekretär der Kommunistischen Partei. Nach dem missglückten »Großen Sprung nach vorn« versuchte er Wirtschaftsreformen durchzusetzen, was ihm Mao allerdings übelnahm. Während der »Kulturrevolution« fiel er in Ungnade und musste als Arbeiter in einer Fabrik für Agrarprodukte im hintersten Sichuan sein Brot verdienen. 1974 bewegte Zhou Enlai Mao dazu, Deng Xiaoping als stellvertretenden Regierungschef zurückzurufen. Nach dem Tod Zhou Enlais 1976 wurde Deng abermals das Opfer von Säuberungen, doch im gleichen Jahr starb der »Große Steuermann«. Schon ein Jahr später war Deng wieder Mitglied der Regierung. Es gelang ihm, Maos Nachfolger Hua Guofeng auszumanövrieren, ohne ihn zu demütigen. Dieser verlor sein Amt als Premierminister erst 1980 und blieb sogar bis 2002 Mitglied des Zentralkomitees, ohne sein Gesicht zu verlieren.

Deng führte einen ganz neuen Regierungsstil ein. Künftig sollten die Machtkämpfe innerhalb des Zentralkomitees geräuschlos ablaufen, ohne spektakuläre Säuberungsaktionen. Sofort nach seiner Rückkehr stellte Deng Xiaoping für zwei Jahre die Meinungsfreiheit wieder her. Das Volk erhielt die Möglichkeit, an der »Demokratiemauer« seine Sorgen zu artikulieren und die »Kulturrevolution« offen zu kritisieren. Dieser »Pekinger Frühling« war als Ventil gedacht und sollte zur Vergangenheitsbewältigung beitragen. Deng war nie Parteivorsitzender oder Premierminister, sondern begnügte sich mit dem Vorsitz im Zentralkomitee. Damit brachte er gleichzeitig seine grundsätzliche Ablehnung des Personenkults zum Ausdruck. Dennoch war gerade er der Politiker, der bis zu seinem Tod den Kurs der chinesischen Politik und Wirtschaft bestimmte.

Mit Gespür, Schläue und Einfallsreichtum leitete Deng Xiaoping nach dem Tod Maos ein neues Kapitel der chinesischen Geschichte ein.

Deng Xiaopings politisches Credo

Es gibt kein kleines rotes Buch, in dem die Überzeugungen Deng Xiaopings zusammengefasst sind. Erstens hasste er den Personenkult, zweitens war er ein überzeugter Pragmatiker, der Ideologie und Dogmatismus ablehnte, und drittens lässt sich sein klares und nüchternes Denken in wenigen Sprichwörtern zusammenfassen, mit denen sich nicht einmal drei Seiten füllen ließen.

Und dennoch ist es dem »kleinen Steuermann« zu verdanken, dass das größte Land der Erde die umfassendste Erneuerung aller Zeiten erlebt hat, und zwar ohne Säuberungsaktionen und spektakuläre Abrechnung mit der Vergangenheit. Deng Xiaopings geniale Leistung bestand darin, dass er ohne ideologisches und rhetorisches Getöse eine Revolution zustande brachte. Eine Kehrtwendung, durch die sich China Schritt für Schritt von einem übersteigerten totalitären Kollektivismus befreite und den Weg zu einer kapitalistischen, auf den Export gestützten Wirtschaft fand.

Deng Xiaoping hat kein anderes China geschaffen. Er selbst verkörperte auf ideale Weise die besten chinesischen Eigenschaften. Denn kein anderes Volk der Erde zeichnet sich durch ein solches Maß an Pragmatismus aus wie das chinesische, kein anderes neigt so wenig zu Dogmatismus, Idealismus und Utopismus.

Im Folgenden seien einige der Maximen zitiert, mit denen Deng Xiaoping China und damit die gesamte Welt verändert hat:

»Es kommt nicht darauf an, ob die Katze weiß oder grau ist – Hauptsache, sie fängt Mäuse.«

Diese Maxime gibt es auch mit anderen Farbenkombinationen – weiß und schwarz, schwarz und grau – je nach Übersetzer oder Interpret. Sie ist der Eckstein von Deng Xiaopings Philosophie. Dieser Satz war sozusagen der Grabspruch für dreißig Jahre Totalitarismus, eine der dunkelsten Perioden der Menschheitsgeschichte. Zugleich ist er ein Manifest des Pragmatismus und des Anti-Dogmatismus. Das China Deng Xiaopings ist das ideologisch am wenigsten festgelegte Land der Welt.

»Die Praxis ist das einzige Kriterium zur Überprüfung der Wahrheit« und »Das Vermeiden von Diskussionen ist eine meiner Erfindungen«.

Es gibt keine andere Wahrheit als die konkreten Fakten. Diskutieren nützt nichts; die Fehler der Vergangenheit wiederkäuen, Kurswechsel rechtfertigen und Korrekturen erklären, all das wäre nur Zeitverschwendung. Indem Deng Xiaoping davon absah, Mao und dem Maoismus den Prozess zu machen, verzichtete dieser Revolutionär auf eigenen Ruhm zugunsten von Effizienz und Pragmatismus.

»Vorsichtig nach den Steinen suchend den Fluss überqueren.«

Dies ist das Grundprinzip der Deng'schen Methode. Wenn etwas funktioniert, dann behält man es bei, andernfalls gibt man es auf, denn Effizienz ist das einzig wesentliche Kriterium. Diese pragmatische Vorgehensweise förderte auch Demokratisierungsprozesse, wenngleich sie nicht zu freien Wahlen führte. Der Ideologieverzicht bedeutet im Prinzip, dass sich die Zentralmacht in allen praktischen Fragen zurückhält. Verbesserungsvorschläge sollen von der Basis und nicht mehr von den Mandarinen kommen.

»Seine Absichten verheimlichen und seine Kräfte verbergen.«

Sein Kräftepotential verstecken, solange es noch nicht verfügbar ist; sich nicht in die Karten schauen lassen, bis die Zeit reif ist. Diese Maxime scheint direkt der »Kriegskunst« des Strategen Sunzi entnommen. Hier heißt es: »Jede militärische Strategie stützt sich auf Täuschung. Wenn du zum Angriff fähig bist, erscheine unfähig. Wenn du deine Kräfte gebrauchst, erscheine untätig.«

Seit Anfang der achtziger Jahre bildete sie die Grundlage der chinesischen Außenpolitik. Chinesische Spitzenpolitiker wie auch führende Industriebosse wollen stets verhindern, dass man ihr Kräftepotential allzu genau unter die Lupe nimmt. Sie versuchen möglichst unauffällig zu bleiben und geben sich demütig und bescheiden. China schlug jedoch einen beschleunigten Wachstumskurs ein, mit dessen Hilfe es den Westen auf den Hauptgebieten der Wissenschaft und Technik einholen wollte.

»Man muss es unterlassen, Fahnen zu schwenken und Menschenmassen zu dirigieren.«

Dieser mit der vorangehenden Maxime verwandte Spruch Deng Xiaopings soll die Bürger dazu bringen, einfach ihrer Arbeit nachzugehen und nicht durch übertriebenes Selbstbewusstsein aufzufallen. Zunächst gilt es, die Wirtschaftskraft des Landes zu stärken und nicht vorschnell seinen Stolz und seine Vormachtstellung zu demonstrieren.

»Eine schwache Nation kann sich keine Außenpolitik leisten.«

Solange man nicht über die Mittel verfügt, seine außenpolitischen Ziele durchzusetzen, muss man sich klein machen und biegsam wie ein Schilfrohr sein. So hat Peking kaum protestiert, als die amerikanischen Truppen im Jahr 2003 den Irak besetzten und damit die für die Volksrepublik vorgesehenen Ölreserven in ihre Gewalt brachten.

Da China die größte Gefahr darin sieht, von den USA eingekreist und erstickt zu werden, hat es selten auf sein Vetorecht im UN-Sicherheitsrat gepocht. Diese Rolle überließ es lieber Frankreich, einer gleichfalls schwachen, aber wagemutigeren Nation.

Einem von George W. Bush regierten Amerika mag es schwierig erscheinen, mit einem Land die Säbel zu kreuzen, das um jeden Preis Zeit gewinnen will und deshalb der direkten Konfrontation ausweicht.

»Armut ist nicht Sozialismus. Reich werden ist keine Schande.«

Das Bemühen um Wohlstand steht im Mittelpunkt der chinesischen Kultur. Das Wohlergehen der Untertanen ist die heilige Aufgabe des Herrschers, der das »himmlische Mandat« innehat.

Niemals wird der Chinese – im Gegensatz etwa zu Katholiken oder Buddhisten – die Armut glorifizieren. Wohlstand ist vielmehr ein Zeichen dafür, dass die betreffende

Person im Einklang mit der Natur lebt und sich auf die Energieflüsse einstellen kann. Diese Einstellung ist mit der Haltung der Calvinisten verwandt, für die durch Arbeit erworbener Reichtum ein Geschenk Gottes ist. »Bereichert Euch!« – mit diesen an Klarheit nicht zu überbietenden Worten forderte Deng Xiaoping 1992 das chinesische Volk auf, im Rahmen des Modernisierungsprozesses hart zu arbeiten, um im Wohlstand leben zu können.

»Perestroika« ohne »Glasnost«

Deng Xiaopings diskrete Revolution steht im krassen Gegensatz zu der spektakulären und medial unterstützten Revolution von Michail Gorbatschow. Der sowjetische Präsident tat der Welt und besonders den Vereinigten Staaten den Gefallen, die Niederlage des Kommunismus live miterleben zu dürfen, während gleichzeitig das von den Zaren errichtete Reich zerfiel. Diese Hollywood-Inszenierung war ein schönes Geschenk für Reagan und Bush senior, vom Fall der Berliner Mauer bis zur Hissung der alten russischen Flagge auf dem Kreml. Deng Xiaoping hatte nicht so viel Sinn für spektakuläre Effekte.

Seine Revolution hatte zehn Jahre früher, das heißt 1979 stattgefunden. Deng hatte seine Reformen geräuschlos, ohne Fahnenschwingen und Demonstrationen durchgesetzt. Während Gorbatschow an den Beginn die »Glasnost« stellte, also die Redefreiheit als Voraussetzung für die Umgestaltung der Gesellschaft (»Perestroika«) betrachtete, gelang es dem bescheidenen und pragmatisch denkenden Chinesen, das Wirtschaftssystem seines Landes radikal zu verändern und doch das Land und seine Strukturen als Ganzes zu bewahren: »Perestroika« ohne »Glasnost«.

Das neue postsowjetische Russland schlitterte in eine Wirtschaftskrise, die zehn Jahre andauerte. Ein großer Teil seiner Intelligenz ging ins Ausland, und sein technisches Know-how wurde geplündert. Die Pekinger Führung versuchte mit allen Mitteln zu verhindern, dass diese Art der Revolution auf das Reich der Mitte übersprang. Sie wollte unbedingt vermeiden, dass wieder einmal das Chaos regierte und womöglich fremde Mächte das Land unterjochten. Denn das hätte das Ende aller imperialen Ambitionen bedeutet.

Die Erneuerung des Kaiserreichs

Die chinesische Kaiserzeit wurde vom kommunistischen Regime totgeschwiegen, denn man verband damit lediglich die Ausbeutung des Volkes durch die Aristokratie. Heute jedoch wird diese Vergangenheit anders bewertet, sie ist eine Quelle des chinesischen Nationalstolzes und eine solide ideologische Basis für den gegenwärtigen wirtschaftlichen Erfolg. Während sich China zur Weltmacht entwickelt, besinnt es sich auf seine große Vergangenheit vor dem demütigenden »Jahrhundert der Schande«.

Daher sprechen die Chinesen heute wieder mit Stolz von ihrer fünftausendjährigen Geschichte. Das Reich der Mitte kann sich nun wie früher als älteste Kultur der Erde sehen, und dies stärkt sein Selbstbewusstsein in hohem Maße.

Diesem Verständnis zufolge regiert heute die »Mao-Dynastie«, die nach der Zeit der Wirren zwischen 1911 und 1949 das Erbe der Qing-Herrscher antrat.

Die auf den Banknoten abgebildete »Mao-Dynastie« zählt vier Kaiser: Mao Zedong, Deng Xiaoping, Jiang Zemin und Hu Jintao.

Am Ende des 18. Jahrhunderts machten China, Indien und Japan die Hälfte der Weltwirtschaft aus. Heute entfallen auf das Reich der Mitte allein 35 Prozent der Weltbevölkerung und 28 Prozent der Industrieproduktion.

Die Fortschritte Chinas in den letzten fünfzehn Jahren zielen lediglich auf die Wiederherstellung des internationalen Kräfteverhältnisses und der politischen Konstellation, die am Ende des 18. Jahrhunderts geherrscht hat. Das China des Jahres 2006 ist mehr denn je ein Produkt seiner Geschichte. Es knüpft heute wieder an seine kaiserliche Vergangenheit und damit nach einer kurzen Unterbrechung an seine fünftausendjährigen Traditionen an.

Kapitel 2

China als Drehscheibe der Globalisierung

Das Reich der Mitte hat sich der Welt geöffnet, aber diesmal nicht unter dem Druck britischer Kanonenboote. Heute lässt es die Barbaren auf eigenen Wunsch ins Land. Die international tätigen Unternehmen streiten sich um den chinesischen Markt, alle wollen ein Stück des Kuchens haben, wie einst die Handelsgesellschaften in der Zeit der Opiumkriege. Doch diejenigen, die in China nur Profit machen und sich wieder einmal das Land unterwerfen wollen, haben diesmal schlechte Karten. Denn diese zweite Öffnung ihres Landes zur übrigen Welt haben die Chinesen bestens unter Kontrolle. Sie verfolgen damit nur ein Ziel: den Technologierückstand gegenüber dem Westen aufzuholen und die stärkste Wirtschaftsmacht der Welt zu werden.

Durch die 1979 von Deng Xiaoping eingeleiteten Maßnahmen zur Modernisierung der chinesischen Wirtschaft stieg das Bruttosozialprodukt des Landes innerhalb von zwanzig Jahren auf das Vierfache. Zwischen 2000 und 2020 dürfte es sich erneut vervierfachen. Nimmt man die Kaufkraft als Maßstab, wird Chinas Wirtschaft dann den ersten Rang in der Welt einnehmen – vor den Vereinigten Staaten.

Das Beispiel der asiatischen Tigerstaaten

1978 besuchte Deng Xiaoping mehrere Länder Südostasiens, um selbst die Staaten in Augenschein zu nehmen, die man immer häufiger als »asiatische Tiger« bezeichnete.

Damals dachte er intensiv darüber nach, wie man das Wirtschaftssystem der VR China reformieren könne.

Das bisherige Ergebnis war eindeutig negativ. Die Abschottung des kommunistischen Regimes hatte das Reich der Mitte von der Weltwirtschaft und von den internationalen Handelsbeziehungen abgeschnitten. Der Wirtschaftsaufschwung in Asien hatte deshalb in den Nachbarstaaten stattgefunden – zunächst in Japan, danach auch bei den »Tigerstaaten« Südkorea, Taiwan, Hongkong, Singapur, Malaysia … Auf jeden Fall nicht in China.

Die chinesischen Minderheiten in den Ländern Südostasiens bauten sehr effiziente konfuzianische Gesellschaften auf und taten alles, um den Westen einzuholen – und zwar mit Hilfe des Westens. Ebenfalls 1979 stattete Deng den USA einen historischen Besuch ab, um die Normalisierung der Beziehungen zwischen beiden Ländern in die Wege zu leiten. Seine Reise führte ihn auch nach Atlanta, wo man ihm eine Fabrik zeigte, die in einem Monat so viele Autos produzierte wie China im ganzen Jahr. Wenige Jahre später sollten sich die Automobilhersteller der ganzen Welt darum streiten, in China Autos zu bauen – und dabei wertvolles Know-how an ihre chinesischen Partner weitergeben.

In den siebziger und achtziger Jahren zeigten vier kleine asiatische Staaten beispielhaft, wie sich über mehrere Jahrzehnte hinweg ein stabiles und kontinuierliches zweistelliges Wirtschaftswachstum erreichen ließ. Südkorea, Taiwan, Hongkong und Singapur wiesen mehrere gemeinsame Merkmale auf:

- ein autoritäres und ziemlich undemokratisches Regime, zumindest am Anfang des Entwicklungsprozesses;
- ein ganz auf die Exporte in die entwickelten Länder ausgerichtetes Wachstumsmodell;

- die anfängliche Begrenzung von Importen und Inlandsverbrauch, um Ersparnisse und Exporterlöse in Anlageinvestitionen und den Ausbau der Infrastruktur fließen zu lassen. Manche Länder griffen sogar zum Mittel des Zwangssparens, wodurch die Mehrheit der Bevölkerung Privateigentum erwarb.

In den neunziger Jahren wurden die vier Tigerstaaten rasch in den Klub der Industrienationen aufgenommen – mit einem Lebensstandard, der (wie im Fall von Hongkong und Singapur) dem der europäischen Staaten vergleichbar war. Besonders gründlich befasste sich Deng Xiaoping mit Singapur, das zu beinahe achtzig Prozent chinesisch war und von dem Autokraten Lee Kuan Yew mit eiserner Hand regiert wurde. Der kleine Staat erlebte damals eine eindrucksvolle Wachstumsphase, nachdem er sich dem internationalen Handel weitestgehend geöffnet und ausländische Investitionen ins Land gelockt hatte.

Deng kam zu dem Schluss, dass die Tigerstaaten und insbesondere Singapur dem chinesischen Aufbauprogramm als Vorbild dienen sollten.

Man fing klein an und wagte sich Schritt für Schritt vor. Vorurteile und Dogmen wurden über Bord geworfen, Effizienz war das oberste Kriterium. Sollte es den Chinesen gelingen, gegenüber Hongkong oder Singapur aufzuschließen, so hieß das, dass ihr Entwicklungsmodell das richtige war.

Als Erstes schritt Deng zur Gründung mehrerer kleiner Singapurs auf chinesischem Boden; sie sollten als Experimentierfeld für die Zulassung ausländischer Investitionen und die Marktwirtschaft dienen. Diese besonderen Wirtschaftszonen sollten ausgeweitet werden, bis am Ende das ganze Land eine einheitliche Sonderwirtschaftszone sein würde.

Die Sonderwirtschaftszonen

1980 wurden zunächst in der Provinz Guangdong die Regionen Shenzhen, Zhuhai und Shantou als Sonderwirtschaftszonen ausgewiesen. Anschließend erhielten die Zone Xiamen in der Provinz Fujian und die gesamte Insel Hainan diesen Status.

Paradebeispiel für den Erfolg dieser Zonen ist natürlich Shenzhen. Der Standort war klug gewählt, nämlich genau an der Grenze zwischen den Neuen Territorien von Hongkong und China. Wo 1978 noch ein kleines Fischerdorf lag, erhebt sich heute eine Weltstadt mit fünf Millionen Einwohnern und monumentalen Hochhäusern. Nirgendwo in China ist der Lebensstandard so hoch wie hier. Das Perlflussdelta umfasst Shenzhen, Kanton (Guangzhou), Zhuhai, Dongguan, Zhongshan, Foshan, Huizhou und Jiangmen sowie die zwei autonomen Sonderwirtschaftsregionen Hongkong und Macau. Der größte Teil der Investitionen in Shenzhen kam aus Hongkong, diesem superreichen Territorium mit seinen engen Grenzen, wo dank der größtenteils im Dienstleistungssektor tätigen Einwohner der Lebensstandard so hoch ist wie im Westen.

Der Weg zum Wohlstand

Ein Zeitraum von zwanzig Jahren ist sehr kurz, wenn man in Jahrhunderten denkt. In den achtziger Jahren wurde das Modell der stalinistischen Planwirtschaft nach und nach abgeschafft und in allen Wirtschaftsbereichen durch Privatisierung und persönliche Initiative ersetzt.

Der Zusammenbruch des sowjetischen Imperiums im Jahr 1989 erschreckte die Führung in Peking. Wenn China nun den gleichen Weg ging, drohten ihm dann nicht ebenso Zerfall, Verarmung und Chaos? Daran konnte doch wirklich niemand Interesse haben. Die Protestbewegung, die in der Besetzung des Tiananmen-Platzes gipfelte, wurde blutig niedergeschlagen. Anfang 1992 besuchte der inzwischen 88 Jahre alte Deng Xiaoping Shenzhen und Shanghai, die beiden Aushängeschilder der Wirtschaftsreformen, und rief seinen Landsleuten zu: »Bereichert euch! Macht Geschäfte, keine Politik!« Und die Chinesen beherzigten diesen Appell auf ungeahnte Weise.

Unter der Führung des stellvertretenden Premierministers Zhu Rongji erlebte die Wirtschaft des Landes einen rasanten Aufschwung. Shanghai nahm seine Umgestaltung in Angriff: Am Ostufer des Flusses Huangpu, bis dahin ausgedehntes Brachland, entstand sehr rasch die Entwicklungszone Pudong mit ihren mächtigen Wolkenkratzern. Die konjunkturelle Überhitzung blieb nicht aus. Schon 1994 betrug die Inflationsrate über 15 Prozent, und China musste seine Währung um 30 Prozent abwerten. Der Wechselkurs gegenüber dem Dollar änderte sich danach erst wieder elf Jahre später mit der Lockerung der Geldpolitik im Sommer 2005.

1997 – die asiatische Währungskrise als Wendepunkt

Die Abwertung des Yuan im Jahr 1994 und die zunehmende Konkurrenzfähigkeit der chinesischen Exporte gehörten zu den Hauptursachen der asiatischen Währungskrise. Sie begann im Juli 1997 in Thailand, wo der Bath ein Drittel seines Wertes einbüßte. Die Krise erfasste sämtliche Länder Südostasiens, und alle Blicke richteten sich auf Peking. Würde China erneut abwerten, um gegenüber den Tigerstaaten Asiens konkurrenzfähig zu bleiben? Premierminister Zhu Rongji erklärte, sein Land sei entschlossen, der internationalen Währungsspekulation standzuhalten. Der Yuan wurde nicht abgewertet, und China ging als großer Sieger aus der asiatischen Währungskrise hervor. Das Reich der Mitte schien wie verwandelt und fungierte inzwischen als stabilisierendes Element, als verantwortungsbewusste politische Macht, die die internationale Investitionstätigkeit schützte. Dies war der Grund, dass China nach 1997 der beste Freund und das bevorzugte Ziel der Kapitalisten aus der ganzen Welt wurde. Der riesige Binnenmarkt, die Sozial- und Steuerpolitik, die Dynamik und Begeisterungsfähigkeit des Landes ernteten uneingeschränktes Lob. Obendrein sorgte die Regierung energisch für Ruhe und Ordnung, Sicherheit und Stabilität. China ließ alle früheren Spitzenreiter des asiatischen Wirtschaftswunders hinter sich, darunter sämtliche Tigerstaaten, von denen nun kaum mehr jemand sprach.

Globalisierung

Zwölf Jahre endloser politisch brisanter Verhandlungen waren nötig, bis endlich im amerikanischen Kongress die prochinesische Lobby die Oberhand über die Falken der Republikanischen Partei gewann. Im Jahr 2001 trat China der Welthandelsorganisation (WTO) bei – auch dank der Unterstützung der großen amerikanischen Multis aus der Nahrungsmittelindustrie und der Anlagenbaubranche, die nun ungeduldig auf die damit verbundene allmähliche Senkung der Einfuhrzölle warteten. China sollte das Eldorado für amerikanische Produkte werden.

Als Deng Xiaoping das Programm der »Vier Modernisierungen« verkündete und 1980 die Sonderwirtschaftszone Shenzhen eröffnete, besaß China noch die Industrieanlagen, die ihm die UdSSR in den fünfziger Jahren geliefert hatte. Nun war jedoch ein günstiger Zeitpunkt für ihre Erneuerung gekommen.

Das Ende der Sowjetunion läutete auf der ganzen Welt eine Ära des ungehemmten Freihandels ein, bei dem weltweit jeder mit jedem konkurriert. Das Reich der Mitte war gut gerüstet, um bei diesem Wettbewerb in allen Wirtschaftsbereichen als Sieger dazustehen. Die internationalen Großunternehmen schlagen sich nämlich darum, einen möglichst großen Anteil am riesigen chinesischen Markt zu ergattern.

1995 tauchte das Internet in der immer globaler werdenden Weltwirtschaft auf. Durch die Funktelefonnetze änderten sich die Geschäftspraktiken ganz grundlegend. Alle Entscheidungen ließen sich nun sofort und an jedem beliebigen Ort in die Tat umsetzen. Entfernungen spielten keine Rolle mehr. Shanghai wurde zum Vorort von Chicago.

Eine gelenkte Wirtschaft

Die Wirtschaft Chinas hat nicht mehr viel gemein mit dem stalinistischen Modell der Produktion nach Plan in großen Staatsunternehmen. Deng Xiaoping wollte Energien freisetzen, das heißt, die unternehmerische, kreative und innovative Freiheit sollte sich voll entfalten können, und diese Dynamik sollte von der Basis selbst ausgehen, nicht von oben her angeordnet werden. Er hat sein Ziel voll erreicht. Auch wenn man heute manchmal den Eindruck gewinnen kann, dass der Privatinitiative im Reich der Mitte alles erlaubt ist, darf man nicht übersehen, dass die chinesische Wirtschaft mit fester, aber geschickter Hand gelenkt wird. Die Regierung in Peking verfolgt hartnäckig das Ziel, den Technologierückstand gegenüber dem Westen aufzuholen und ihrem Land die Führungsposition in einer Welt der Barbaren zurückzuerobern, die inzwischen nach anderen Regeln funktioniert als im 18. Jahrhundert.

Während Europa gerade dabei ist, den Staat von der Wirtschaftstätigkeit abzutrennen und sich dem neoliberalen Credo und der Globalisierung anzupassen, bemühen sich China und alle Tigerstaaten Asiens darum, im Rahmen einer staatlich gelenkten, strukturierten und methodischen Strategie in allen Wirtschaftsbereichen die Technologien und Industrien der Zukunft zu etablieren. Zwischen Tokio und Singapur, Seoul und Peking hat jedes asiatische Land seinen Minister für Informationsindustrie beziehungsweise sein Ministerium für Forschung und Technik, deren Entscheidungen auf der Ebene der Provinzen von den Sonderentwicklungszonen und den regionalen Großstädten umgesetzt werden.

Zugang zum Binnenmarkt gegen Techniktransfer

Den größten Teil des Technologietransfers nach China leisten westliche Unternehmen, denen diese Tatsache wohlbewusst ist. Aber sie haben keine andere Wahl.

Einst schrieb Lenin: »Die Kapitalisten werden uns noch den Strick verkaufen, an dem wir sie aufhängen werden.«

Wie oft hat man uns bis zum Ende der achtziger Jahre dieses Zitat vorgehalten, als Rechtfertigung für das Verbot, »kriegswichtige« Produkte an die damalige UdSSR zu liefern. Halbleiter, Computer, Werkzeugmaschinen, Speziallegierungen durften nicht an die Sowjets verkauft werden, da man ihr industrielles und militärisches Potential nicht zusätzlich stärken wollte. Heute ist Lenins Satz wieder höchst aktuell.

China steht nun für das, was sich die Kapitalisten schon immer erträumt haben: ein riesiger, ungeheuer aufnahmefähiger Markt, der lange verschlossen war und sich plötzlich geöffnet hat. Ein riesiges Angebot an fleißigen Arbeitskräften, deren Entlohnung nach unten keine Grenze kennt. Eine Sozialgesetzgebung, die sich leicht umgehen lässt. Vorteilhafte Investitions- und Steuerregelungen. Dazu eine starke Regierung, die Stabilität und Ordnung garantiert. Wahrlich paradiesische Zustände …

Es ist ein Geschäft auf Gegenseitigkeit: Das Reich der Mitte öffnet die Tür zu seinem Binnenmarkt wieder ein Stück weit und erhält dafür technisches Know-how. Im Automobilsektor wird diese Strategie deutlich sichtbar. Die Automobilhersteller der ganzen Welt treten einander in China auf die Füße, in der Hoffnung, einige Prozent Marktanteil auf diesem vielversprechenden Markt an sich zu reißen. Die chinesischen Behörden organisieren die Niederlassung mit großem Geschick und schreiben den Unternehmen vor, jeweils mit einer lokalen Firma zusammen einen neuen Betrieb zu gründen. Um wenigstens mit einem Bein auf chinesischem Boden zu stehen und den bestmöglichen Partner zu bekommen, sind die ausländischen Konstrukteure zu jedem Zugeständnis bereit. Die Chinesen können aus einer Position der Stärke heraus verhandeln und sind damit eindeutig im Vorteil. Sie schließen mit mehreren ausländischen Herstellern sogenannte Joint Ventures ab, wobei sie den einen gegen den anderen ausspielen, und bekommen von ihnen modernstes technisches Know-how.

Dongfeng Motor schloss zum Beispiel Verträge mit fünf ausländischen Partnern und gründete ebenso viele Gemeinschaftsunternehmen: eines mit dem französischen PSA-Konzern, für den es mehrere Modelle der Marke Citroën sowie den Peugeot 307 herstellt, eines mit dem japanischen Unternehmen Honda, außerdem mit Kia, einer Marke der koreanischen Firma Hyundai, und schließlich auch mit Nissan und Renault. Guangzhou Automotive kooperiert mit Honda und Toyota.

Chinesischer Neomerkantilismus?

Der Freihandel bietet bekanntlich für alle Seiten nur Vorteile. Alles was den freien Verkehr von Waren, Dienstleistungen und Kapital behindert, muss beseitigt werden, weil es dem Gemeinwohl schaden und zur Rezession führen würde. So behauptet wenigstens die Theorie.

Die Grundlagen der freien Marktwirtschaft wurden von dem berühmten schottischen Nationalökonomen und Philosophen Adam Smith in seinem 1776 erschienenen Buch »Untersuchung über die Natur und die Ursachen des Wohlstands der Nationen« gelegt. Smith sang hier ein Loblied auf den Wirtschaftsliberalismus, die Arbeitsteilung und das industrielle Wachstum. Er formulierte die Theorie der »unsichtbaren Hand«; sie besagt, dass das Interesse des Individuums ganz von selbst mit dem Interesse der Allgemeinheit übereinstimmt, sofern der Wettbewerb nicht behindert wird. Die Theorie des »komparativen Vorteils«, die 1817 von dem englischen Nationalökonomen David Ricardo aufgestellt wurde, lieferte dagegen eine Rechtfertigung der internationalen Arbeitsteilung.

Der Handel mit China könnte sich allerdings eines Tages als Nullsummenspiel erweisen, bei dem der Verlust des einen den Gewinn des andern aufwiegt. Damit wären wir wieder beim Merkantilismus angelangt.

Der vermutlich während des 16. Jahrhunderts in Frankreich entstandene Merkantilismus war bis zum Ende des 18. Jahrhunderts die maßgebliche Wirtschaftstheorie. Ihr zufolge ist jedes Wirtschaftssystem ein Nullsummenspiel: Was die einen gewinnen, verlieren die anderen. Der Staat spielt darin eine gewichtige Rolle, wie das zum Beispiel beim französischen Colbertismus zu beobachten war. Die Industrie bestand hier weitgehend aus staatlichen Manufakturen mit Monopolfunktion. Der Merkantilismus begünstigte den internationalen Handel, weil der Wohlstand der Nationen die Frucht einer positiven Handelsbilanz war – was später als Begründung für die Ausbeutung der Kolonialvölker diente. Doch die Handelsbilanz ist nur dann positiv, wenn der Handel asymmetrisch ist. Dazu musste man den Export fördern, denn er füllte die Staatskasse und ruinierte die Produktionsmittel der fremden Länder. Notfalls wurde der Export sogar subventioniert. Andererseits musste der Import durch Zollschranken behindert werden, um die eigene Industrie vor der ausländischen Konkurrenz zu schützen. Um die eigene Produktion anzuregen, wurden die besten ausländischen Handwerker ins Land geholt, damit sie hier eine produktive und wettbewerbsfähige Industrie aufbauten.

Man hat die Wirtschaft Japans und der asiatischen Tigerstaaten oft als neomerkantilistisch bezeichnet, weil dort der Staat eine so dominierende Rolle spielt. Diesen Vorwurf machen ihnen sowohl die Keynesianer als auch die Monetaristen. Die genannten Volkswirtschaften Asiens sind dem Import fast völlig verschlossen und stützen sich weitgehend auf die aggressive Eroberung fremder Märkte sowie den Wettbewerbsvorteil, den eine unterbewertete Währung bietet: Mit ihrer Hilfe kann man das industrielle Gefüge der Konkurrenten zerstören und in ganzen Industriezweigen eine Monopolstellung aufbauen.

Die Tigerstaaten sind natürlich zu klein, um das globale Gleichgewicht in Industrie und Technik gefährden zu können. Bei Japan liegen die Dinge völlig anders. Dieses Land hat es geschafft, das amerikanische Außenhandelsdefizit ständig nach oben zu treiben und gleichzeitig traditionsreiche Industriebereiche in den USA zur Aufgabe zu zwingen. Außerdem gelang es ihm in den späten Siebzigern und während der Krise am Ende der achtziger Jahre, die Amerikaner auf dem Gebiet der Technologie hinter sich zu lassen.

Das Land der aufgehenden Sonne verlor seine Spitzenstellung erst durch die starke Aufwertung seiner Währung, die 1985 in den Plaza-Verträgen vereinbart worden war, und durch den Konjunkturaufschwung unter der Regierung Reagan. Hinzu kamen der Golfkrieg von 1991, durch den Japan in einen Vasallenstatus zurückversetzt wurde, und schließlich die Tatsache, dass die Amerikaner in den neunziger Jahren die führende Rolle im Bereich der Kommunikationsindustrie übernahmen.

»Neomerkantilistisch« ist aber vor allem die chinesische Volkswirtschaft zu nennen, denn sie weist sowohl in den Zielen wie in den Mitteln erstaunliche Ähnlichkeit mit dem beschriebenen Modell auf. Sie hat in diesem Rahmen sogar noch einen weiteren gewichtigen Pluspunkt, nämlich die Anziehungskraft, die der riesige chinesische Binnenmarkt auf die Industriellen der ganzen Erde ausübt. Während die stolze und abweisende japanische Geisha niemals die Bahnen ihres Kimonos öffnen wird, reißt China die Tore seines Binnenmarkts weit auf, allerdings nicht ohne dem Besucher beim Eintritt sein Know-how und seine Technologien abzuverlangen.

Das merkantilistische Modell des 17. Jahrhunderts sah vor, die besten ausländischen Handwerker ins Land zu holen, die dann eine wettbewerbsfähige Industrie aufbauen sollten. Das Reich der Mitte braucht sich nicht besonders anzustrengen, um die Ausländer herbeizulocken, denn die größten multinationalen Unternehmen der Erde – also genau jene, die China in absehbarer Zeit zerstören will – streiten sich um die Möglichkeit, die Chinesen mit den modernen Produktionsmethoden vertraut zu machen und ihnen das Know-how und die Technologien zu vermitteln, die zur Überwindung des Rückstands notwendig sind. Lenin hatte also doch recht …

»Darwinismus« versus »Intelligent Design«

Die Theorie des Wirtschaftsliberalismus verlangt möglichst geringen Einfluss des Staates auf die Wirtschaft, damit die »unsichtbare Hand« ihre Wirkung voll entfalten kann. Dies führt zu einem darwinistischen Prozess der natürlichen Auslese. Bis deren Gewinner feststeht, werden ungeheure

Mengen an Energie vergeudet. In der Tat zeichnet sich das amerikanische Wirtschaftssystem nicht gerade durch Effizienz aus. Den Beweis liefert die Ära der sogenannten »New Economy« mit ihren Tausenden von Firmengründungen, die viele Milliarden Dollar an Investitionen verschlangen, bis am Ende vier Großunternehmen übrig blieben: Amazon, eBay, Yahoo und Google. In Wirklichkeit hat das amerikanische System nicht größtmögliche wirtschaftliche Effizienz zum Ziel, sondern ist lediglich der Ausdruck einer bestimmten Ideologie und Weltanschauung.

Bei einer gelenkten Wirtschaft legt der Staat dagegen einen bestimmten Rahmen fest, definiert Ziele und Prioritäten und stellt die dazu notwendigen Mittel und Instrumente zur Verfügung. Dieses in Asien erfolgreich angewandte Wirtschaftsmodell erweist sich als ungleich effizienter. Dank dieses Modells war es Japan in den siebziger und achtziger Jahren möglich, die USA hinter sich zu lassen. Und ebenso wird es China dadurch gelingen, die wirtschaftliche Vorherrschaft über die Vereinigten Staaten und den Rest der Welt zu erlangen. Den USA bleibt nur noch die Möglichkeit, ihre militärische Überlegenheit einzusetzen, um der »unsichtbaren Hand« zu Hilfe zu kommen, denn in Amerika ist es die Aufgabe des Staates, Fehlentwicklungen des Kapitalismus zu korrigieren.

In den USA spielt sich also auch auf dieser Ebene – allerdings unter anderen Vorzeichen – ein Glaubenskrieg zwischen »Darwinisten« und den Anhängern eines kreativen »Intelligent Design« ab.

Wal-Mart und China schließen ein Bündnis

Wal-Mart, der größte Handelskonzern der Welt, zählt zu Chinas besten Freunden. Wal-Mart – wie überhaupt alle Handelsunternehmen – setzt sich für den Technologietransfer ein und treibt das Reich der Mitte an, seine Wirtschaftsleistung ständig zu steigern, seine Produktion zu rationalisieren und seine Logistik zu optimieren.

Alle großen Namen des Einzelhandels – Sears, Kmart, Target, Meijer, Costco, JCPenney und so weiter – hatten schon lange vor Wal-Mart in Asien ihre Einkaufsbüros, sei es in Taiwan oder in Hongkong. Allerdings verdient die Strategie des Branchenführers, des größten Privatunternehmens der Welt, besondere Aufmerksamkeit.

Wal-Mart setzt ganz auf seine chinesischen Partner. Die Plakate mit der Aufforderung »Buy American« verschwinden hinter den vielen Regalkilometern mit Produkten asiatischer Herkunft. Der 1992 verstorbene Firmengründer Sam Walton war für seine pointierten Sprüche berühmt. So erklärte er eines Tages: »Wir sind kein Wohltätigkeitsunternehmen, das mangelnde Effizienz subventioniert.« Die nachfolgende Generation der Konzerndirektoren setzt diesen Weg konsequent fort.

Zeitgleich mit der Einführung eigener Handelsmarken errichtete Wal-Mart Anfang der neunziger Jahre eine große Einkaufszentrale in Shenzhen. De facto wurde der Konzern nun sein eigener Lieferant, der den Verbrauchergeschmack analysierte und seine Produkte von chinesischen Zulieferern bezog. Mitte der neunziger Jahre explodierten die Gewinne des Unternehmens.

Wal-Mart verfolgt in China die Strategie, eine kleine Zahl von Lieferanten auszuwählen, in den meisten Fällen die größten und effizientesten Betriebe, und von diesen die günstigsten Preise, Fristen sowie die besten Qualitätsmerkmale zu verlangen. Um bei Wal-Mart gelistet zu bleiben, müssen andere Unternehmen den gleichen Weg gehen, das heißt, ihre Produktion ins Reich der Mitte verlagern.

Die von Wal-Mart unter eigenem Namen vertriebenen Produkte werden von einer unabhängigen Agentur entwickelt und dann von einem der registrierten Lieferanten in China hergestellt. Die zunehmende Unternehmenskonzentration als Folge der Globalisierung und der Geschäftsstrategie von Wal-Mart führte zur Entstehung riesiger Konzerne, nämlich von Großfilialisten einerseits und Produktionsfirmen in China andererseits.

Wenn die Firma Wal-Mart ein Produkt unter ihrem eigenen Namen vermarktet, eignet sie sich gleichzeitig dessen Konzept, Herstellungsweise, Identität und Verpackungsart an, also all das, was Milliarden an Investitionen für Marketing, Entwicklung und Pflege eines Markenimages erfordert hatte. Obwohl dabei gezielt Plagiate hergestellt werden, wird diese Verfahrensweise im Westen allgemein akzeptiert, wenn sie den Kunden zugute kommt. Die großen Markenhersteller befinden sich heute in der Klemme zwischen dem Hammer Wal-Mart und dem Amboss China. Und wenn sie ins Reich der Mitte kommen, um auf dem dortigen Markt Fuß zu fassen, raubt man ihnen erneut ihr Know-how und ihre Technologie und gibt diese an chinesische Fabrikanten weiter, die später Wal-Mart beliefern.

Auf diese Weise ist China zum Hersteller der Eigenmarken von Wal-Mart geworden.

Heutzutage werden 75 Prozent der von Wal-Mart angebotenen Produkte im Reich der Mitte hergestellt. Eine Aufwertung der chinesischen Währung hätte schlimme Folgen für die Gewinnmarge des Filialisten, denn er könnte die Verteuerung nicht in vollem Umfang auf seine Verkaufspreise weitergeben, ohne die Inflation anzuheizen. Der Anteil der chinesischen Produkte am Warenangebot von Wal-Mart ist so groß, dass die von manchen geforderte Aufwertung des Yuan um 30 Prozent völlig unmöglich erscheint. Daher spricht sich der gesamte amerikanische Einzelhandels- und Importsektor vehement gegen eine Politik der Quoten und Importbeschränkungen bei chinesischen Produkten aus.

Zwölf Prozent der amerikanischen Importe aus China entfallen allein auf Wal-Mart – mehr als das, was Frankreich und Großbritannien zusammen aus dem Reich der Mitte einführen. Das amerikanische Handelsunternehmen verlangt eine sehr leistungsfähige Logistik, von der Lagerhaltung über den Transport bis zur Lieferung. Es erwartet von seinen Lieferanten Flexibilität und extrem kurze Reaktionszeiten, um dem Käuferverhalten so weit wie möglich entgegenzukommen und Werbekampagnen für ganz bestimmte Produkte lancieren zu können. So müssen beispielsweise riesige Mengen an Anoraks, DVD-Playern oder Flachbildschirmen zu extrem niedrigen Preisen und in einer äußerst kurzfristig festgelegten Ausstattung geliefert werden. China ist hierfür der ideale Partner, der einzige, dessen Reaktionszeit mit der modernen, dynamischen Geschäftspolitik im Einzelhandel vereinbar ist. Außerhalb Chinas sind immer weniger Lieferanten in der Lage, die Wünsche der Ladenketten zu erfüllen. Das Reich der Mitte dagegen verfügt heute über ein dichtes und vielseitiges Netz von Zulieferern. Es kann aufgrund der ungeheuren Stückzahlen Synergieeffekte nutzen und verfügt wegen des Drucks heimischer Konkurrenten wie auch der Exporteure über eine sehr hohe und immer noch wachsende Produktivität. Fabriken, Fertigungsstraßen und Logistik sind auf dem neuesten Stand. Kurz, andere Länder können immer weniger mit China Schritt halten.

Und je eindeutiger das Reich der Mitte als Produktionsstandort die Spitzenposition einnimmt, desto reichlicher fließen die ausländischen Investitionen.

Umgekehrt geraten die ausländischen Unternehmen leicht in einen Teufelskreis. Die Gewinnspannen sinken, chinesische Zulieferer werden obligatorisch, um ein konkurrenzfähiges Preisniveau zu erreichen, Personal muss entlassen werden, und die Mittel für Forschung und Entwicklung werden aufgrund von Sparmaßnahmen gekürzt. Irgendwann schwindet dann auch noch die Chance einer geschäftlichen Erholung, und dann geht dem Betrieb die Luft aus.

Die ungeheuer effiziente Zusammenarbeit zwischen Wal-Mart und der chinesischen Industrie rührt daher, dass sich diese Partner in idealer Weise ergänzen. Diese Kooperation, die die Verbrauchermärkte tiefgreifend verändert, weil die traditionellen Markenartikel zunehmend verdrängt werden, birgt jedoch auch Konfliktpotential.

China wird sich auf Dauer nicht mit der Rolle des Zulieferers begnügen, weil die Abhängigkeit von einigen wenigen Abnehmern die Entfaltung seiner Unternehmen auf den Weltmärkten behindert. Andererseits strebt es danach, seine Position in der Wertschöpfungskette auszubauen und auch Aufgaben in der Produktentwicklung und sogar im Marketing zu übernehmen. Und die Rolle als »Ausführungsorgan« in dieser Partnerschaft mit Wal-Mart erinnert die Chinesen allzu sehr an ihre Rolle während des »Jahrhunderts der Schande«. Daher wird das Reich der Mitte bestrebt sein, auf der ganzen Welt seine eigenen Absatzwege aufzubauen. Chinesische Geschäftsleute suchen mit staatlicher Unterstützung überall nach Orten, wo sie riesige Verbrauchermärkte einrichten können. Auf dieser Linie liegt etwa der »Drachen-Mart« in Dubai. Im Scherz hat man auch schon erzählt, Peking habe Wal-Mart aufgekauft, doch es wäre keineswegs verwunderlich, wenn eines Tages englische oder amerikanische Hard-discount-Filialisten in chinesische Hand übergingen. Hätten die Chinesen auch noch den Vertrieb im Griff, so besäßen sie die totale Kontrolle über ganze Branchen, von der Fabrik bis zum Endverbraucher, einschließlich Produktentwicklung und Marketing. Eine solche dominierende Stellung hätte gewisse Ähnlichkeit mit der von Rockefellers Standard Oil auf dem Höhepunkt ihrer Macht, bevor der Oberste Gerichtshof der USA 1911 die Zerschlagung des Konzerns anordnete.

Die ersten chinesischen Markennamen

Es wird noch viel Mühe kosten, bis Namen wie Panda, Amoy oder Great Wall ebenso bekannt sein werden wie Sony, Toshiba oder Apple. Die chinesischen Hersteller haben hier noch eine große Aufgabe vor sich, weil sie weder die Absatzwege kontrollieren, die in den USA von Wal-Mart beherrscht werden, noch eine der großen, international bekannten Marken repräsentieren. Dem Endverbraucher stehen die chinesischen Firmen noch relativ fern: Sie sind von ihrer Konsumentenbasis abgeschnitten und können so weder eine eigene Produktpolitik noch eine eigene Marketingstrategie entwickeln. Die chinesische Regierung hat das Problem erkannt und einen Schlachtplan entworfen. Sie erteilte einigen hundert Gesellschaften den Auftrag, unter ihrem eigenen Namen ausländische Märkte zu erobern. Weltweite Bekanntheit zu erlangen ist das kurzfristige Ziel der führenden chinesischen Markenhersteller von morgen. Der schnellste Weg dahin bleibt jedoch der Erwerb bereits bekannter ausländischer Marken. Das chinesische Amt zur Förderung von Auslandsinvestitionen hält nach potentiellen Kandidaten Ausschau. Die Chancen stehen nicht besonders gut, und viele Versuche sind bereits gescheitert. Die Übernahmeschlachten um die Firmen Unocal und Maytag belegen die Entschlossenheit der USA, ihre Besitzstände in diesem Bereich gegen die Chinesen zu behaupten.

Heute gibt es im Reich der Mitte mehr als 2,5 Millionen eingetragene Warenzeichen beziehungsweise Marken. Sie machen achtzig Prozent der im Land verkauften Artikel für den täglichen Bedarf aus.

- Ningbo Bird hat sich zum Ziel gesetzt, in absehbarer Zeit zum weltweit drittgrößten Hersteller von Mobiltelefonen zu werden.
- Haier-Gruppe: Der führende chinesische Hersteller von

Haushaltsgeräten verdankt seinen Namen einer kleinen deutschen Firma, die er vor langer Zeit aufgekauft hat. Haier wollte die angesehene amerikanische Firma Maytag erwerben. Sein Angebot von 16 Dollar in bar pro Aktie war höher als das des Investmentfonds Ripplewood Holdings. Dennoch empfahl der Aufsichtsrat von Maytag seinen Aktionären die Annahme des niedrigeren Angebots. Schließlich bot Whirlpool, einer der größten amerikanischen Hersteller von Haushaltsgeräten, 17 Dollar in bar pro Aktie, worauf die Chinesen im Juli 2005 aufgaben.

- Lenovo Computer: Dieser Hersteller von Computern und elektronischen Geräten erwarb im April 2005 für 1,75 Milliarden Dollar den Unternehmensbereich Personal Computer von IBM, also ausgerechnet der Firma, die Anfang der achtziger Jahre den ersten PC auf den Markt gebracht hatte. Nach den amerikanischen Firmen Dell und Hewlett-Packard ist Lenovo heute der drittgrößte Computerhersteller der Welt. Sein Anteil am chinesischen Microcomputer-Markt beträgt 27 Prozent.
- TCL ist heute weltweit der größte Hersteller von Fernsehgeräten, gefolgt von den chinesischen Firmen Changhong und Konka. In Deutschland hat TCL die Marke Schneider erworben, in Frankreich die Mobiltelefon-Sparte von Alcatel und außerdem die Mehrheit an einem Joint Venture mit dem Unterhaltungselektronik-Konzern Thomson, wodurch den Chinesen die berühmte amerikanische Marke RCA in den Schoß fiel.
- Huawei ist der größte chinesische Hersteller im Bereich Telefon und Telefonnetze.
- Tsingtao produziert das meistverkaufte chinesische Bier auf der Welt.
- Nice (Reinigungs- und Pflegemittel), Jahwa (Reinigungs- und Schönheitsprodukte sowie Insektizide), Youngor (Oberbekleidungsbranche).

Spionage

Sehr aktiv sind die Chinesen auf dem Feld der Spionage und der Beschaffung von technischen, wissenschaftlichen und militärischen Informationen. Dadurch hat ihr Land kostbare Zeit eingespart. Vermutlich durch Abschöpfung von Informationsquellen im Ausland gelang es innerhalb weniger Jahre, dem amerikanischen System Aegis vergleichbare Waffensysteme zu entwickeln und eine Hochseemarine aufzubauen.

Zahlreiche chinesische Industriekonzerne gehören den Streitkräften oder sind staatliche Unternehmen. Andere sind nach außen hin Privatunternehmen, stehen jedoch auf der Kapitalseite mit dem Staat in Verbindung. Laut den Falken in Washington dienen schätzungsweise mehr als 4000 Konzerne als Deckmantel bei der Beschaffung von Informationen über westliche Ausrüstungen und Technologien.

Für diese These spricht die Zahl der Chinesen, die sich befristet in den USA aufhalten. Etwa 100 000 bis 150 000 chinesische Studenten sind an amerikanischen Universitäten eingeschrieben. Zwischen 800 000 und einer Millionen Chinesen besuchen jedes Jahr die USA. Nach Ansicht des FBI sind die Chinesen besonders geschickt beim Sammeln von öffentlich zugänglichen Informationen über Teilaspekte eines Objekts. Ein Gesamtbild entsteht dann dadurch, dass man diese Puzzlestücke zusammenfügt. Auch was die Geschwindigkeit der Informationsverarbeitung betrifft, sind die Chinesen Meister. Die Industrie macht keinen Unterschied zwischen ziviler und militärischer Produktion, sodass manchmal der gleiche Betrieb Haushaltsgeräte und Raketen herstellt. Die fehlende Trennung von Produktbereichen erleichtert den Informationsaustausch und die Anwendung ziviler Technologien im militärischen Bereich. Auch in China selbst wird intensiv Spionage betrieben. Die amerikanischen Firmen werden aufgefordert, ihre Forschungs- und Entwicklungsabteilungen ins Reich der Mitte zu verlagern, wo jedes Jahr Hunderttausende von hochqualifizierten Ingenieuren auf den Markt drängen. Die multinationalen Unternehmen lassen sich von den ungleich niedrigeren Lohnkosten ins Land locken, aber auch deshalb, weil sie dem chinesischen Binnenmarkt und seiner Milliarde Verbrauchern möglichst nahe sein wollen. Wie alle Arbeitnehmer dieses Landes sind die chinesischen Ingenieure extrem mobil. Dadurch bleibt Know-how nicht lange auf den jeweiligen Betrieb beschränkt, sondern verbreitet sich ziemlich schnell über die gesamte Industrie des Landes. Würden die multinationalen Unternehmen dem Reich der Mitte den Rücken kehren, um ihre Betriebsgeheimnisse zu schützen, so blieben hochqualifizierte und gut geschulte Arbeitskräfte im Land zurück, die den chinesischen Konkurrenten dieser Firmen sicher willkommen wären.

Geistiges Eigentum und gewerbliche Schutzrechte als Waffe

Alan Greenspan hat es oft genug wiederholt: »Was Amerika produziert, sind hauptsächlich immaterielle Güter. Und ein erheblicher Teil davon hat mit dem Begriff des geistigen Eigentums zu tun.« Laut dem britischen Magazin *The Economist* bestehen fast 75 Prozent des Wertes börsennotierter amerikanischer Unternehmungen aus immateriellen Werten; Anfang der achtziger Jahre waren es lediglich 40 Prozent gewesen.

Früher waren neue Ideen, Entdeckungen und Innovationen Sache öffentlich-rechtlicher Einrichtungen, doch inzwischen wird dieser Bereich immer mehr privatisiert. Der Begriff »geistiges Eigentum« wird nicht länger nur auf ideelle Dinge bezogen, sondern zum Beispiel auch auf menschliche Gene, von denen heute mehr als 28 Prozent mit Patenten belegt sind. Dies ergab eine Untersuchung der Zeitschrift *Science* vom Oktober 2005.

Im Bereich der Fertigungseinheiten steht China inzwischen weltweit an der Spitze, doch könnte es rasch in eine schwierige Lage kommen: dann nämlich, wenn die USA und die anderen großen innovationsfreudigen Länder Zeit fänden, genügend Patente zu beantragen, um den Chinesen die freie Verfügung über die Produkte zu nehmen, mit denen sie die Welt überschwemmen wollen.

Denn wer im Bereich Normen und Patente das Sagen hat, kann Konkurrenten ausschalten oder ihnen den Zugang zu einem bestimmten Markt verbauen. Jedenfalls kann man sie auf Distanz halten. Seitdem China der WTO beigetreten ist, hat sich die Zahl der dem Land erteilten Patente zwar verdreifacht, aber es wird noch eine ganze Weile dauern, bis das Reich der Mitte auch auf dem Feld des geistigen Eigentums eine Großmacht darstellt.

Auch wenn immer mehr Fabriken nach China verlagert werden, muss den Amerikanern daran gelegen sein, dass die Forschungsabteilungen mit ihren Laboratorien im Land bleiben und hier die Patente entwickeln, die der US-Wirtschaft in den kommenden Jahrzehnten einen Standortvorteil sichern sollen.

Wer setzt sich bei der Produktstandardisierung durch?

Das Reich der Mitte ist nicht nur die größte »Fabrik«, sondern auch der größte Markt der Welt, und diese Position wird das Land in den nächsten Jahren noch ausbauen können, wenn immer mehr Chinesen in die Mittelklasse, das heißt in die Konsumgesellschaft, überwechseln.

Chinas führende Rolle in den Bereichen der Fertigung – bald auch in der Produktkonzeptplanung und dank des weltweit größten Binnenmarkts auch in der Absatzplanung – verschafft dem Land bei der Festlegung künftiger Normen und Standards einen klaren Vorteil.

Wenn morgen eine Milliarde Chinesen ein neues Format für Video-Player oder ein neues System für Mobiltelefone akzeptieren, ist die Wahrscheinlichkeit groß, dass der chinesische Produktstandard de facto zu einem globalen Standard wird. Kein Hersteller, kein Händler wird sich gegen diesen Druck bei der Produktstandardisierung wehren können.

Das ist einer der größten Trümpfe, die die Chinesen in der Hand haben. Noch spielen sie ihre Macht nicht aus, sondern halten sich zurück.

Als Erste werden die Informations- und Kommunikationsindustrie, die Unterhaltungselektronik und die Freizeitindustrie diese Macht zu spüren bekommen. Nicht mehr Microsoft, sondern China wird über die Industriestandards der Zukunft bestimmen. Denn da es das größte Herstellerland und zugleich der größte Markt der Welt ist, ergibt sich hier eine explosive Mischung.

Die Auseinandersetzungen bei der Produktstandardisierung und um gewerbliche Schutzrechte dürften alles andere als friedlich und entspannt verlaufen. Zwar hält sich China derzeit immer noch zurück und stellt für Microsoft, Cisco und Co. keine Gefahr dar. Doch in einigen strategisch wichtigen oder die nationale Sicherheit betreffenden Sektoren streckt es bereits seine Fühler aus, etwa bei der elektronischen Warenkennzeichnung mittels RFID (Radio Frequency Identification), bei lokalen drahtlosen Netzen, bei den Nachfolgern der heutigen DVD-Discs, bei den Verfahren der Audio- und Videokompression, bei In-House-Netzen, bei 3G/4G-Mobiltelefonen und anderen Technologien der Zukunft. Die Nachfolger von MP3, Real Audio oder Windows Media Player könnten eines Tages aus China kommen. Allerdings stellt sich die Frage, ob das Land bereits ausreichend gerüstet ist, um im Bereich der Produktstandards einen Krieg vom Zaun zu brechen.

Währung als Waffe

China hat aus der Geschichte gelernt. Japan hat Jahrzehnte hindurch für seine Währung einen sehr niedrigen Wechselkurs festgelegt und konnte deshalb in den sechziger, siebziger und achtziger Jahren seine Exporte deutlich steigern. Dann schoben die USA der Politik des schwachen Yen einen Riegel vor und zwangen Japan zu einer Aufwertung von 30 Prozent (Plaza-Abkommen 1985). Fünf Jahre später geriet das Land der aufgehenden Sonne in eine längere Rezession, die erst vor kurzer Zeit dank des Investitionsgüterexports nach China überwunden werden konnte.

Hongkong und sein an den Dollar gebundener Wechselkurs, die asiatischen Tigerstaaten und auch Korea mit dem 1997 abgewerteten Won haben in einer bestimmten Phase ihre schwache Währung eingesetzt, um fremde Märkte zu erobern.

China macht es nun genauso: Seit 1994 hält es an dem Wechselkurs 8,28 Yuan für einen amerikanischen Dollar fest. Mit der Aufwertung des Yuan um 2,1 Prozent im Jahr 2005 und einer nochmaligen Erhöhung um denselben Wert im Jahr 2006 gewann Peking zunächst einmal wieder Zeit, sodass der Handelsbilanzüberschuss Chinas gegenüber den USA inzwischen 200 Milliarden Dollar ausmacht. Nach Meinung vieler Wirtschaftsexperten ist der Yuan um 30 oder sogar 40 Prozent unterbewertet. Um diesen Wert müsste also der Wechselkurs korrigiert werden, damit die marktwirtschaftlich wesentlichen Bereiche wieder ins Gleichgewicht kommen und vor allem das amerikanische Handelsbilanzdefizit abgebaut wird.

Man muss sich allerdings fragen, ob es den Amerikanern lediglich – wie 1985 bei Japan – um eine Anpassung des Wechselkurses geht. Die beiden Fälle sind jedenfalls grundverschieden. Die Aufwertung der chinesischen Währung würde sich sofort auf die Preise der von Wal-Mart importierten und vertriebenen Produkte auswirken. Dies wiederum hätte eine sprunghafte Erhöhung der Inflationsrate und der Zinsen zur Folge, sodass ein bereits jetzt hochverschuldetes Land in eine Konjunkturflaute geriete. Die USA leben nämlich auf Kredit.

Zu der hohen Verschuldung der Privathaushalte kommen noch ein astronomisch hohes Außenhandelsdefizit sowie ein riesiges Loch im Bundeshaushalt, das 2006 erneut 400 Milliarden Dollar erreichen könnte.

Die USA finanzieren ihre Haushalts- und Handelsbilanzdefizite mit Hilfe von Schatzanweisungen, die zur Hälfte im Besitz ausländischer Investoren sind. Deshalb werden die Handelsbilanzüberschüsse Chinas, Japans und der anderen asiatischen und europäischen Exportländer in Wertpapieren des amerikanischen Schatzamtes angelegt. Im Fall Chinas ermöglicht gerade diese Finanzierung der amerikanischen Defizite das Festhalten am fixen Wechselkurs des Yuan.

Niemand hat also Interesse daran, dass der Kurs der chinesischen Währung deutlich steigt. Peking sträubt sich, weil der jetzige Kurs seiner Industrie jene Wettbewerbsfähigkeit garantiert, die zur Fortsetzung des schnellen, exportgestützten Wachstums notwendig ist. Aber auch die USA sind dagegen, weil eine Aufwertung des Yuan die Zinsen in die Höhe treiben und einen Sturz des Dollarkurses hervorrufen würde.

Der amerikanische Finanzminister John Snow blufft also nur, wenn er die chinesische Regierung auffordert, den

Yuan floaten zu lassen. Er will damit lediglich die Lobby der kleinen und mittleren Unternehmen seines Landes zufriedenstellen, die unter der chinesischen Konkurrenz leiden. In Wahrheit weiß er sehr wohl, dass das Währungsgleichgewicht zwischen China und den USA in Wirklichkeit sehr viel komplexer ist. Dasselbe gilt für die Drohung mit der Errichtung neuer Zollschranken, um die Überschwemmung des Marktes mit chinesischen Produkten einzudämmen. Snow weist immer wieder darauf hin, dass dem Kongress ein Gesetzesvorschlag vorliegt, der eine Steuer von 27 Prozent auf chinesische Produkte vorsieht. Aber China ist inzwischen nahezu der einzige und unersetzbare Lieferant von Wal-Mart. Die Verhängung von Importquoten oder Strafzöllen würde umgehend die Inflation anheizen.

Wer bestimmt nun eigentlich über die amerikanische Währungspolitik? Der Präsident der US-Notenbank oder einige Bürokraten in Peking?

Das amerikanische Wirtschaftswachstum der letzten Jahre ist vor allem dem Konsum, dem Immobiliengeschäft und einer Erhöhung der Militärausgaben zu verdanken. Finanziert wurde es durch Verschuldung der Privathaushalte und der öffentlichen Hand. Dieses System funktioniert, solange der Dollar und die auf Dollar lautenden amerikanischen Wertpapiere das Vertrauen der Exportländer genießen. Ginge dieses Vertrauen verloren – wenn China zum Beispiel weniger oder keine amerikanischen Schatzanweisungen mehr erwerben würde –, so könnte dies zu einer Wirtschaftskrise führen, die mit der von 1929 durchaus vergleichbar wäre. Noch schlimmer wäre es, wenn China seine Schatzanweisungen verkaufen würde. Ein totales Einbrechen des Dollarkurses würde in den USA eine Depression und in der übrigen Welt eine Wirtschaftskrise mit unabsehbaren Folgen auslösen.

Auf die USA konzentrieren sich heute 70 Prozent des

globalen Sparaufkommens. Daher hängt die Fortsetzung des Wachstums vor allem davon ab, ob es diesem Land weiterhin gelingt, für Anleger attraktiv zu bleiben und die derzeitige Finanzpolitik beizubehalten.

Der Einfluss Chinas auf die Weltwirtschaft

Noch bis zur Mitte der neunziger Jahre behaupteten die Führer der großen Staaten des Westens, sie hätten die Wirtschaft vollkommen im Griff. Doch dann kam die Globalisierung. Heute werden Währungsparitäten, Zinssätze und Haushaltsdefizite in Brüssel oder Frankfurt beschlossen – und zwar von Instanzen, die selbst nur wenig Einflussmöglichkeiten haben. Denn über Zinsen und Devisenkurse wird heute auf den internationalen Finanzmärkten entschieden, und diese können weder Brüssel noch Frankfurt kontrollieren. Selbst Alan Greenspan, der frühere Präsident der amerikanischen Notenbank, konnte dem Trend der Finanzmärkte nur hinterherlaufen, nicht seine Richtung bestimmen.

Welche Kräfte sind es dann, die die Weltwirtschaft regieren? Untersucht man unter diesem Gesichtspunkt die verschiedenen Wirtschaftsbereiche, dann stellt man fest, dass über allen Märkten der große Schatten Chinas liegt, mag es sich nun um die Rohstoff- und Kapitalmärkte oder die Arbeitsmärkte handeln. Das Reich der Mitte spielt in der Weltwirtschaft die entscheidende Rolle, und zwar in allen denkbaren Bereichen. Lohnniveau, Zinssätze, Inflationsraten, Rohstoffpreise und auch der Benzinpreis hängen von den konjunkturellen Gegebenheiten und der Wirtschaftspolitik Chinas ab.

Der »Drache« hat die gesamte Welt zum Vasallen gemacht, nur weiß sie es noch nicht.

Das Arbeitskräftereservoir Chinas beträgt schätzungsweise 500 bis 600 Millionen Menschen, die vor allem in der ländlichen Bevölkerung, aber auch unter den Arbeitslosen, Migranten und Armen zu finden sind. Das Reich der Mitte muss jährlich zwölf bis fünfzehn Millionen neue Arbeitsplätze schaffen, allein um mit dem Bevölkerungswachstum Schritt zu halten. Durch diese Tatsache wie auch durch den Trend zu Betriebsverlagerungen ins billigere Ausland, der die Arbeitnehmer verunsichert, geraten die Löhne weltweit unter Druck. China verfügt über ein Arbeitskräftereservoir für zehn bis fünfzehn Jahre. Dies dürfte wegen der zunehmenden Globalisierung der Wirtschaft dafür sorgen, dass die Löhne in den übrigen Ländern der Welt kaum noch steigen werden.

Produktivität und Effizienz von Chinas Industrie wachsen unaufhörlich. Die Herstellerpreise chinesischer Produkte sind in der letzten Jahren ständig gefallen, weil die Unternehmen einem scharfen Konkurrenzkampf unterliegen und auch wegen der latenten Überkapazitäten. Der Druck der chinesischen Produkte auf die Preise kommt auch der Hausfrau zugute, die bei Wal-Mart einkauft. China hat also weltweit den Anstieg der Löhne wie auch der Inflationsraten eher gedämpft. Die von Alan Greenspan begrüßte Eindämmung der Inflation lässt sich damit direkt auf die Deflationswirkung der aus China importierten Waren zurückführen. Die Beibehaltung sehr niedriger Zinssätze führte daher nur zur Bildung spekulativer Blasen und zur Aufwertung von Immobilien und Börsenwerten, so etwa in Japan Ende der achtziger Jahre.

Weil China und die anderen asiatischen Volkswirtschaften die Schulden der Amerikaner durch massiven Ankauf von Schatzanweisungen finanzierten, konnten die Zinssätze für längere Leihfristen sehr niedrig gehalten werden. Attraktivere Zinsen waren unnötig, denn die asiatischen Zentralbanken rissen sich um die Emissionen der amerikanischen Notenbank, nicht zuletzt um den Wechselkurs ihrer Währung beibehalten zu können. Ebenso trugen die sehr geringen Preiserhöhungen aufgrund der chinesischen Importe dazu bei, dass die Zinssätze für kurzfristige Kredite lange Zeit sehr niedrig lagen.

Das Wachstum des Bruttoinlandsproduktes lag in den letzten Jahren weltweit durchschnittlich bei über 4 Prozent. Seit dem Jahr 2000 ist ein Drittel dieser Rate allein China zu verdanken. Der Anteil dieses Landes ist doppelt so hoch wie der aller übrigen Schwellenländer zusammengenommen (zu denen unter anderem Indien, Brasilien und Russland zählen). Neben den Ausgaben der amerikanischen Privathaushalte wurde China damit zum wichtigsten Motor der Weltwirtschaft. Seinem Wirtschaftswachstum konnten weder die asiatische Währungskrise 1997 noch die Erschütterungen zu Beginn des neuen Jahrhunderts (das Platzen der Dotcom-Blase, die Rezession in den entwickelten Ländern, die Attentate vom 11. September, die SARS-Epidemie oder der Irak-Krieg) etwas anhaben.

Der auf dem brodelnden Kessel der Lohnforderungen festgeschraubte Deckel trug dazu bei, dass die multinationalen Unternehmen in den letzten Jahren Rekordgewinne eingefahren haben. In einem neoliberalen System ohne ernstzunehmenden Gegner behielt der Aktionär die Oberhand gegenüber den Beschäftigten, sodass die Unternehmen wieder Gewinne machen oder ihre Profite erhöhen konnten. Sie waren in der Lage, ihre Verschuldung zu reduzieren und dank der Verlagerung von Produktionsstätten die Lohnkosten und die Herstellungskosten zu senken. Das Wochenblatt *The Economist* betonte in einem Artikel (»From T-Shirts to T-bonds«, 28. Juli 2005) zu Recht, dass die westlichen Kapitalisten dem größten kommunistischen Land der Erde für ihre Gewinne dankbar sein müssten.

Die chinesische Wirtschaftstätigkeit hatte zwei Auswirkungen auf die globale Preissituation: Die Preise der aus China kommenden Produkte sanken beständig, weil die Arbeitskosten niedrig gehalten wurden und sich die Produktivitätsgewinne aufgrund der harten Konkurrenz zum Teil in den Preisen niederschlugen. Dagegen führte der kaum zu stillende chinesische Bedarf an Erdöl und sonstigen Rohstoffen zu explodierenden Preisen unter anderem von Kohle und Kupfer.

Nach den USA ist China heute der größte Erdölverbraucher weltweit. Die Rohstoffpreise dürften daher weiter ansteigen, und zwar in dem Tempo, in dem der Verbrauch der neuen Wirtschaftsriesen China und Indien wächst. Schon heute importiert China Tag für Tag 4 Millionen Barrel Öl, und es verbraucht ein Drittel der Weltproduktion an Stahl, Zement, Eisen und Kohle sowie ein Fünftel der Aluminiumproduktion. China diktiert heute die Rohstoffpreise, genauso wie es die Preise der im eigenen Land produzierten Erzeugnisse festlegt.

Wer erinnert sich noch an die »New Economy«, an jene euphorischen, irrationalen, magischen Jahre zwischen 1996 und 2001? Mit dem Internet kam zunächst das Ende der grundlegenden Prinzipien der traditionellen Volkswirtschaft und der Kriterien für die Unternehmensbewertung. Nichts war mehr wie früher. Doch dann platzte die Dotcom-Blase, das heißt die spekulative Überbewertung der Internet-Unternehmen. 2001 wurde die »New Economy« beerdigt, und gleichzeitig trat China der Welthandelsorganisation bei. Die Karten waren nun neu gemischt, und es galten neue Regeln für Zinssätze, Rohstoffpreise, Inflationsraten und den Arbeitsmarkt. Die neue weltwirtschaftliche Lage ist mit den klassischen Analysemethoden nicht zu erfassen. Könnte es sein, dass China die »New Economy« in Reinkultur darstellt?

Die weltweit sinkende Nachfrage nach Produkten der Unterhaltungselektronik bei gleichzeitiger Überinvestition und Überproduktion in China könnte zu einer Rezession in Form einer Deflation führen.

Überproduktion ist ein Problem in allen Bereichen der chinesischen Massenproduktion, vom Mobiltelefon über die Automobilindustrie, die Unterhaltungselektronik und die Haushaltsgeräte bis zur Bekleidungsindustrie. Damit steigt auch die Gefahr einer Deflation mit ihren üblichen Folgen: Pleiten, Fabrikschließungen, Zahlungsunfähigkeit und Kritik am Bankensystem. Eine Überproduktionskrise in China wäre ein schwerer Schlag für die ganze Welt, in erster Linie aber für die Länder Asiens, deren Wirtschaft sich zum großen Teil nach China hin orientiert.

Wann wird China die Vereinigten Staaten einholen?

Legt man den offiziellen Wechselkurs zugrunde, so entspricht das chinesische Bruttoinlandsprodukt (BIP) demjenigen Frankreichs und hat insofern nichts Bedrohliches. Die Wirtschaft der USA mit ihren nur 290 Millionen Einwohnern ist fast sechsmal so groß, und die Wirtschaft Japans, dessen Bevölkerung nur ein Zehntel der chinesischen ausmacht, ist zweieinhalbmal so stark wie die chinesische. Doch diese Zahlen spiegeln die Realität nur unzureichend wider.

In keinem anderen großen Land ist die Wirtschaft so nach außen orientiert wie in China. Export und Import machen zusammen 75 Prozent des chinesischen BIP aus, während dieser Anteil in Indien und Brasilien oder auch in Japan, dessen Wirtschaft ebenfalls sehr vom Export lebt, nur 25 bis 30 Prozent beträgt. Seitdem sich China gegenüber ausländischen Investoren geöffnet hat, wächst sein

Außenhandel jährlich um 15 Prozent. Der Export ist für die chinesische Wirtschaft lebensnotwendig: Das Land führt ein Drittel seiner Produktion aus, während es in den USA zum Beispiel nur 11 Prozent sind.

Seitdem das Reich der Mitte seine Grenzen geöffnet hat, haben die multinationalen Unternehmen dort mehr als 500 Milliarden Dollar investiert. Die Aktivitäten dieser Auslandstöchter machen ein Viertel der Industrieproduktion und mehr als die Hälfte des chinesischen Außenhandels aus. Die ausländischen Investitionen werden mit mehr als 60 Milliarden Dollar im Jahr beziffert.

Jahraus, jahrein, in Krisenzeiten oder Schönwetterperioden scheint Chinas Wachstumsrate bei 9 Prozent festgenagelt, als ob 10 Prozent unerreichbar wären. Noch am Anfang des neuen Jahrhunderts warf man den chinesischen Statistikern vor, mit Zahlen zu arbeiten, die von den um ihr Ansehen besorgte Parteigenossen geschönt worden seien. Daher hegten westliche Beobachter Zweifel an der Konstanz des chinesischen Wachstums.

Doch seit 2001 verdächtigen die gleichen Beobachter Peking, die korrekten Zahlen des chinesischen Wachstums absichtlich nach unten zu korrigieren: In Wirklichkeit seien es nämlich 12 bis 13 Prozent. Der Grund liege darin, dass man die Völkergemeinschaft nicht erschrecken und die tatsächliche Größe eines »Monsters« sichtbar machen wolle, zu dessen Versorgung der ganze Planet beiträgt. Gemäß Dengs Maximen muss Chinas wirtschaftlicher Aufstieg friedlich verlaufen und darf niemanden beunruhigen.

Am 20. Dezember 2005 legte Peking die Karten auf den Tisch. Man gab zu, dass man den Dienstleistungssektor unterbewertet habe und dass das BIP für 2004 um 16 Prozent (!) höher anzusetzen sei. Einige Wochen später folgte die offizielle Mitteilung, das Wirtschaftswachstum werde 2005 rund zehn Prozent betragen. Innerhalb weniger Tage wurde China zur viertgrößten Wirtschaftsmacht der Welt, hinter den USA, Japan und Deutschland, aber jetzt vor Italien, Frankreich und Großbritannien.

	USA	Japan	Deutschland	China	Frankreich	Indien
(Mrd. $) BIP	12066	4853	2335	2125	1708	732
(pro Kopf $) BIP	40500	38210	28010	1575	28500	650

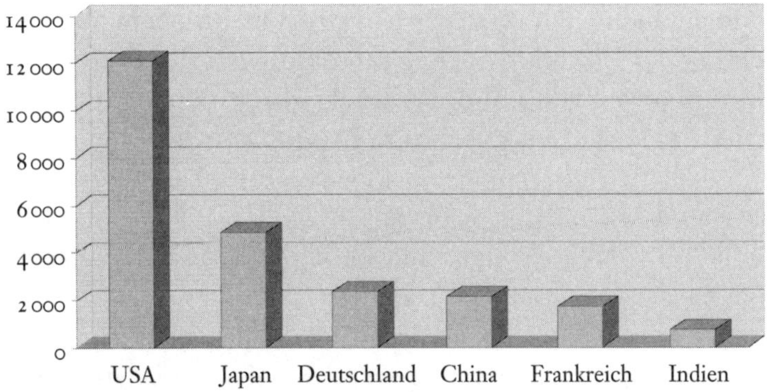

Das BIP Chinas im Vergleich zu anderen großen Industrieländern, berechnet nach dem offiziellen Wechselkurs des Jahres 2005 (in Milliarden Dollar, geschätzt)

Um Chinas Gewicht in der Weltwirtschaft darzustellen, kann man auch einen Wechselkurs zugrunde legen, der die Kaufkraft berücksichtigt.

Die sogenannte Kaufkraftparität ist ein Wechselkurs zwischen zwei Währungen, der aus dem Vergleich des Lebensstandards der jeweiligen Länder errechnet wird. Die offiziellen Wechselkurse ergeben sich aus dem Wechselspiel zwischen Angebot und Nachfrage auf den Devisenmärkten. Sie ermöglichen einen Vergleich des BIP einzelner Länder. Bei der Kaufkraftparität wird der Wechselkurs mit Hilfe eines mit Gütern und Dienstleistungen gefüllten Warenkorbs ermittelt. Die Parität ergibt sich aus der Gegenüberstellung der Geldsummen, die in den betreffenden Ländern für den Warenkorb ausgegeben werden müssen. Ist der Warenkorb in den Vereinigten Staaten 100 Dollar wert, während in China 350 Yuan dafür bezahlt werden müssen, dann liegt der Wechselkurs bei 1 Dollar für 3,50 Yuan. Der offizielle Wechselkurs, der im Handel unter den Shanghaier Banken ermittelt wird, beträgt dagegen 1 Dollar für 8,11 Yuan.

Die Kaufkraftparität ist kein unumstrittener Wert, weil dabei etliche Parameter wie etwa Qualität und Aufmachung der Produkte oder Repräsentativität des Warenkorbes im jeweiligen Land unberücksichtigt bleiben. Benutzt wird der Paritätsvergleich zum Beispiel von der CIA, die die Kaufkraftparitäten in ihrem sogenannten »Factbook« festhält und heute damit nachweisen kann, welch großes, bisher völlig unterschätztes Gewicht China inzwischen besitzt (siehe www.cia.gov).

Dennoch ist die Kaufkraftparität ein unentbehrliches Hilfsmittel für einen gerechten Vergleich der Wirtschaftsleistung zweier so unterschiedlicher Länder wie China und USA.

Mit einer Milliarde Dollar Investitionen in technische Forschung und Entwicklung kann man in China fünf- bis zehnmal so viel Ingenieure, Forscher und Naturwissenschaftler finanzieren wie in den Vereinigten Staaten von Amerika, wo die Löhne besonders hoch sind – wobei allerdings unterstellt wird, dass Wissen und Können der Ingenieure beider Länder gleichwertig sind.

Ähnlich ist der Bau eines Zerstörers in Shanghai viel billiger als in Newport News.

Die Kaufkraftparität ist außerdem eine Möglichkeit, die absichtliche Unterbewertung der chinesischen Währung – man spricht von 30 bis 40 Prozent – zu korrigieren.

	USA	China	Japan	Indien	Deutsch-land	Frank-reich
(Mrd. $) BIP	12 066	8 800	3 820	3 500	2 380	1 750
(pro Kopf $) BIP	40 500	6 300	29 500	3 250	28 700	29 000

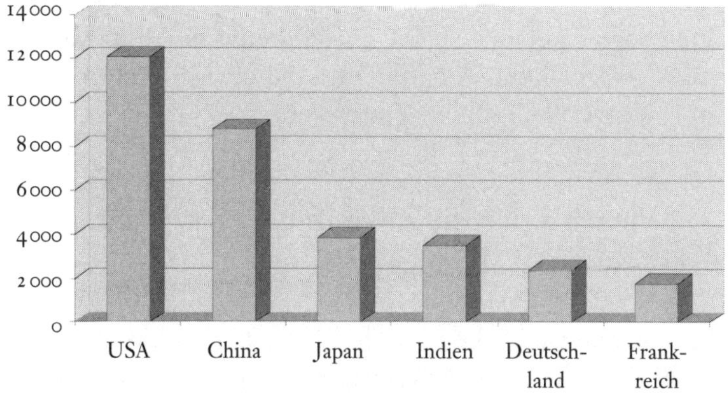

Das BIP Chinas im Vergleich zu anderen großen Industrieländern, berechnet nach der Kaufkraftparität des Jahres 2005 (in Milliarden Dollar, geschätzt)

Auf der Basis der Kaufkraftparität werden das chinesische und das amerikanische Bruttoinlandsprodukt plötzlich vergleichbar. Nach dieser Berechnungsmethode würde die chinesische Wirtschaftstätigkeit Ende 2005 bereits zwei Drittel der amerikanischen erreichen und wäre doppelt so hoch wie die japanische.

Laut einer Studie von Goldman-Sachs werden sich die Entwicklungslinien des chinesischen und amerikanischen

BIP im Jahr 2040 überschneiden. Ein reichlich fernes Datum, das kaum Anlass zur Sorge bereiten dürfte. Wir stehen nicht kurz vor dem Weltuntergang, wir haben noch Zeit zum Handeln, so der Kommentar der Geschäftsbanken. Aber der historische Tag wird viel schneller da sein als erwartet. Betrachtet man die Kaufkraftparität, dann könnte das Reich der Mitte schon im Jahr 2020 die USA einholen. Zu diesem Zeitpunkt wird China außerdem die für die künftige industrielle Entwicklung wesentlichen Technologien beherrschen. Hinzu kommt noch die Effizienz seiner Produktionsanlagen, die nirgendwo in der Welt ihresgleichen hat.

Bei der internationalen Arbeitsteilung, die aus der Globalisierung und dem Freihandel entstanden ist, kann es nur einen Sieger geben – so wie es sich heute schon im Textilbereich abzeichnet. Amerika und die übrige Welt werden am Ende ziemlich schlecht aussehen.

Wie wird sich die Zukunft der entwickelten Länder gestalten?

Werden alle westlichen Länder denselben Weg gehen wie Großbritannien, dessen Wirtschaftssystem die Folgen der Deindustrialisierung bewältigte, indem es sich entschlossen dem Dienstleistungssektor zuwandte? Dabei darf man nicht übersehen, dass Großbritannien besonders günstige Voraussetzungen mitbrachte: die Erdölvorkommen in der Nordsee, die Weltsprache Englisch und die Rolle der Londoner City als Finanzmarkt. Das britische Wunder ließe sich anderswo schwer wiederholen. Was also tun?

Die Regierungen zahlreicher westlicher Staaten erwecken den Eindruck, als brauchten die alten Industrienationen nur einen kleinen qualitativen Sprung nach oben zu machen, das heißt ihre Industrie in aller Ruhe auf Produkte mit hoher Wertschöpfung umzustellen. Dann wäre genug Platz für die Entwicklungsländer, die auch zum Kreis der Staaten mit konstantem Wirtschaftswachstum gehören wollen.

Dieses lineare Modell des wirtschaftlichen Fortschritts folgt der Vorstellung, dass jedes Land in seiner Entwicklung drei Phasen durchmacht: Danach dominiert zuerst der primäre, dann der sekundäre und schließlich der tertiäre Sektor. Das ist der scheinbar gesetzmäßige Weg von der Landwirtschaft über die Industrialisierung zur Dienstleistungsgesellschaft.

Dieses Dreistufenmodell wirkt beruhigend, denn es bedeutet, dass die entwickelten Länder ihren Vorsprung durchaus behalten können. Sie müssen sich nur – wie beim Spiel »Reise nach Jerusalem« – einen Schritt vorwärts bewegen. China wäre dann die Fabrik der Welt, während Europa, Amerika und Japan als Abteilungen für Projektplanung fungieren würden. So sieht, zumindest in der Theorie, die internationale Arbeitsteilung aus. Eine tröstliche Vorstellung, die allerdings in die Irre führt.

Wie uns die asiatischen Tigerstaaten gezeigt haben, kann man solche Entwicklungsphasen nicht nur überspringen, sondern sich mit einem Schlag Nischen mit sehr hoher Wertschöpfung erobern, die bisher den entwickelten Ländern vorbehalten waren. Warum sollte sich China mit der Herstellung von Spielzeug, Schuhen und Textilien begnügen und die Gentechnik, die Bio- und Nanotechnologie, die Robotik und die Informations- und Kommunikationstechnologien den »alten Meistern« überlassen? In fünf oder höchstens zehn Jahren wird das Reich der Mitte einen zunehmenden Teil der Investitionsgüter produzieren, die ihm heute Japan, Deutschland oder die USA liefern.

Schon morgen wird China Werkzeugmaschinen, Roboter, Züge und Flugzeuge herstellen, die es heute aus den entwickelten Ländern importiert. Die chinesische Luftfahrtindustrie zum Beispiel kommt als Zulieferer und Teilehersteller für Boeing oder Airbus in den Genuss eines massiven technischen Transfers. Da es keine Schutzzonen gibt, findet man in China schon heute erste Spuren der Wirtschaft von morgen. Ob Elektronik, Telekommunikation, Computertechnik, Luftfahrt, Kfz-Technik, Nanotechnologie oder Biotechnologie – kein einziger Industriesektor entgeht dem chinesischen Eroberungsdrang, der von Tausenden von Ingenieuren getragen wird.

Das Reich der Mitte ist in der Lage, die gesamte Produktpalette anzubieten, von einfachen über mittlere Geräte bis hin zu Hightech-Artikeln. Es ist sozusagen ein Land mit nur einem Schalter, an dem sich die führenden Vertriebsunternehmen mit Nachschub versorgen.

China ist zwar die größte Fabrik der Welt, will es aber keineswegs auf Dauer bleiben, denn das hieße dauerhafte Abhängigkeit. Man hat die multinationalen Konzerne nicht ins Land gelassen, um wieder einmal von fremden Mächten ausgebeutet zu werden. Der Umstieg auf höherwertige Produkte ist keine realistische Option im Konkurrenzkampf mit einem Land, das genau diese am oberen Ende der Wertschöpfungsskala liegenden Erzeugnisse liefern will. Alle Weltunternehmen versuchen der chinesischen Bedrohung durch Entwicklung hochwertiger Produkte zu entkommen. Bei der Werbung um Kunden stoßen sie aber inzwischen nicht nur auf Rivalen aus den entwickelten Ländern, die einen ähnlichen Weg gehen, sondern auch auf chinesische Konkurrenten. Für Hersteller von Spitzenprodukten dürfte die Luft in den nächsten Jahren ziemlich dünn werden.

Die Zukunftsprognosen der Weltbank sind erschreckend. Noch vor Ende dieses Jahrzehnts könnte auf dem Bekleidungssektor die Hälfte des Weltmarkts in chinesischer Hand liegen.

Nichts spricht dafür, dass die Chinesen darauf verzichten wollen, in allen dem Freihandel und der Modernisierung unterworfenen Wirtschaftbereichen eine ähnliche Monopolstellung zu erreichen.

Der Weg zum Erfolg ist vorgeplant: In jedem Industriezweig wird eine Bedarfsanalyse gemacht, man legt die Arbeitsschritte der Produktentwicklung fest und stellt dann die notwendigen Mittel bereit. China hat seine Marschroute ganz systematisch ausgearbeitet.

Kapitel 3

Macht China die ganze übrige Welt zum Vasallen?

Das Ausland betrachtet China gewöhnlich mit einer Mischung aus Faszination und Herablassung.

In den letzten fünf Jahren war das Reich der Mitte Thema zahlloser Bücher, Artikel, Zeitschriften-Cover und Fernsehreportagen. Man wollte unbedingt zeigen, wie die Chinesen Hochhäuser, Brücken, Straßen und Flughäfen bauen, und vorführen, wie eine neue Mittelschicht in Fast-Food-Restaurants und Supermärkten dem Konsum huldigt und erfolgreiche Geschäftsleute in Schickeria-Kneipen edelste Weine schlürfen.

Stecken hinter dieser oberflächlichen Faszination, die sich so völlig von dem fassungslosen Staunen eines Marco Polo unterscheidet, vielleicht doch noch andere, verborgene und weniger harmlose Gefühle?

Ist es vielleicht Angst? Jedenfalls geschieht in Asien etwas für uns Unbegreifliches. Ein monumentales soziales Gebilde ist entstanden und beeindruckt uns durch die Effizienz seines Systems, die Produktivität seiner Menschen, das ungezügelte Streben nach Wohlstand, seine materialistische Lebensanschauung, sein Verlangen nach Anerkennung und Wiedergutmachung für das »Jahrhundert der Schande«.

Wird China, nachdem es den Rang einer Supermacht erlangt hat, sich die ganze übrige Welt untertan machen wollen?

Sieht man einmal von Admiral Zheng Hes PR-Reise im 15. Jahrhundert ab, hat China sich nie für andere Kulturen außer seiner eigenen interessiert. Doch bietet diese etwas überhebliche Gleichgültigkeit auch eine Garantie für einen dauerhaften Frieden?

Kann man das heutige China mit seinen Verletzungen, seinem ehrgeizigen Streben wirklich mit dem selbstsicheren Kaiserreich des ausgehenden 18. Jahrhunderts vergleichen?

Überhaupt stellt sich die Frage, ob es sich noch um dasselbe Land handelt. Das damalige China war autonom und bäuerlich geprägt. Heute dagegen ist es ein Industriestaat, der die Weltwirtschaft in Gang hält.

Um China zu verstehen, ist es notwendig, die Umbrüche und Kontinuitäten in seiner Entwicklung näher zu beleuchten.

Bevölkerungsentwicklung

Vor 2000 Jahren zählte China 60 Millionen Einwohner, was damals vermutlich einem Drittel der Weltbevölkerung entsprach. Unter den Mandschu-Kaisern kam es zu einer Bevölkerungsexplosion: Lag die Einwohnerzahl am Anfang des 18. Jahrhunderts noch bei 180 Millionen, so betrug sie zur Zeit des Opiumkriegs 1850 fast 450 Millionen.

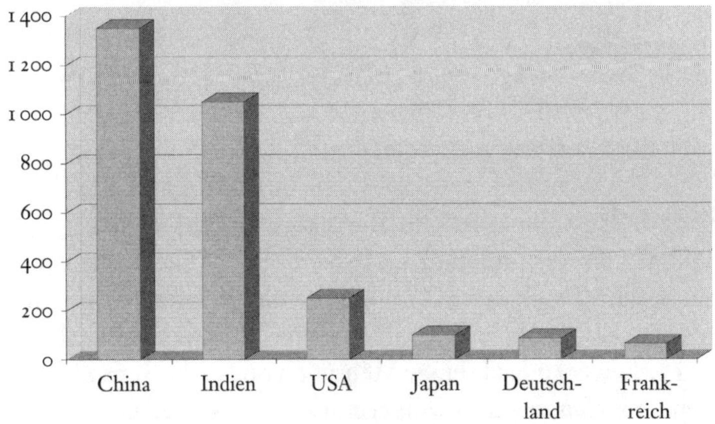

Bevölkerungszahl einiger großer Länder im Jahr 2006

Heute ist die chinesische Bevölkerung fünfmal so groß wie die amerikanische, elfmal so groß wie die japanische, siebzehnmal so groß wie die deutsche.

Die Chinesen machen folglich ein Fünftel bis ein Viertel der Weltbevölkerung aus. Mit seiner Einwohnerzahl übertrifft das Reich der Mitte alle anderen Länder des Planeten, auch Indien, dessen Wirtschaft aber nur ein Drittel so groß ist wie die seines großen Nachbarn.

Allerdings wird sich die von Deng Xiaoping 1979 ins Leben gerufene »Ein-Kind-Politik« noch vor 2040 sehr negativ auf die Bevölkerungspyramide auswirken. Ähnliche Probleme wird es auch in entwickelten Staaten wie Japan und Deutschland geben.

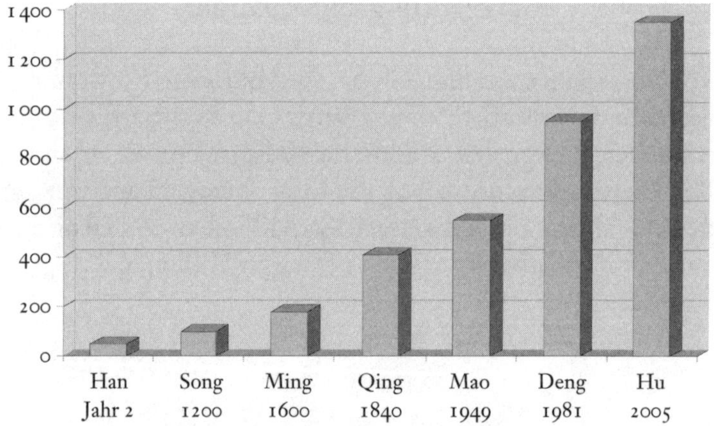

Entwicklung der chinesischen Bevölkerung

2005 betrug die offizielle Bevölkerungszahl Chinas 1,35 Milliarden, was ungefähr 20 Prozent der Weltbevölkerung entspricht. Doch diese Zahl könnte deutlich zu niedrig angesetzt sein. Deng war schon 1980 der Meinung, dass China den Lebensstandard seiner Menschen nur verbessern könne, wenn es gelänge, das Bevölkerungswachstum einzudämmen. Die »Ein-Kind-Politik« war die direkte Konsequenz dieser

Einsicht. Aber in den entlegenen ländlichen Gegenden Chinas sind die Anweisungen aus Peking schwer durchzusetzen. Viele Bauern haben immer noch große Familien; sie verstecken eben ihre Nachkommen vor den Zensusbeamten. Wenn nun aber die Eltern nur ein einziges Kind offiziell anmelden können, dann ist das in aller Regel ein Sohn, der sich um seine alten Eltern kümmern wird, während eine Tochter zur Familie ihres Mannes zieht. Deshalb liegt der Verdacht nahe, dass die Existenz von Millionen junger Mädchen vor den Pekinger Beamten verheimlicht wurde. Die tatsächliche Bevölkerungszahl Chinas könnte daher 1,5 Milliarden betragen – so lauten Schätzungen, die vertrauenswürdiger sind als die offiziellen Zahlen. Dann würden die Chinesen fast ein Viertel der Weltbevölkerung ausmachen.

Ist China expansionistisch?

Mit China verbinden wir die Vorstellung eines hinter seiner Großen Mauer eingeigelten Landes, das stets zu den friedlichsten dieses Planeten zählte: ein Land, das zwar kolonisiert wurde, aber nie Kolonialmacht war, das erobert wurde, aber nie als Eroberer auftrat. Betrachtet man seine Geschichte aber genauer, erkennt man viele Parallelen zu den expansiven Bestrebungen anderer Völker.

In seinen Anfängen glich China einem fernöstlichen Mesopotamien, das seine Kultur zunächst einmal zwischen den beiden großen Flüssen des Nordens, dem Gelben Fluss – Huanghe – und dem Blauen Fluss – Jangtse – entfaltete. Die Lebensgrundlage dieser im Norden des Landes angesiedelten Kultur war der Anbau von Hirse und Weizen. Von diesem Zentrum im Delta des Jangtse aus dehnte sich China während der Qin-Dynastie (221–207 v. Chr.), die als

Erste das Land zu einer Einheit schmiedete, in Richtung Süden aus. Die Besiedlung setzte sich entlang des Flusses Xi Jiang fort, der in den Perlfluss mündet, in dessen Delta inzwischen die großen Industriezentren Guangzhou, Hongkong und Shenzhen entstanden sind. Die südliche Expansion Chinas endete unter der Han-Dynastie (207–220 n. Chr.), die auch noch die Insel Hainan eroberte.

Das chinesische Kaiserreich war im Wesentlichen ein Agrarland mit einer sehr bodenständigen Bevölkerung. Es ließ die mongolischen Eroberer gewähren und zeitweise das Land regieren, denn man wusste, dass man die Zeit auf seiner Seite hatte und dass sich die Barbaren bald assimilieren würden. China war immer eine Kontinentalmacht, keine Seemacht wie heute die Vereinigten Staaten. Es glaubte an die Überlegenheit seine Kultur, und seine ganze innere Organisation war auf Autonomie ausgerichtet. Daher ist das chinesische Volk erstaunlich homogen, denn die Han vermischten sich sehr wenig mit ihrer Nachbarn. Weil sie einer jahrtausendealten Kultur angehören, die anderen Kulturen bei Weitem überlegen ist, haben viele Chinesen ein ausgeprägtes ethnisches – um nicht zu sagen rassisches – Selbstbewusstsein.

Das Glacis des Kaiserreichs

Das angestammte Territorium des Han-Reiches umfasste mit 3,8 Millionen Quadratkilometern nur 35 bis 40 Prozent der Fläche der heutigen VR China (9,6 Millionen Quadratkilometer). Das Kaiserreich erreichte im 18. Jahrhundert sogar eine Ausdehnung von 13 Millionen Quadratkilometern.

Die Große Mauer, obwohl fünfzehn Jahrhunderte hindurch immer wieder neu gebaut, verstärkt und verlängert, vermochte es nicht, die mongolischen Barbaren fernzuhalten. Die heutige chinesische Grenze liegt weit jenseits der Mauer, denn im Laufe der Zeit legte sich das Reich zum Schutz vor Eindringlingen Pufferzonen zu: im Norden gegenüber dem russischen Sibirien die Mandschurei und die Mongolei, gegenüber Zentralasien und den Turkvölkern die Region Xinjiang und gegenüber dem indischen Subkontinent Tibet.

In jedem dieser vorgelagerten Territorien mit ihrer geringen Bevölkerungsdichte und ihrem feindlichen Klima ging China immer nach der gleichen Methode vor: Die Regierung in Peking entsandte einige Millionen Han-Chinesen und verstreute sie über die Wüsten, Steppen und Hochplateaus. Diese systematische ethnische Durchdringung hat die Bevölkerung dieser Regionen tiefgreifend verändert. Heute bilden dort überall die Han-Chinesen die Mehrheit.

Mandschurei

Diese 800 000 Quadratkilometer große Provinz ist ein Erbe der Mandschu-Dynastie der Qing. Die äußere Mandschurei und die Gebiete nördlich des Amur bis zu den Stanovoi-Bergen wurden 1860 von Russland annektiert. China hat diesen Grenzverlauf anerkannt, und derzeit scheint es aussichtslos, ihn in Frage zu stellen. Die Mandschus sind heute im Land ihrer Väter stark in der Minderheit, dank der von Peking gesteuerten Siedlungspolitik bilden sie nur noch zehn Prozent der Bevölkerung.

Äußere und Innere Mongolei

Die Innere Mongolei gehört heute noch zu China. Sie umfasst ein Territorium von 1,2 Millionen Quadratkilometern und zählt mehr als 20 Millionen Einwohner. Durch den Zuzug der Han-Chinesen stellen die Mongolen nur noch ein Viertel der Bevölkerung. Die Äußere Mongolei ist eine unabhängige Republik mit einer Fläche von 1,57 Millionen

Quadratkilometern, auf der lediglich 2,5 Millionen Menschen leben.

Seit 1696 war dieses Gebiet ein Teil des chinesischen Kaiserreichs. Als 1911 die Republik ausgerufen wurde, nutzte die Mongolei die Gelegenheit, ihre Unabhängigkeit zu erklären. Während die Innere Mongolei unter der Herrschaft Pekings blieb, gelang es der Äußeren Mongolei mit russischer Unterstützung, ihre Selbstständigkeit zu behaupten. 1924 wurde unter sowjetischem Einfluss die Volksrepublik Mongolei gegründet. In den dreißiger Jahren wurde die lamaistische Kirche entmachtet, wobei zahlreiche Klöster zerstört wurden. Die UdSSR verteidigte die Volksrepublik im Zweiten Weltkrieg gegen die japanischen Streitkräfte. Durch eine Volksabstimmung wurde 1945 die Unabhängigkeit der Äußeren Mongolei bestätigt und im folgenden Jahr auch von China anerkannt.

Mit der Verfassung des Jahres 1992 wurde der Kommunismus abgeschafft und eine demokratische Regierungsform eingeführt.

Für Amerika besitzt die Mongolei eine strategische Traumposition an der Nordflanke des Reichs der Mitte. Das Land, dessen Wirtschaft allerdings vollständig von China abhängt, wird von den USA aus durchaus eigennützigen Gründen unterstützt. Nach seiner Peking-Reise im November 2005 besuchte Präsident George W. Bush Ulan Bator, um die Beziehungen zwischen Amerika und der Mongolei zu festigen, die sich mit einem Truppenkontingent an der militärischen Koalition im Irak beteiligt.

Tibet (Xizang)

Das historische Tibet umfasst ein Territorium von 2,5 Millionen Quadratkilometern und ist heute geteilt in die autonome Region Tibet und Gebiete, die vier anderen Provinzen zugeschlagen wurden. Dank der Pekinger Siedlungspolitik ist auch hier die ursprüngliche Bevölkerung zu einer Minderheit geworden. Sogar Lhasa ist eine ganz »normale« chinesische Stadt geworden, und wer sie vor zehn Jahren zum letzten Mal besucht hat, wird sie heute kaum wiedererkennen. Der Bau der Eisenbahnlinie dürfte die Einwanderung der Han-Chinesen noch beschleunigen. Heute leben auf dem »Dach der Welt« angeblich acht Millionen Han und nur noch sechs Millionen Tibeter.

Wegen seiner geografischen Lage zwischen China und Indien sowie der Nähe zu Zentralasien besitzt Tibet große strategische Bedeutung. Die Tibeter gelten heute als Prototyp einer pazifistischen Kultur, doch das war nicht immer so. Ihre Vorfahren im 7. und 8. Jahrhundert waren ein Kriegervolk wie ihre mongolischen Vettern. Erst die Einführung des Buddhismus ließ sie friedfertiger werden. Im 14. Jahrhundert – also in der Zeit der mongolischen Yuan-Dynastie – wurde Tibet dem chinesischen Reich einverleibt. Nach dem Zusammenbruch des Mongolenreichs im Jahre 1368 gewann Tibet seine Unabhängigkeit zurück. Erst 1644, als die Mandschu-Dynastie der Qing an die Macht kam, wurde es de facto und schließlich 1751 offiziell von Peking annektiert. Als Sun Yat-sen 1912 die Republik ausrief, erklärte der Dalai Lama in Lhasa die Unabhängigkeit Tibets, wobei er auf die Unterstützung der Briten in Indien hoffte. Doch London zeigte ihm die kalte Schulter, hatte es doch erst 1907 gemeinsam mit Russland den Hoheitsanspruch Chinas über Tibet anerkannt. In den dunklen Jahren der Republik, der japanischen Besatzung und des Bürgerkriegs (1912–1949) dachten weder die Nationalisten der Kuomintang noch Maos Kommunisten einen Augenblick daran, Tibet aufzugeben. Sie betrachteten es als legitimes Erbe der Mongolen-Dynastie, die 700 Jahre vor ihnen geherrscht hatte.

Die Volksrepublik China wurde 1949 ausgerufen, und schon im folgenden Jahr befahl Mao Zedong die Besetzung Tibets. Der Dalai Lama wurde gezwungen, die Zugehörigkeit seines Landes zur Volksrepublik China anzuerkennen. Doch die Gleichschaltung dieses Territoriums mit seinen immer noch sehr lebendigen kulturellen und religiösen Besonderheiten endete in einem offenen Konflikt. Nach der Bombardierung der Klöster von Chatreng und Litang beschloss die CIA 1956, die Rebellen zu unterstützen. 1959 ging der Dalai Lama ins indische Exil. Von Dharamsala aus leitet er seither eine Exilregierung nach dem Muster der Regierung Chiang Kai-sheks in Taiwan. Die 1966 losgetretene Kulturrevolution hatte nicht nur für China, sondern auch für Tibet verheerende Folgen. Die Roten Garden zerstörten nahezu alle 6000 tibetischen Klöster; nur ein knappes Dutzend blieb erhalten. Im Zeitraum von 20 Jahren fielen der chinesischen Repression eine Million Menschen zum Opfer, das heißt 20 Prozent dieses kleinen Bergvolkes. Das Recht der Tibeter auf Selbstbestimmung wurde in drei UNO-Resolutionen anerkannt, aber China blockierte als ständiges Mitglied des Sicherheitsrats ihre Durchsetzung.

Nachdem es den Tibetern nicht gelungen war, England für ihre Sache zu gewinnen, setzten sie ihre Hoffnungen auf die Vereinigten Staaten. Entsprechend der politischen Situation in den USA war die Tibet-Frage immer wieder Gegenstand amerikanischer Stellungnahmen. Die Republikaner scheinen ein offeneres Ohr für die Anliegen dieses Volkes zu haben. Präsident Bush senior bezeichnete Tibet als »besetztes Land«. Clinton dagegen nannte es einen festen Bestandteil Chinas. George W. Bush wiederum ernannte einen Tibet-Beauftragten und empfing den Dalai Lama mehrfach im Weißen Haus. Doch keine amerikanische Regierung dachte je daran, konkrete Schritte zugunsten der Unabhängigkeit Tibets einzuleiten. Tibets bester Freund ist und bleibt der Schauspieler Richard Gere.

In China selbst ist man sich in der Sache völlig einig. Man mag den radikalsten Regimegegner befragen – alle werden antworten: »Tibet gehört zu China.« Der jetzige

Dalai Lama und seine Regierung sind schon Geschichte. Seinen Nachfolger werden vermutlich die Chinesen bestimmen, so wie das im Falle des Panschen Lama bereits geschehen ist. Vielleicht wird dies Unruhen auslösen, aber mittlerweile hat Peking das »Dach der Welt« fest im Griff. Die durch die Einwanderung der Han marginalisierte Bevölkerung Tibets profitiert übrigens ebenfalls von dem chinesischen Wirtschaftswunder. Die strategische Bedeutung des »Dachs der Welt« besteht nicht zuletzt darin, dass China dort mehrere Raketenabschussbasen errichtet hat. Außerdem ist das Hochland das größte Quellgebiet Asiens, denn hier entspringen Mekong, Gelber Fluss, Blauer Fluss (Jangtse), Indus und Brahmaputra. Auch Wasser kann durchaus von großer strategischer Bedeutung sein.

Xinjiang (»Neue Grenze«)

Xinjiang, ein Territorium mit 1,6 Millionen Quadratkilometern, das früher unter dem Namen Ostturkestan bekannt war, bildet eine Brücke zwischen China und sechs muslimischen Republiken Zentralasiens, nämlich Afghanistan, Kasachstan, Kirgisistan, Tadschikistan, Pakistan und Usbekistan. In Xinjiang stießen mehrere Großreiche zusammen. Alle versuchten die Region an sich zu reißen, so zum Beispiel die Russen, die Türken, die Tibeter und die Mongolen.

Eine Terrororganisation, das East Turkestan Islamic Movement (ETIM), kämpft heute gegen die Sinisierung der Region. Der Bevölkerungsanteil der lokalen Ethnie, der Uiguren, ist innerhalb der letzten fünfzig Jahre von 90 Prozent auf 45 Prozent im Jahr 2005 gesunken. Viele Uiguren sind nach Pakistan geflüchtet. Auf Xinjiang – genauer gesagt die Wüste Tarim – entfallen 30 Prozent der Ölreserven Chinas.

Einige ehemalige chinesische Kolonien

China ist alles andere als ein gutmütiger Riese, der 5000 Jahre hindurch darauf verzichtet hätte, auch nur dem kleinsten seiner Nachbarn ein Haar zu krümmen. Ob Korea oder Vietnam, Burma oder Tibet, nicht zu vergessen die Mongolei: China hat seine Nachbarn genauso malträtiert wie jede andere kontinentale Großmacht.

Burma befand sich in der Zeit der Han-Kaiser (206 v. Chr.–220 n. Chr.) und später wieder unter der Mongolen-Dynastie der Yuan (1279–1368) unter chinesischer Herrschaft. Es behielt seinen Vasallenstatus gegenüber China noch bis zur Intervention der Engländer.

Vietnam wurde insgesamt neun Jahrhunderte lang von Peking aus regiert, so etwa unter den Tang (618–906) und den Yuan. Nur knapp entging das Land dem Schicksal, zu einer normalen chinesischen Provinz zu werden.

Kambodscha geriet in der Ära der Tang-Kaiser unter die Oberhoheit Pekings.

Korea war mehr als vier Jahrhunderte hindurch in chinesischer Hand. Zuerst bemächtigten sich die Han-Kaiser des Landes, danach die Tang und schließlich die Mongolen-Dynastie der Yuan. Viele Elemente der chinesischen Kultur – Schrift, Verwaltungsorganisation, Religion, Architektur und Städtebau – wurden über Korea an Japan weitergegeben.

Das Königreich Siam, Nepal und sogar die Philippinen haben ebenfalls irgendwann einmal in ihrer Geschichte die Oberhoheit Chinas anerkennen müssen.

Am Ende des 18. Jahrhunderts umfasste das damals von der Mandschu-Dynastie der Qing regierte chinesische Kaiserreich eine Fläche von 13 Millionen Quadratkilometern – ohne das gerade verloren gegangene Vietnam.

Bei genauerer Betrachtung stellt man also fest, dass das Reich der Mitte nicht anders gehandelt hat als jede andere kontinentale Großmacht. China annektierte riesige Territorien, die heute zwei Drittel seines Staatsgebiets ausmachen, um an den Reichsgrenzen Pufferzonen anzulegen. In anderen Fällen wurden Nachbarstaaten besetzt oder zu Vasallen gemacht, so zum Beispiel Vietnam und Korea und – in geringerem Umfang – Burma. Woher rührt dann unser beruhigendes Bild eines weisen und friedlichen Chinas, das frei ist von all jenen Mängeln und Gebrechen, an denen die anderen Völker der Erde leiden?

Dieses positive Image ist wahrscheinlich ein Erbe der Ming-Zeit (1368–1644). China war damals ein sehr selbstbewusster, auf seine kulturelle Überlegenheit stolzer, straff organisierter Agrarstaat. Kaiser Yongle, der 1410 die Mongolen vernichtend geschlagen hatte, gab den Anstoß zu sieben von Admiral Zheng He befehligten Entdeckungsfahrten. Ein expansionistisch eingestelltes China hätte aufgrund seiner großen Bevölkerungszahl ohne Weiteres alle unbekannten Kontinente, Australien und Amerika, besiedeln können. 1433 fand ein radikaler Kurswechsel statt. Am Kaiserhof tobte ein erbitterter Streit zwischen Eunuchen und Mandarinen. Die Erstgenannten forderten die Öffnung des Landes nach außen, Letztere setzten sich für die Förderung der Landwirtschaft, den Ausbau des Kanal- und Bewässerungssystems und andere Infrastrukturmaßnahmen ein. Als die Mongolen in den nördlichen Grenzgebieten wieder für Unruhe sorgten, setzten sich die Mandarine durch, und China schloss von einem Tag zum anderen seine Grenzen. Während der kolonialen Expansion der Europäer im 16. und 17. Jahrhundert hielt sich das China der Ming abseits vom Weltgeschehen. Es begnügte sich damit, seine direkten Vasallen unter Kontrolle zu halten.

So entstand das idyllische Bild eines friedfertigen, durch seine Große Mauer abgeschotteten Chinas, dem es scheinbar fernlag, seine Nachbarn zu beherrschen – ein teilweise falsches Bild, wie wir gesehen haben. Allerdings muss man China immerhin zugestehen, dass es – im Gegensatz etwa zu Peter dem Großen, dem Herrscher einer anderen kontinentalen Großmacht – niemals Eroberungszüge plante, die über seine unmittelbare Nachbarschaft hinausgingen.

Doch reicht das aus, um dem heutigen China jedes Expansionsstreben abzusprechen?

Sprechen wir überhaupt über dasselbe Land?

Das bäuerlich geprägte Kaiserreich früherer Jahrhunderte interessierte sich wenig für ferne Ufer. Beim heutigen China, dessen Motor nicht Landwirtschaft und Bewässerungstechnik sind, sondern Wissenschaft und Technik, Fabriken und Forschungslaboratorien, einem China, dessen Bevölkerung hauptsächlich in riesigen städtischen Ballungszentren lebt, ist die Lage ganz anders.

Das kaiserliche, agrarische China verstand sich auf die Nutzbarmachung der drei großen Flüsse des Landes, und dieses Land sollte wirtschaftlich autonom sein. Die Außenbeziehungen waren der stolzen chinesischen Kultur gleichgültig oder eine Sache zwischen dem Lehnsherrn und seinen Vasallen.

Die industrialisierte, liberal-kapitalistische Wirtschaft des heutigen China ist dagegen alles andere als autonom – im Gegensatz zu dem von Mao angestrebten Wirtschaftsmodell.

Für das China des 21. Jahrhunderts sind internationale Austauschbeziehungen lebensnotwendig: der Export, der die Basis des Wachstums darstellt, der Import von Rohstoffen und Werkzeugmaschinen zum Betrieb der Fabriken und schließlich der Kapitalverkehr. Über 50 Prozent der chinesischen Ausfuhren stammen von im Reich der Mitte ansässigen Tochterfirmen ausländischer Unternehmen. Umgekehrt importiert China Güter für mehr als 600 Milliarden Dollar, zum großen Teil in Form von Rohstoffen und Energie. China exportiert ein Drittel seiner Produkte; Exporte und Importe machen zusammen 75 Prozent seines BIP aus. Das sind ungeheuer hohe Prozentsätze, die von keinem der großen Exportländer, wie etwa Japan oder Deutschland, je erreicht worden sind. Sein Wachstum finanziert China mit Hilfe der rund 60 Milliarden Dollar ausländischer Direktinvestitionen. Davon stammen 75 Prozent von den asiatischen Nachbarländern und den Auslandschinesen. Auch auf dem Devisenmarkt ist China ein wichtiger Akteur: Es legt nämlich seine Handelsbilanzüberschüsse in US-Dollar an, wodurch es einerseits den Kurs der eigenen Währung stützt und andererseits das amerikanische Haushaltsdefizit finanziert. Das hat zur Folge, dass sich beispielsweise 12 Prozent der amerikanischen Schatzanweisungen in chinesischem Besitz befinden.

Das Reich der Mitte ist heute die Lokomotive der Weltwirtschaft. Seine Wirtschaftsleistung treibt das weltweite Wachstum voran und sorgt für volle Regale in den Supermärkten.

Damit hat China eine totale Kehrtwendung vollzogen: von der Landwirtschaft zur Industrie, von der Autarkie zur extremen Verflechtung mit dem Ausland, von der Isolierung zur Globalisierung.

	China Ende 18. Jhdt.	China heute
Wirtschafts-struktur	agrarisch	industriell
Export	Seide, Porzellan, Tee	• ein Drittel der Produktion • exportbasiertes Wachstum • weltweit führender Industriestandort
Import	gering Autarkieprinzip Opiumimporte der Engländer	• Rohstoffe (sodass die Weltmarktpreise explodieren) • Investitionsgüter • Agrarprodukte
Chinas Abhängigkeit von der übrigen Welt	kaum vorhanden weitgehende Autonomie und Selbstversorgung	total, und zwar im Bereich • Export • Energie und Rohstoffe • Wirtschaftswachstum • Kapitalanlagen
Abhängigkeit der übrigen Welt von China	kaum vorhanden	sehr groß: • China liefert 80 Prozent der Wal-Mart-Produkte • China ist wichtigster Kunde vieler Rohstoffländer
Rolle in der Weltwirtschaft	Industrielle Revolution geht an China vorbei	Mittelpunkt und stärkster Motor der Globalisierung
Finanzielle Verflechtung	sehr gering	sehr stark: • jährlich 60 Milliarden Dollar ausländischer Direktinvestitionen in China • China als Gläubiger der USA
National-gefühl	Ein selbstbewusstes Land, das sich als Mittelpunkt der Welt betrachtet	Nach den Demütigungen des »Jahrhunderts der Schande« sucht China seinen alten Rang wiederzugewinnen und den Westen einzuholen

Globale Interessen

China ist der zweitgrößte Importeur und Verbraucher von Erdöl. Seine Lieferanten befinden sich alle im Nahen Osten, nämlich in Saudi-Arabien, dem Iran und in den Vereinigten Emiraten. Dadurch wird es unweigerlich in die politischen und religiösen Probleme der Region verwickelt. Der israelisch-arabische Konflikt und seine Auswirkungen auf die Stabilität des Nahen Ostens betreffen China ganz direkt. Das Gleiche gilt für den Ausbau des iranischen Atomprogramms, die zunehmenden Aktivitäten der muslimischen Fundamentalisten und die heikle religionspolitische Lage in einigen Ländern.

Auch die politische Entwicklung in bestimmten Regionen Afrikas ist für China interessant. Dazu gehören zum Beispiel der Sudan, Angola, Gabun und Algerien, um nur die Länder zu nennen, die an der Energieversorgung Chinas beteiligt sind.

Außerdem beschäftigt sich China intensiv mit der politischen Situation in Brasilien, Venezuela oder auch Kuba, wo es um das künftige Schicksal von Lula, Chávez und Castro geht. Damit sich die Chinesen satt essen können, wird heute auf riesigen Flächen Brasiliens Soja angebaut. In vielen Ländern Afrikas und Lateinamerikas werden heute mit chinesischem Kapital und im Austausch gegen Rohstoffe und Energie Straßen, Eisenbahnlinien und Erdölraffinerien gebaut.

Die Riesendschunken des Admirals Zheng He verfolgten keine weiteren Absichten, als im Indischen Ozean zu paradieren. Die Tanker und Containerfrachter des heutigen China haben dagegen eine vitale Funktion, denn sie führen dem Land die Energie, die Rohstoffe und andere Güter zu, die für das Überleben und das Wachstum dieses riesenhaften Organismus notwendig sind. Waren in der Kaiserzeit drei Flüsse und ihre Kanäle die entscheidenden Lebensadern des Landes, so sind es heute die Schifffahrtsrouten und Pipelines, die China mit den großen Zentren der Erdölgewinnung, mit den Bergbauregionen Afrikas und Südamerikas sowie den großen Getreidehäfen Brasiliens und der Vereinigten Staaten verbinden. Denn das globalisierte China ist angewiesen auf den Zufluss von Erdöl und anderen Rohstoffen, um daraus Konsumgüter für alle denkbaren Wal-Marts der Welt herzustellen.

Der unersättliche Bedarf Chinas verändert die Landschaft, die Organisation und die Wirtschaft von Ländern, die manchmal am anderen Ende der Welt liegen. Der ständige Fluss von Waren, Dienstleistungen und Kapital gleicht dem Blutkreislauf eines Organismus: Die entlegensten Regionen ferner Kontinente sind seine Kapillaren; sie enden in den großen Handelshäfen, und von diesen führen die Seewege als Arterien bis nach Shanghai, Fuzhou, Qingdao und Shenzhen.

Extreme Verwundbarkeit

Mehr als jedes andere Land in der Vergangenheit oder in der Gegenwart ist China heute von seinem Import-Export-Strom abhängig. Wenn einer dieser Versorgungskanäle abgeschaltet wird oder verstopft ist, geht China zugrunde: Es erstickt, verdurstet oder stirbt an Blutarmut.

Besorgt beobachtet Peking die Lage an den strategisch wichtigen Meerengen, etwa an der Straße von Hormuz und der Straße von Malakka, die 80 Prozent seiner Ölimporte passieren müssen, am Suez- und am Panamakanal, durch die ein großer Teil seiner Fertigwarenexporte verschifft wird. An solchen Engstellen besteht immer die Gefahr, dass Terroristen oder Piraten die Schiffe überfallen. Doch für China ist ein anderer Umstand nicht weniger beunruhigend, nämlich die Tatsache, dass sie von den USA kontrolliert werden.

Sowohl Europa und Japan als auch die anderen asiatischen Länder haben faktisch den Schutz der Energieversorgungseinrichtungen und der Seewege an die USA delegiert. Sie zahlen dafür einen hohen politischen und wirtschaftlichen Preis, aber sie zahlen ihn ohne Murren.

Die am Persischen Golf stationierte und für den Indischen Ozean zuständige Fünfte Flotte sichert die Supertanker, die die Straße von Hormuz passieren und die Südspitze Indiens umschiffen. Sobald sie das Chinesische Meer erreichen, übernimmt die im Pazifischen Ozean stationierte Siebte Flotte den Schutz.

China genießt allerdings nicht den Schutz der Amerikaner. Erstens, weil es sich nie von den USA abhängig machen würde, und zweitens, weil es bald der größte wirtschaftliche und strategische Rivale der Vereinigten Staaten sein könnte.

Peking hat keine andere Wahl, als sich selbst um seine Sicherheit und den Schutz seiner Versorgungswege zu kümmern. Da China davon ausgeht, dass Amerika über kurz oder lang versuchen wird, seine Weiterentwicklung und seinen Aufstieg zur Weltmacht zu bremsen, muss es unbedingt ein eigenes globales Sicherheitssystem aufbauen. Ein Mittel dazu ist die Errichtung eines Netzes verlässlicher Bündnisse mit rohstoffreichen oder an strategisch wichtigen Punkten gelegenen Ländern. Nötig erscheint weiterhin der Aufbau einer Marine, die – auch auf hoher See – die politischen und wirtschaftlichen Interessen des »Drachen« vertreten kann.

Heute geht es also nicht mehr darum, ob China expansionistische Bestrebungen hegt. Die Maßstäbe in der Welt haben sich verändert; Chinas Nachbarn sind jetzt nicht mehr nur Korea oder Nepal, sondern auch Angola, Ecuador, Australien oder der Sudan.

Chinesische Wertvorstellungen und Traditionen

Die chinesische Werteskala ist – zum Nachteil aller übrigen Völker – für eine sich allmählich herausbildende materialistische Industrie- und Handelsgesellschaft bestens geeignet: Mut zum Risiko, Ehrgeiz, Unternehmungslust, Streben nach Wohlstand, Aufbau sozialer und beruflicher Netzwerke. Dazu kommt noch die Bedeutung der Familie.

Der Konfuzianismus ist eine der ältesten weltanschaulichen Traditionen Chinas. Er lehrt an erster Stelle die Achtung vor den alten Menschen und den Vorfahren, die Achtung der Kinder gegenüber ihren Eltern – dies ist überhaupt die höchste Tugend –, aber auch die Achtung vor den Menschen im Allgemeinen, Höflichkeit, Moral, Gehorsam gegenüber dem Staat und »Meritokratie«. Sein Begründer, der 551 v. Chr. geborene Philosoph Konfuzius, predigte die soziale Harmonie unter den Menschen, betonte den Wert von Studium und Kenntnissen, von Ehrlichkeit und Großherzigkeit. Er empfahl, die Herrscher aufgrund ihrer Leistungen auszusuchen, und verlangte von diesen, ihr Amt mit Pflichteifer, Integrität und Tugendhaftigkeit auszuüben.

China wird oft belächelt, weil es im 19. Jahrhundert die industrielle Revolution verschlafen hat. Dabei war das Reich der Mitte in der Wissenschaft und bei Erfindungen anderen Ländern oft weit voraus. Die geistige Erneuerung Europas in der Renaissance, die großen Entdeckungsreisen, die Eroberung von Weltreichen wie auch Gutenbergs neue Drucktechnik fußten auf Erfindungen, die in China schon während der Song-Dynastie, also im 11. Jahrhundert, bekannt waren. Kompass, Steuerruder, Buchdruck und Papier sowie Schießpulver wurden zuerst von den Chinesen erfunden, so wie sie auch in der Medizin, der Mathematik und der Astronomie zeitweise führend waren. Doch sie haben ihre Entdeckungen nie für den technischen Fortschritt genutzt. Die Naturwissenschaften galten sehr wenig bei den Prüfungen, die den Zugang zu den hohen Ämtern des Kaiserreichs ermöglichten. Heute gibt man sich größte Mühe, das Land mit eigenen technologischen Kapazitäten und unabhängigen Forschungszentren auszustatten, die eines Tages in der Lage sein sollen, sich mit den renommiertesten Institutionen der Welt zu messen.

Zum Erbe des Konfuzianismus gehört, dass in allen Ländern mit chinesischer Kulturtradition Bildung und Erziehung an erster Stelle stehen. Die Familien sind bereit, große Opfer zu bringen, um ihren Kindern die bestmögliche Ausbildung zu geben. Die Zahl der Analphabeten ist ähnlich gering und die Quote beim Schulbesuch ähnlich hoch wie in den entwickelten Ländern. Die hohe Wertschätzung von Bildung und Erziehung wirkt als starker Motor des Fortschritts. Wie alle ostasiatischen Länder strebt China für seine Gesellschaft ein Höchstmaß an Kenntnissen, Fähigkeiten und Bildung an. Es ist auf dem Wege, zu einem der führenden Länder in Naturwissenschaft und Technik zu werden. In fünf bis zehn Jahren werden chinesische Ingenieure und Naturwissenschaftler eine dominierende Rolle in der Welt spielen.

Demokratie – ein heikles Thema

Demokratie ist mit wirtschaftlichem Fortschritt eng verbunden. So lautet zumindest das Credo der liberalen Denker des Westens. Die impertinenten wirtschaftlichen Erfolge Chinas unter einem autoritären Herrschaftssystem stehen folglich in gewissem Widerspruch zu dieser Grundüberzeugung der Europäer. Sie beharren darauf, dass es sich um eine vorübergehende Anomalie handelt, die die Geschichte bald korrigieren wird.

Die westliche Auffassung von Demokratie hat allerdings in China nie existiert und ist nicht Bestandteil seiner Traditionen. Das heißt nicht unbedingt, dass die Demokratie dort nicht eines Tages Fuß fassen wird. Andererseits darf man nicht vergessen, dass Hitler dem Versagen des »demokratischen Kapitalismus« im Jahr 1929 und ganz regulären Wahlen seinen Aufstieg verdankte. Auch der Einsatz von Napalm in Vietnam, der zwei bis drei Millionen Menschen das Leben kostete, wurde von einem demokratischen Land angeordnet. Die Demokratie hat sich bei uns nur durchgesetzt, weil sie einer aufgeklärten Bourgeoisie zupass kam.

Heute steht keineswegs fest, dass die Demokratie im kommenden Jahrhundert das politische Modell eines triumphierenden Kapitalismus sein wird.

Doch die westlichen Kommentatoren lassen sich von derartigen Überlegungen nicht beirren. Sie behaupten, das chinesische Regime werde nicht von Dauer sein, es könne sich nur dank einer zweistelligen Wachstumsrate halten. Das chinesische Volk warte ungeduldig auf allgemeine Wahlen, um sich seiner zu entledigen …

Zweifellos ist die Stabilität der Volksrepublik China gefährdet. Die Gründe dafür sind klar: Das ungezügelte Wirtschaftswachstum führt zu sozialer Ungleichheit und Ungerechtigkeit und damit zu Spannungen in der Gesellschaft. Bauern rebellieren gegen ihre Enteignung infolge der Bodenspekulation. Das sind die »Kollateralschäden«, die das Bekenntnis zum Wirtschaftsliberalismus, zur Privatisierung und zum freien Unternehmertum mit sich bringt. Doch dieser Weg findet allgemeine Zustimmung, sowohl in China selbst als auch bei den Kapitalisten der ganzen Welt.

Das »himmlische Mandat« (Tian Ming)

Dieser Begriff stammt aus der Zhou-Zeit, ist also um einiges älter als die Lehre des Konfuzius, der den Begriff wieder aufgriff. Man kann daher sagen, dass er in China zu allen Zeiten lebendig war. Zwar kann er nicht als Rechtfertigung für das Fehlen demokratischer Wahlen nach westlicher Vorstellung dienen, doch er hilft dabei, das chinesische Verständnis von Macht und Herrschaft besser zu begreifen.

Das »himmlische Mandat« wird einem König oder Kaiser anvertraut, der im Gegenzug seinem Volk Frieden und Wohlstand bringen muss. Wenn der Herrscher den Vertrag nicht erfüllt und ohne Weisheit regiert, entzieht ihm der Himmel sein Mandat. »Himmel« ist hier ein abstraktes Konzept, das man auch mit »Schicksal« oder »Vorsehung« bezeichnen könnte, da die Chinesen ja keinen allmächtigen Schöpfergott kennen. Zwar vermittelt der Begriff des »himmlischen Mandats« der Herrschaft eines Kaisers Legitimität, doch er hat nichts Starres oder Endgültiges. Er lässt sich nicht mit dem Gottesgnadentum gleichsetzen, das westliche Monarchen für sich in Anspruch nahmen. Unter Berufung auf das »himmlische Mandat« kann man sogar radikale Kurswechsel, die Auswechslung von Herrschern, Erbfolgekriege, ja selbst Revolutionen erklären oder sogar rechtfertigen, denn für Chinesen ist alles Geschehen zyklischer Natur. Eine kaiserliche Dynastie ist zu Anfang ihrer Herrschaft voller Tugend und Weisheit, doch mit dem Wechsel der Generationen versinkt sie immer mehr in Unmoral und Korruption. Es handelt sich dabei um einen schicksalhaften, natürlichen und unvermeidlichen Prozess. Somit ist es normal und legitim, dass ein neuer Monarch nach einem Sieg über die alte Dynastie die Macht übernimmt. Der Stärkere hat also das Recht auf seiner Seite, denn sein Triumph beweist, dass er im Besitz des »himmlischen Mandats« ist.

Xia, Shang, Zhou, Qin, Han, Jin, Sui, Tang, Song, Liao, Yuan, Ming, Qing und Mao: Dies ist die Abfolge der dynastischen Zyklen in der chinesischen Geschichte. Der neue Herrscher muss nicht unbedingt aus einem adligen Geschlecht stammen, er kann ein einfacher Soldat oder Bauer sein. Historisch gesehen bot das »himmlische Mandat« die Chance, das Land nach Zeiten der Spaltung und Zerrissenheit wieder zu einigen.

Die derzeitige chinesische Regierung gehört einer Dynastie an, die man nach ihrem Begründer die »Mao-Dynastie« nennen könnte. Sie ist Trägerin des »himmlischen Mandats« und muss dem chinesischen Volk Frieden und Wohlstand bringen. Die Ergebnisse ihrer bisherigen Arbeit können sich durchaus sehen lassen.

Chinas politische Führer

Nach Ansicht der Chinesen bringt die Demokratie nicht zwangsläufig große Führerpersönlichkeiten im Sinne des Konfuzianismus hervor, die sich durch ihre Leistungen des »himmlischen Mandats« würdig erweisen. Das Prinzp, Führer aufgrund ihrer Kompetenz auszuwählen, nennt sich »Meritokratie«.

Dem System der Einheitspartei gelingt es heute, qualitativ hochwertige Eliten hervorzubringen, was zu Zeiten Maos noch keineswegs der Fall war. Die neun Mitglieder des Ständigen Ausschusses des Politbüros der Kommunistischen Partei Chinas sind heutzutage Ingenieure. Zu diesen führenden Politikern des Landes gehören folgende Persönlichkeiten: Hu Jintao, Generalsekretär der KPCh und Präsident der VR China, ein gelernter Wasserbau-Ingenieur; Wu Bangguo, der Vorsitzende des Ständigen Ausschusses des Nationalen Volkskongresses, ein Elektronik-Ingenieur; und Premierminister Wen Jiabao, ein Geologe.

Der 16. Kongress der Kommunistischen Partei Chinas im November 2002 wurde zur Erneuerung der Führungsmannschaft genutzt. Jiang Zemin ließ das Statut der Partei dahingehend ändern, dass nun auch Privatunternehmer den staatlichen Führungsgremien angehören können.

Die Führungspersönlichkeiten der »Mao-Dynastie« lassen sich in Generationen einteilen: Die erste war die ihres Begründers, die zweite die von Deng Xiaoping, die dritte die Generation von Jiang Zemin, und die vierte ist diejenige des heutigen Staatspräsidenten Hu Jintao.

Die politischen Führer der fünften Generation werden die Ersten sein, die ihre Ausbildung im Ausland erhalten haben, und zwar in den achtziger Jahren des 20. Jahrhunderts. Sie dürften auf dem 17. Kongress im Jahr 2007 in die Führungsgremien aufsteigen. Trotz ihrer Auslandserfahrung werden sie nicht weniger nationalistisch denken als ihre Vorgänger. Ganz im Gegenteil: Sie werden noch arroganter auftreten.

Ein erstaunlich effizientes System

Durch die Einführung des Privateigentums und der Marktwirtschaft seit 1979 hat das politische System Chinas die meisten Merkmale des Kommunismus abgelegt. Heute ist »Kommunismus« nur noch ein Etikett, das ein sehr effizientes System zur Erhaltung von Ruhe und Ordnung im ganzen Land und ein Verfahren zur Auswahl der Führungselite bezeichnet.

Wer dieses autoritäre System für unpopulär hält, der täuscht sich. Die Mehrheit der Bevölkerung ist der Regierung dankbar, dass sie für Ordnung sorgt und die Bedingungen für ein Leben im Wohlstand garantiert. Fänden heute in China demokratische Wahlen statt, dann dürfte

Präsident Hu Jintao eine relativ große Mehrheit der Stimmen sicher sein. Zustimmung findet das politische System Chinas offensichtlich auch bei allen westlichen Unternehmen, die sich im Lande niederlassen. Sie schätzen ebenfalls die Stabilität und die relative Ordnung, die in China herrschen und für ihre Geschäfte so nützlich sind.

Wir müssen uns also mit der Tatsache abfinden, dass in Fernost ein von unseren Vorstellungen abweichendes und außerordentlich effizientes politisches System entstanden ist. Doch wir sprechen jetzt nicht von Singapur, diesem kleinen Stadtstaat mit 500 Quadratkilometern und 4 Millionen Einwohnern, der uns schon seit vierzig Jahren ein anschauliches Beispiel einer vom Konfuzianismus geprägten und von westlichem Demokratieverständnis weit entfernten Gesellschaft liefert. Nein, diesmal handelt es sich um ein Viertel der Menschheit, ein Volk von 1,5 Milliarden Menschen, das entschlossen ist, eine historische Scharte auszuwetzen, nämlich das Verschlafen der industriellen Revolution.

Die Affäre um Bill Clinton und Monica Lewinsky machte die chinesischen Führer sprachlos. Wie konnte der Präsident des mächtigsten Landes der Erde sich von einem so lächerlichen Ereignis derart verunsichern lassen? Die amerikanische Regierung lieferte damit dem Politbüro der Partei und dem gesamten chinesischen Volk den Beweis, dass die Demokratie ein sehr ineffizientes System ist.

China als Totengräber der Demokratie?

Im allgemeinen Wettlauf um größtmögliche Effizienz, der die neoliberale Welt so beschäftigt, ist China den westlichen Ländern auf vielen Gebieten um Längen voraus. Erstens haben die Demokratien bei der Auswahl des Führungspersonals mit einem enormen Handicap zu kämpfen. Festlegung des Kandidaten, Wahlkampf und Buhlen um Wählerstimmen – diese obligatorischen Phasen einer demokratischen Wahl sind allzu sehr dem Zufall unterworfen.

Ist die oft höchst wankelmütige öffentliche Meinung in der Lage, unter den Bewerbern denjenigen herauszufinden, der sich am besten eignet, ein Land zu führen? Sollte man diese Entscheidung nicht besser einem Zentralkomitee überlassen, also einer Art Pendant dessen, was in der Wirtschaft der Vorstand eines Unternehmens darstellt? Die Diktatur der Effizienz spricht für die letztgenannte Lösung.

Der Aufstieg Chinas zur Supermacht könnte also eine weltweite Schwächung, ja sogar die Vernichtung der Demokratie nach sich ziehen – wegen ihres Mangels an Effizienz.

Vielleicht hat unsere Gesellschaft ja schon jetzt ein Stück Weg zur Orwell'schen Diktatur hinter sich. Bei den letzten beiden Präsidentschaftswahlen in den USA wurde schon die Trennung der Rollen von Kandidat und tatsächlichem Entscheider praktiziert. Der eine, George W. Bush – der als texanischer Cowboy verkleidete Sohn eines Patriziers von der Ostküste –, sollte die breite Masse der Wähler gewinnen. Der zweite, Vizepräsident Dick Cheney, war zu unbekannt, um die Wahl für sich entscheiden zu können, ist aber inzwischen der eigentliche politische Weichensteller im Hintergrund.

Die Attentate vom 11. September 2001 und der Krieg gegen den Terrorismus hatten zur Folge, dass sich die USA in einem permanenten Alarmzustand befinden. Damit wurde auch eine rationellere Kommandostruktur etabliert, die schon fast so effizient ist wie die chinesische.

Der »Patriot Act«, der die persönlichen Freiheiten der Amerikaner einengt, wäre dann nichts anderes als ein Pendant der autoritären Macht der chinesischen Regierung. So wie es heute in Peking strafbar ist, das Wort »Demokratie« im Suchfenster des Browsers Yahoo zu gebrauchen, gibt es in den USA eine lange Liste von Themen, die einem Journalisten den Vorwurf das Vaterlandsverrats einbringen können.

Der Kampf zweier Imperien

»Zwei Tiger können nicht auf demselben Berg zusammen leben«, sagte Deng Xiaoping.

Eine der beiden Raubkatzen ist natürlich Amerika, das Mao Zedong gern als Papiertiger verspottete.

Welches der beiden Imperien ist verwundbarer? Die USA mit ihren vielfältigen inneren Gegensätzen und ihrem wenig effizienten System, oder China, dessen Wirtschaftswachstum an einem seidenen Faden hängt, nämlich dem Außenhandel?

Offizielle Stellungnahmen Washingtons und Pekings über die gegenseitigen Beziehungen bestehen häufig nur aus nichtssagenden Phrasen. Auf die herablassenden Mahnungen und Provokationen des ehemaligen Verteidigungsministers Donald Rumsfeld antwortete Peking in verbindlichem und besänftigendem Ton. Das siegesgewisse China des 21. Jahrhunderts lässt sich von den Anwürfen der amerikanischen Regierung nicht mehr aus der Ruhe bringen.

Allerdings sollte man die pessimistische Analyse der geostrategischen Lage beachten, die Verteidigungsminister Chi Haotian im Januar 2003 kurz vor der Besetzung des Irak gegeben hat. Sie macht deutlich, dass die chinesische Führung sich keinen Illusionen über die Zukunft hingibt.

Chi Haotian, der zugleich stellvertretender Vorsitzender der zentralen Militärkommission ist, stellte fest, dass der Konkurrenzkampf zwischen den Nationen ganz normal sei und stets durch Kriege entschieden werde. Eine echte Zusammenarbeit zwischen den Völkern sei nur begrenzte Zeit möglich, und China werde diese Erfahrung bald aufs Neue bestätigt finden. In den vergangenen 160 Jahren hätten die Großmächte stets versucht, die Modernisierung Chinas zu verhindern, und in den kommenden 160 Jahren werde es nicht anders sein. Das Reich der Mitte habe zwanzig Jahre friedlicher Entwicklung erlebt, doch diese Zeit gehe nun zu Ende. Denn die Großmächte hätten beschlossen, dem Streben Chinas nach Modernisierung und Fortschritt einen Riegel vorzuschieben, und verweigerten dem Land auch das Recht auf Selbstverteidigung.

Man müsse den Tatsachen ins Auge blicken, betonte Chi Haotian in seiner Rede weiter. Wenn China sein Recht auf Weiterentwicklung wahrnehmen wolle, müsse es sich auf einen Krieg vorbereiten. Rüstungsanstrengungen seien nötig, um der Wiedervereinigung des Landes näherzukommen (Taiwan) und die Rechte des Landes im Südchinesischen Meer zu verteidigen. Denn gerade die Schwäche eines Landes verführe die Gegenseite zum Angriff. Abschließend stellte er fest, dass dieser Krieg womöglich bereits innerhalb der nächsten zehn Jahre stattfinden werde.

Das Rad der Geschichte dreht sich weiter

Die Frage, welchen Rang ihr Land in der Welt einnimmt, beschäftigt die Chinesen unermüdlich. Unter der Dynastie der Tang oder der Song war die chinesische Kultur die glanzvollste der Welt. Später verlagerte sich der Mittelpunkt des Universums nach Westen. Chinesische Historiker und Futurologen sind überzeugt, dass die Zivilisation von Ost nach West wandert. Ihr Weg begann in China am Beginn der Ming-Dynastie und erreichte im 16. Jahrhundert Europa, zunächst Spanien und dann Frankreich. Im 19. Jahrhundert fiel das »himmlische Mandat« Großbritannien zu, und das 20. Jahrhundert war zweifellos das Jahrhundert Amerikas.

Aber die Chinesen sind sich sicher, dass diese Bewegung von Ost nach West ihrem Ende zugeht. Ohne Zweifel kehrt nun die Weltherrschaft am Ende ihres Weges rund um den Globus über den Pazifik ins Reich der Mitte zurück. Das 21. Jahrhundert wird das Jahrhundert Chinas sein.

Zweiter Teil

Der Kampf hat schon begonnen

Die angelsächsische weiße und protestantische Bevölkerung Amerikas (WASP) spürt, dass der Aufstieg Chinas das Ende einer Epoche, nämlich der Ära der Dominanz der europäischen Völker bedeutet. Nachdem sie sich die ganze Welt gefügig gemacht, drei Kontinente erobert und zwei weitere kolonisiert haben, ist ihre Vorherrschaft bedroht.

In den Augen der weißen Amerikaner hat die »europäische Rasse« jetzt einen ebenbürtigen Rivalen. Doch heute wird nicht mehr die »Gelbe Gefahr« heraufbeschworen, die im Westen irrationale Ängste weckte, sondern es geht um einen echten Gegensatz zwischen zwei Kulturen.

Chinesen überlassen den Lauf der Dinge gern dem Schicksal. Doch sie können kaum davon ausgehen, dass ihnen das »himmlische Mandat« ganz von allein und friedlich in den Schoß fallen wird. Ihnen ist klar, dass die Supermacht USA das Szepter der imperialen Herrschaft höchstwahrscheinlich nicht ohne Gegenwehr abgeben wird. Der Krieg scheint also unvermeidbar. Derzeit aber würde das Reich der Mitte unterliegen, denn es ist noch nicht ausreichend vorbereitet. Doch der amerikanische Adler ist aufgewacht und verteidigt seine Herrschaftsinsignien. Heute versucht man, Chinas Vormarsch einzudämmen, und morgen wird man zum Rollback übergehen.

Kapitel 1

»Neues Amerikanisches Jahrhundert« gegen »Chinesisches Jahrhundert«

»Das 21. Jahrhundert wird das Jahrhundert Chinas sein« – diese These hört man bis zum Überdruss in den Medien und auch von Geschäftsleuten, die voller Bewunderung aus diesem neuen gelobten Land des Weltkapitalismus zurückkehren, einem Eldorado, wo auch sie einen Anteil zu erhaschen hoffen.

In den zahlreichen aktuellen Werken über das Reich der Mitte benutzen die Autoren dafür gern die Formel »The Chinese Century«, ohne sich über die Konsequenzen ihrer Prophezeiung klar zu sein.

Doch dieses chinesische Jahrhundert wird es nicht geben – jedenfalls nicht, solange die USA dank ihrer drückenden militärischen Überlegenheit die Welt beherrschen und ihren globalen Führungsanspruch bewahren wollen. Auch nicht, solange Japan entschlossen ist, an seiner Vorherrschaft über Ostasien festzuhalten.

Denn die USA haben für das kommende Jahrhundert andere Pläne. Die Formel dafür heißt »Project for a New American Century«, und alle Architekten dieses Projekts gehören heute zum Stab des amerikanischen Präsidenten George W. Bush.

Neokonservative Strategien

Versetzen wir uns in die Zeit zu Anfang der siebziger Jahre zurück. Amerika, das im 20. Jahrhundert nie einen Krieg verloren und stets nur das Gute gegen das Böse verteidigt hat, beginnt an sich selbst zu zweifeln. Das absolut Böse ist der Kommunismus. Dass Gott im Vietnamkrieg nicht auf der Seite der Amerikaner zu stehen schien, hieß doch nicht etwa, dass sie nicht für eine gerechte Sache kämpften?

In den USA werden verschiedene Geistesströmungen gern als »Neue Rechte« zusammengefasst. Sie war die Reaktion auf die Libertinage der sechziger Jahre und die »Neue Linke«. Der »Neuen Rechten« verdankte Ronald Reagan dann auch seinen Wahlsieg von 1980. Der Liberalismus erstarkte anschließend erneut unter der Regierung Clinton, nicht zuletzt dank des Internet als Raum der Freiheit und der uneigennützigen Informationsvermittlung.

Nach der Niederlage im Vietnamkrieg beschlossen die neokonservativen Kreise in der Republikanischen Partei gemeinsam mit einflussreichen Mitarbeitern des Pentagon, den Nationalstolz wiederherzustellen und alle Kritik und Selbstzweifel zum Verstummen zu bringen. Sie stärkten dem Militär den Rücken gegen die von Kissinger konzipierte und von Nixon durchgeführte Entspannungspolitik und gegen die SALT-Abkommen zur Rüstungsbegrenzung, weil nur militärische Stärke die Sowjetunion zum Nachgeben veranlassen würde.

Die wichtigsten Neokonservativen – etwa Dick Cheney oder Donald Rumsfeld – gehörten schon zum Mitarbeiterstab von Gerald Ford, dem Nachfolger Nixons, der 1974 infolge der Watergate-Affäre zurückgetreten war. Cheney war damals Chef des Präsidialbüros und Rumsfeld Verteidigungsminister, so wie 25 Jahre später unter George W. Bush. Heute gehören zu diesem Kreis außerdem Bush senior, Paul Wolfowitz und Richard Perle. Und genau diese Politiker haben das »Projekt für ein neues amerikanisches Jahrhundert« ins Leben gerufen.

Auf Wunsch von Präsident Ford gab George Bush senior seinen Posten als US-Botschafter in China auf und übernahm 1975 die Leitung des Geheimdienstes CIA. Gleich nach seinem Amtsantritt beauftragte er eine Gruppe unabhängiger Experten, ihm einen kritischen Bericht über die sowjetische Bedrohung auf dem Gebiet der Langstreckenraketen und strategischen Bombergeschwader vorzulegen. Zu dieser als »Team B« bezeichneten Gruppe gehörten auch Paul Wolfowitz und – als deren Leiter – Richard Perle. Man verwarf die Entspannungspolitik, die angeblich nur die exzessive Aufrüstung der Sowjetunion befördere, dem von kriegerischen Absichten erfüllten »Reich des Bösen«. Das Ausmaß der Bedrohung wurde in dem Bericht natürlich stark übertrieben, denn in Wirklichkeit war der Verteidigungshaushalt der UdSSR in dem entsprechenden Zeitraum nur geringfügig gestiegen. Dieser Bericht ist der Grund für die Animositäten, die seither zwischen dem Außenministerium und der CIA einerseits und den Neokonservativen andererseits bestehen. Letztere können sich nur auf die Unterstützung des Pentagon verlassen. Die CIA wird daher systematisch angeschwärzt, diskreditiert und lächerlich gemacht.

Zwischen dem »Team A« der CIA und »Team B« von Dick Cheney hat der Krieg gerade erst begonnen. Die Affäre um die enttarnte CIA-Agentin Valerie Plame ist eines seiner Schlachtfelder.

2002 und 2003 weigerte sich die CIA, die »Beweise« zu fabrizieren, die Cheney für die Rechtfertigung des Angriffs auf den Irak von ihr erbeten hatte.

Die Neokonservativen hatten nur wenig Zeit, um sich durchzusetzen, denn Nixons Nachfolger Gerald Ford, der im August 1974 sein Amt angetreten hatte, verlor Ende 1976 die Präsidentschaftswahl. Der Bericht von »Team B« erschien im Oktober 1976, und das »Committee on the

Present Danger« gab ihm den beunruhigenden Titel »Die wirklichen Absichten der Sowjetunion«. Ziel des Ganzen war natürlich, den Kalten Krieg neu zu entfachen und der Entspannungspolitik den Garaus zu machen.

Die Wahl des angeblich naiven Jimmy Carter zum Präsidenten war in den Augen der konservativen Clique eine Katastrophe. Man warf ihm nicht nur vor, dass er den Schah von Persien fallen ließ, sondern auch, dass er auf die amerikanische Oberhoheit über den Panamakanal verzichtete. Nach Meinung der Konservativen gab man einen strategisch wichtigen Seeweg nicht so einfach wieder her. Inzwischen hat sich am Panamakanal zu ihrem großen Bedauern der Hongkonger Mischkonzern Hutchison Whampoa eingenistet.

Reagan und die »Wiedergeburt Amerikas«

Nun sammelten sich die Neokonservativen unter dem Banner von Ronald Reagan, der 1980 die Präsidentschaftswahl gewann. Er scharte nicht nur die Republikaner, sondern auch die von der Ära Carter enttäuschten Demokraten hinter sich. Von nun an gab sich Amerika stark und selbstbewusst und legte Komplexe und Depressionen ab. Man hatte einen erklärten Feind, die Sowjetunion – das »Reich des Bösen« –, und dieser Feind musste vernichtet werden, um des Heils der »freien Welt« willen. Der Kalte Krieg wurde umgehend wiederbelebt. Auch die Wirtschaft sollte wieder in Schwung gebracht werden, denn die Industrie hatte im harten Konkurrenzkampf mit Japan und Deutschland Federn lassen müssen. Reagans liberale Politik demontierte den Wohlfahrtsstaat, den Präsident Roosevelt fünfzig Jahre zuvor geschaffen hatte. Im Gegenzug wurde der Verteidigungshaushalt stark erhöht. Durch den Verfall der Rohölpreise kam es rechtzeitig vor der Wahl 1984 zu einem Wirtschaftsaufschwung, der Reagan die Wiederwahl sicherte. Die Arbeitslosenquote sank auf acht Prozent, und das Wirtschaftswachstum stieg bei gleichbleibender Inflationsrate auf drei Prozent pro Jahr. Damit war nun die Wiederherstellung der militärischen Vormachtstellung der USA möglich. Im Zeitraum von fünf Jahren wies die Regierung dem Verteidigungshaushalt 1600 Milliarden Dollar zu. Reagan finanzierte damit unter anderem das »Star Wars«-Programm, den Aufbau eines Raketenschutzschirms, der nach Ansicht der Republikaner die beste Antwort auf die angebliche sowjetische Bedrohung war.

Nach dem Sieg im Kalten Krieg war für die Konservativen der Fall ganz klar: Der Kommunismus hatte sich nur deshalb selbst liquidiert, weil die Regierung Reagan den Konkurrenzdruck so hochschraubte, dass die UdSSR lieber gleich den Bankrott erklärte. In Wahrheit gehörten Entspannung, die allmähliche Liberalisierung des Regimes und das Ende der Konfrontation mit dem Westen schon seit Anfang der achtziger Jahre zu den politischen Zielen der Sowjetunion. 1979 war Deng Xiaoping in China mit gutem Beispiel vorangegangen. Er bewies, dass man den Kommunismus auch ohne Revolution und Unruhen abwickeln konnte, und vor allem auch ohne den Zusammenbruch des Wirtschaftssystems wie im postsowjetischen Russland. Aber das Scheitern des Kommunismus, sein unausweichlicher Untergang mussten eben als Apotheose inszeniert werden, als Triumph des Guten, das das Böse in den Staub tritt.

Marx hatte als einer der Ersten vom »Ende der Geschichte« gesprochen. Für ihn war die Beendigung aller Konflikte nur durch die Beseitigung des Klassenkampfs möglich, und nur der Sieg des Kommunismus konnte alle Widersprüche in der Gesellschaft auflösen. Francis Fukuyama, der 1992 das Buch *Das Ende der Geschichte* veröffentlichte, sah im Untergang des Kommunismus das Ende der ideologiebestimmten Entwicklung der Menschheit und den Sieg der freiheitlichen Demokratie als des vollkommensten Regierungssystems.

Die Militärausgaben des Staates, die in der Zeit des Kalten Krieges und des Rüstungswettlaufs mit der UdSSR stets sehr hoch waren, erschienen nun unnütz, fragwürdig, ja absurd. Mit diesen Geldern konnte man schließlich den Schwarzen Erdteil von seinem Elend befreien und Millionen Kinder in Afrika, Indien oder Bangladesch vor dem Hungertod bewahren.

Solche Überlegungen bildeten aber nur ein kurzes Zwischenspiel. Im August 1990 beschloss Saddam Hussein, Kuwait zu erobern. Afrika musste warten.

Der »Kampf der Kulturen«

Nach dem Zerfall der Sowjetunion war den Konservativen erst einmal der Wind aus den Segeln genommen. Der langjährige Gegner war von der Bildfläche verschwunden. Nun aber war es nicht mehr die Auseinandersetzung mit einem feindlichen System, was die Neokonservativen beunruhigte, sondern es war im Gegenteil die Öffnung des kommunistischen China und die Einführung der Marktwirtschaft.

China, das war potentiell die vereinte Wirtschaftskraft Japans, Deutschlands und sämtlicher asiatischer Tigerstaaten. Dazu noch der bedingungslose Ehrgeiz eines riesigen Landes, das mit aller Gewalt seinen früheren Status als führende Weltmacht zurückerlangen will.

Der Golfkonflikt kam genau zum richtigen Zeitpunkt, um nach dem Sturz des Kommunismus neue Feindbilder aufzubauen und damit militärische Optionen zu rechtfertigen.

Aus nach wie vor ungeklärten Gründen hielt das irakische Regime 1990 die Gelegenheit für günstig, Kuwait zu erobern.

Und aus noch unerfindlicheren Gründen lehnte es einen Rückzug ab, obwohl die größte militärische Koalition seit dem Zweiten Weltkrieg sich anschickte, den Eindringling zu vertreiben. Mit dem Golfkrieg geriet die Hypothese vom »Ende der Geschichte« in Widerspruch zur politischen Situation, denn die Weltlage war wegen der »Schurkenstaaten« jetzt erneut instabil und gefährlich. Woraus nun – nach Meinung von Bush senior – den USA die Aufgabe erwuchs, ihre »Neue Weltordnung« durchzusetzen.

Die theoretischen Grundlagen zur Analyse der neuen Spannungssituation lieferte der amerikanische Politologe Samuel Huntington.

Nach seiner Ansicht war mit dem Zerfall der Sowjetunion auch das Ende des Nationalstaats gekommen, der seit dem 19. Jahrhundert die internationale Politik beherrscht hatte. 1993 veröffentlichte Huntington in der Zeitschrift *Foreign Affairs* einen Artikel mit dem Titel »The Clash of Civilizations?«. Daraus entstand das 1996 erschienene Buch mit dem noch programmatischeren Titel *Kampf der Kulturen. Die Neugestaltung der Weltpolitik im 21. Jahrhundert.* Laut Huntington werden die Konflikte unserer Zeit durch religiöse oder kulturelle Gegensätze bestimmt. Christlicher Westen, islamische Welt, hinduistischer und chinesischer Kulturkreis sind künftig die großen Blöcke, und ihr Zusammenprall wird im 21. Jahrhunderts zu explosiven Konflikten führen. Zwischen 1935 und 1960 hatte der britische Historiker Arnold Toynbee bereits eine Geschichtstheorie entworfen, die auf der Idee vom Aufstieg und Niedergang der Kulturen basierte. Daniel Pipes, ein weiterer neokonservativer Denker, verkündete in den neunziger Jahren, der islamische Fundamentalismus sei die neue Gefahr nach dem Ende des Kommunismus. Er behauptete sogar, dass dieser Islam letzten Endes die amerikanische Verfassung durch den Koran ersetzen wolle. Sein Vater Richard Pipes ist niemand anderes als der Mann, der für die Sowjetunion den Ausdruck »Reich des Bösen« prägte, den Ronald Reagan bei seinem Projekt zur Rettung der »freien Welt« aufgriff.

Huntington nannte den Glauben einiger europäischer Länder naiv, dass es ein universelles, von kulturellen Grenzen unabhängiges Wertesystem gebe – womöglich eine Anspielung auf gängige französische Auffassungen.

Seine Schlussfolgerung lautet: Langfristig gesehen geht eine große Gefahr von China aus, weil seine kulturellen Werte sich von denen der westlichen Kultur diametral unterscheiden. Für Huntington steht weiterhin fest, dass sich Konfuzianismus und Islam gegen den christlichen Westen zusammenschließen werden. Sie sind potentielle Bündnispartner, weil beide das Ziel haben, das internationale Kräfteverhältnis zu verändern. Folglich muss alles unternommen werden, um die konfuzianisch-islamische Allianz zu vereiteln.

Sogleich nach ihrem Machtantritt im Januar 2001 machte die neue US-Regierung unter George W. Bush dieses vorgefertigte Weltbild zur Richtschnur ihres Handelns.

PNAC: »Project for a New American Century«

Die Doktrin des PNAC wurde 1992 konzipiert und tauchte erstmals in einem Dokument mit dem Titel »Defense Planning Guidance« auf. Es entstand unter der Leitung von Dick Cheney – damals Verteidigungsminister im Kabinett von Bush senior –, den man heute wohl als den eigentlichen Präsidenten der USA betrachten kann. In diesem Papier zur Verteidigungspolitik ging es um die Vorherrschaft der Vereinigten Staaten über die übrige Welt, die notfalls auch durch Anwendung von Gewalt sichergestellt werden müsse. 1992 erhielt Paul Wolfowitz, der stellvertretende Verteidigungsminister desselben Kabinetts Bush, den Auftrag, zusammen mit Lewis Libby ein entsprechendes Weißbuch auszuarbeiten. Dieser Lewis Libby musste im Oktober 2005 wegen der Plame-Affäre sein Amt als Stabschef von Vizepräsident Cheney abgeben. Einige der Gedanken, die im Jahr 2001 die Politik von George W. Bush prägten, waren schon in dem Dokument von 1992 zu finden.

Die Befürworter von PNAC gründeten 1997 eine gemeinnützige Bildungseinrichtung mit dem Zweck, die »American Global Leadership« zu fördern. Deutlicher konnte man sein Ziel nicht benennen. PNAC war der wichtigste und einflussreichste der von den Neokonservativen finanzierten Think Tanks. Sein Credo lautet kurz und bündig: Die Vorherrschaft der USA sei nicht nur für Amerika, sondern für die ganze Welt von Vorteil. Damit die USA diese Führungsrolle erfüllen könnten, benötigten sie eine glaubwürdige militärische Überlegenheit und eine durchsetzungsfähige Diplomatie. Außerdem müssten sie den moralischen Grundsätzen, für die sie stehen, Geltung verschaffen. Überall in der Welt müssten Recht und Ordnung herrschen, aber ausschließlich im Dienste amerikanischer Interessen. Deshalb, so PNAC 1997, müsse der Verteidigungshaushalt unbedingt erhöht werden, damit das Land seiner globalen Verantwortung gerecht werden könne und genügend Mittel für die Modernisierung der Streitkräfte zur Verfügung stünden.

Die PNAC-Mitglieder sind bestens bekannt, denn die meisten gehörten in der Ära Ford (1974–1976) zu »Team B«, das der angeblichen Unterschätzung der sowjetischen Bedrohung durch die CIA entgegentreten sollte. 2001 fand man viele an den Schaltstellen der Regierung Bush wieder.

Dick Cheney	US-Vizepräsident unter G. W. Bush. Gilt allgemein als der eigentliche US-Präsident. Verteidigungsminister unter G. Bush senior (1989–1992)
Donald Rumsfeld	Verteidigungsminister unter G. W. Bush (2001–2006). Verteidigungsminister unter G. Ford (1975–1976)
Paul Wolfowitz	Stellvertretender Verteidigungsminister unter G. W. Bush (2001–2005). Staatssekretär im Pentagon unter G. Bush senior (1989–1992). 1992 Neufassung der US-Militärstrategie nach dem Ende des Kalten Krieges. Heute Präsident der Weltbank
Lewis (Scooter) Libby	Stabschef von Vizepräsident Cheney. Rücktritt im Oktober 2005 wegen Verwicklung in die Plame-Affäre
Richard Perle	Bis 2003 Vorsitzender des Defense Policy Board Advisory unter G. W. Bush, weiterhin Mitglied des Gremiums
Steve Forbes	Herausgeber des *Forbes Magazine*. Neben Pat Buchanan und Pat Robertson einer der Hauptvertreter der »Neuen Rechten«, einer um 1973 entstandenen reaktionären Bewegung gegen die liberalen Bestrebungen der »Neuen Linken«
Richard Armitage	Stellvertretender Außenminister unter G. W. Bush (2001–2005)
Robert Zoellick	Stellvertretender Außenminister unter G. W. Bush (2005–2006)
Zalmay Khalilzad	US-Botschafter in Afghanistan
John Bolton	UN-Botschafter der USA
Dan Quayle	US-Vizepräsident unter G. Bush senior (1989–1993)

Elliott Abrams	Berater des Weißen Hauses unter Reagan
Jeb Bush	Gouverneur des Staates Florida. Bruder von George W. Bush
William J. Bennett	Erziehungsminister unter Reagan
Francis Fukuyama	Amerikanischer Philosoph. Autor des Buchs *Das Ende der Geschichte*
William Kristol	Mitbegründer des PNAC und Herausgeber des neokonservativen Magazins *The Weekly Standard.* Sohn von Irving Kristol, Anfang der siebziger Jahre einer der Theoretiker der »Neuen Rechten«

Einige Mitglieder des Think Tank PNAC (»Project for a New American Century«)

Während der Regierungszeit von Bill Clinton (1993–2001) feilten die neokonservativen Denker an ihrem Programm. Finanzielle Unterstützung erhielten sie durch den militärisch-industriellen Komplex und die Ölindustrie des Landes.

Im September 2000 wurden die ursprünglich von Dick Cheney entwickelten Ideen in einem mittlerweile berühmt gewordenen Gutachten veröffentlicht: »Rebuilding America's Defenses: Strategy, Forces and Resources For a New Century«. Dieses Gutachten enthielt die Leitlinien einer Politik, die wenig später als »Bush-Doktrin« bezeichnet wurde:

- Anpassung der Stationierung der US-Streitkräfte an die strategischen Erfordernisse des 21. Jahrhunderts und an die aus amerikanischer Sicht wachsenden Gefahren in Ostasien (China).
- Aufrechterhaltung von Recht und Ordnung in der Welt, zum Wohle amerikanischer Interessen.
- Die Vereinigten Staaten müssen ihre militärische und wirtschaftliche Überlegenheit nutzen, um sich eine unangefochtene Vorrangstellung zu sichern und so ein wei-

teres Jahrhundert amerikanischer Vorherrschaft zu ermöglichen.
- Auflösung aller internationalen Verträge und Verpflichtungen, die die Handlungsfreiheit und die Führungsrolle Amerikas beeinträchtigen.
- Stärkung der Bereitschaft, Atomwaffen einzusetzen, wenn dies zur Durchsetzung der politischen Ziele Amerikas erforderlich erscheint.

Im Kapitel »Ostasien« äußern sich die Autoren beunruhigt über den wachsenden Einfluss des Reichs der Mitte in der Region und empfehlen, auf einen »Regimewechsel« in Peking hinzuwirken. Ihrer Ansicht nach ist es »an der Zeit, die Präsenz amerikanischer Streitkräfte in Südostasien zu verstärken«, damit der »Demokratisierungsprozess in China vorangetrieben wird«.

Vor allem in der zweiten Amtszeit des Demokraten Bill Clinton hatten die Neokonservativen scharfe Vorwürfe gegen die Chinapolitik des Präsidenten gerichtet.

Bill Clinton und die »Einbindung« Chinas in die Weltpolitik

1991 hatte Bill Clinton verkündet: »Nie werde ich den Schlächtern vom Tiananmen-Platz die Hand schütteln!« Für den künftigen Präsidentschaftskandidaten war es zu diesem Zeitpunkt wichtig, sein Image als unnachgiebiger Verteidiger der Menschenrechte zu pflegen. Der Bill Clinton, der dann im Januar 1993 ins Weiße Haus einzog, dachte viel pragmatischer. Er betrachtete den Ost-West-Konflikt als endgültig abgeschlossen. Und er hatte kein Interesse daran, mit China einen neuen Kalten Krieg anzufangen.

Die Doktrin von Clintons Verteidigungsminister William J. Perry war klar und eindeutig: Wenn man China als

Feind betrachtet, wird es sich feindselig verhalten und tatsächlich zum Feind werden. An dieser Strategie hielt Clinton unbeirrbar fest. Selbst als ein chinesischer General während der Taiwan-Krise 1996 mit einem nuklearen Vergeltungsschlag gegen Los Angeles drohte, betrachtete die amerikanische Regierung China weiterhin als Partner, den man im Club der Großmächte akzeptiert und durch Milde zähmt.

Die von den Demokraten getragene amerikanische Regierung war fest davon überzeugt, dass der wirtschaftliche Fortschritt Chinas zwangsläufig Veränderungen im politischen System dieses Landes nach sich ziehen würde. Die wirtschaftliche Verflechtung mit dem Westen würde tiefgreifende und unumkehrbare Konsequenzen haben. Eine herzliche Einladung an China, sich ohne Skrupel in das Meer der Globalisierung zu stürzen, würde ausreichen, um jedes Konfliktpotential auszuschalten und einen Demokratisierungs- und Öffnungsprozess in Gang zu bringen. Diese Strategie erinnert stark an Henry Kissingers Entspannungspolitik der siebziger Jahre, die auf ein Ende des Kalten Kriegs mit der UdSSR abzielte.

Clinton legte deshalb Wert darauf, China nicht zu brüskieren, zumal die Spitzenvertreter dieses Landes schon immer sehr empfindlich waren und mit Glacéhandschuhen angefasst werden mussten. Anstatt sie vor den Kopf zu stoßen, sollte man ihnen die Chance geben, sich an der internationalen Zusammenarbeit zu beteiligen, intensive Handelsbeziehungen aufzubauen, im Bereich Wissenschaft und Forschung zahlreiche neue Kontakte herzustellen. Peking sollte so auf harmonische Weise in eine Welt des Friedens und des allgemeinen Wohlstands integriert werden. Der Schlüsselbegriff für diese neue, wohlwollende Politik war das englische Wort »Engagement«, das im Deutschen zumeist mit »Einbindung« wiedergegeben wird. Man wollte

China in die Weltwirtschaft integrieren, um einen neuen Kalten Krieg zu vermeiden.

1993 beschloss die US-Regierung eine deutliche Lockerung der Vorschriften, die für den Zugang zu bestimmten sicherheitsrelevanten Einrichtungen, wie etwa Atomforschungsanlagen, galten. Auf diese Weise wollte man die Zusammenarbeit mit chinesischen Wissenschaftlern fördern.

Für Bill Clinton hatten gute Beziehungen zu China absolute Priorität. Bei allen sensiblen Themen konsultierte er zunächst Peking, um sich mit dem als »strategischer Partner« bezeichneten Land abzustimmen.

Neokonservative Attacken gegen Clintons Chinapolitik

Die Ära des amerikanischen Entgegenkommens gegenüber China endete mit Clintons erster Amtszeit, ohne dass Peking dies zunächst bemerkte. Die neokonservativen Kräfte und das Pentagon meldeten sich schnell wieder zu Wort. Clintons zweite Amtszeit war geprägt von ständigen Attacken der Falken im Kongress gegen seine Politik der Einbindung Chinas.

So behaupteten die neokonservativen Republikaner, die Chinesen hätten ganz gezielt die Regierung Clinton unterwandert und beeinflusst. Um seinen Präsidentschaftswahlkampf 1996 zu finanzieren, habe sich Clinton an seine alten Freunde Johnny Chung, John Huang und Charlie Trie gewandt. Auch ein indonesischer Industrieller sei in die Affäre verwickelt. Hinter Clintons chinesischen Freunden Maria Hsia und Liu Chaoying steckten eigentlich chinesische Geheimdienstkreise, die die amerikanische Regierung bestechen wollten. Clinton äußerte sich bestürzt über diese angebliche Herkunft eines Teils seiner Wahlkampfgelder.

Weiterhin warfen die Konservativen dem demokratischen Präsidenten vor, die Chinesen hätten seine Großzügigkeit und Naivität ausgenutzt, um sich militärisch sensible Technologien anzueignen.

Die Firma Loral Space & Communications stand im Verdacht, Know-how im Bereich der Raketentechnik illegal weitergegeben zu haben. Das Justizministerium veranlasste eine Untersuchung der Vowürfe gegen das Unternehmen. Der Direktor dieser Firma war niemand anderes als Bernard Schwartz, zufällig der größte Privatspender beim Wahlkampf Clintons 1996.

Außerdem übte die republikanische Opposition harsche Kritik an der Genehmigung der Regierung, hochwertige Computer an China zu verkaufen. 1994 sollte Clinton sogar grünes Licht für den Verkauf kompletter Fabriken zur Herstellung strategischer Bomber gegeben haben. Und das alles gemäß dem Credo, dass ein stärkeres Gleichgewicht der Kräfte und gleiches Know-how alle Konfliktgefahren beseitigen würden.

Ein weiterer Vorwurf lautete, Clintons Politik der offenen Tür habe China den Diebstahl militärischer und nukleartechnischer Geheimunterlagen ermöglicht und dessen Kräftepotential somit gestärkt. Die amerikanischen Nachrichtendienste hegten schon seit 1995 derartige Vermutungen. Der Hauptverdacht richtete sich gegen Wen Ho Lee, einen Amerikaner chinesischer Herkunft, der im Forschungslabor von Los Alamos arbeitete. Das Los Alamos National Laboratory (LANL) ist für die konzeptionelle und technische Entwicklung der meisten amerikanischen Kernwaffen zuständig und hat 1945 die erste amerikanische Atombombe gebaut. Der Diebstahlsverdacht bezog sich auf den unter dem Decknamen W-88 bekannt gewordenen Miniatur-Atomsprengkopf der neuesten Bauart sowie auf die technischen Details der Neutronenbombe.

Man fürchtete, wenn China der Aufbau einer Atomstreitmacht gelänge, könnte es die Amerikaner dazu bringen, die militärische Unterstützung Taiwans aufzukündigen. Denn Washington wäre wohl kaum bereit, für die Unabhängigkeit Nationalchinas die Zerstörung amerikanischer Städte in Kauf zu nehmen.

Der von einer Reihe Kongressabgeordneter beantragte und im Mai 1999 veröffentlichte Cox-Bericht bestätigte, dass China tatsächlich Geheiminformationen über die Neutronenbombe und den Miniatur-Atomsprengkopf W-88 gestohlen hatte. Dadurch habe es wertvolle Zeit bei der Entwicklung von Langstreckenraketen mit Mehrfachsprengköpfen und von Raketenwaffen für das Gefechtsfeld gewonnen. Die Folgen dieses Technologietransfers seien konkret greifbar, nämlich in Gestalt der Rakete DF-31, einer Gefechtsfeldrakete der neuesten Bauart, die die chinesische Regierung am Nationalfeiertag im Oktober 1999 stolz präsentierte. Chinas Ziel sei die Zweitschlagskapazität, durch die man die Amerikaner davon abbringen wolle, im Fall eines Angriffs auf Taiwan den Erstschlag zu riskieren.

Vermutlich aufgrund von Clintons entgegenkommender Haltung ließen sich die Chinesen 1996 zu Manövern in der Taiwan-Straße hinreißen, die das Ergebnis der ersten Präsidentschaftswahl auf der Insel beeinflussen sollten. China befürchtete die Regierungsübernahme durch den Kandidaten der oppositionellen Demokratischen Fortschrittspartei, der entschieden für die Unabhängigkeit eintrat, und feuerte Raketen in Richtung Taiwan. Die Clinton-Regierung musste zwei Flugzeugträger entsenden, um diese Einschüchterungskampagne zu beenden. Wahlsieger wurde schließlich der Kandidat der Kuomintang.

Der Kosovo-Krieg und die Bombardierung der chinesischen Botschaft in Belgrad

Da die Militärintervention im Kosovo-Konflikt als NATO-Aktion deklariert wurde, hatte China keine Möglichkeit, sein Vetorecht im Sicherheitsrat in diesem Fall zu nutzen.

Peking hat sich stets mit Nachdruck für die UN-Grundsätze der Unverletzlichkeit der Grenzen und der Nichteinmischung in die inneren Angelegenheiten anderer Staaten eingesetzt. Es pocht auf diese Prinzipien, um seinen Standpunkt in der Taiwan-Frage zu verteidigen, die es als innenpolitische Angelegenheit Chinas betrachtet.

Durch die amerikanischen Interventionen in Haiti und Panama sowie gegen den serbischen Präsidenten Slobodan Milošević wurde das Prinzip der Nichteinmischung sehr in Mitleidenschaft gezogen. Die Clinton-Blair-Doktrin, die als Rechtfertigung für den Kosovo-Krieg diente, wurde deshalb von China heftig angegriffen. Immer wieder betonte Peking, dass die Berufung auf die Unverletzbarkeit der Grenzen die einzige Möglichkeit der Entwicklungsländer sei, sich gegen die Machtansprüche der Großen zu wehren.

Unbemerkt von der serbischen Luftabwehr überflog ein Tarnkappen-Langstreckenbomber des Typs B 2 am 7. Mai 1999 das nächtliche Belgrad. Das Flugzeug warf fünf Bomben des Typs JDAM (Joint Direct Attack Munitions) ab, der wegen seines satellitengeführten Steuersystems größte Zielgenauigkeit erreicht. Drei Bomben trafen fast zur gleichen Zeit ihr Ziel – die Botschaft der Volksrepublik China. Bei der Explosion kamen drei chinesische Beamte ums Leben, und ungefähr zwanzig weitere erlitten Verletzungen. In der offiziellen Erklärung der NATO wurde als Ursache des Unglücks ein Kartografiefehler genannt: Auf den Plänen sei der Ort als Munitionsdepot der jugoslawischen Armee gekennzeichnet gewesen. Das Pekinger Außenministerium verurteilte den Vorfall aufs Schärfste und erkärte, dass die NATO die chinesische Souveränität sowie das Wiener Übereinkommen über diplomatische Beziehungen verletzt habe. Überall im Lande kam es zu antiamerikanischen Kundgebungen. Bill Clinton sprach eine öffentliche Entschuldigung aus.

Die politischen Beobachter warfen natürlich die Frage nach den wahren Gründen dieser militärischen Operation gegen eine diplomatische Vertretung Chinas auf. Hatten sich hinter den Mauern seiner Botschaft vielleicht hochempfindliche Beobachtungs- und Abhöreinrichtungen befunden, mit denen man militärische Informationen sammeln konnte, um sie dann an die Serben weiterzugeben? Oder hatten die Chinesen im eigenen Interesse spioniert und die einmalige Chance genutzt, die NATO-Armeen in voller Aktion beobachten zu können und so wertvolle Informationen über ihre Gefechtstaktik zu erhalten?

Die Bombardierung der chinesischen Botschaft in Belgrad deutete auf einen Kurswechsel der US-Politik hin. Die Position des Präsidenten war durch die Lewinsky-Affäre stark geschwächt, weshalb er dem neokonservativen Lager Zugeständnisse machen musste. Die Intervention im Kosovo-Konflikt bot einen Vorgeschmack auf die »Bush-Doktrin« nach den Attentaten vom 11. September 2001. Für die Chinesen war die Ära Clinton nur ein Zwischenspiel, das 1998 zu Ende ging. Danach waren die USA wieder die Supermacht, die ihre ordnungspolitischen Vorstellungen und ihre Vorherrschaft dem gesamten Globus aufzwingen wollte.

Kapitel 2

Die Bush-Doktrin: China »eindämmen«

Die Spionagevorwürfe sowie die ständige Kritik an Präsident Clintons Chinapolitik verstärkten in der amerikanischen Bevölkerung das Gefühl, das Reich der Mitte sei ein feindseliges und bedrohliches Land. China wird heute allzu gern für den Verlust von Arbeitsplätzen in Amerika verantwortlich gemacht, man verdächtigt es der Spionage und des Diebstahls militärischer Geheiminformationen, ja man unterstellt ihm, es wolle die USA aus den nördlichen Pazifik vertreiben. Dann braucht man nur noch daran zu erinnern, dass China eine kommunistische Diktatur ist, um den amerikanischen Bürger wieder in eine sechzig Jahre lang eingeübte Abwehrhaltung zu versetzen. Um dem weiteren Aufstieg des Rivalen ein Ende zu bereiten, fordern die Neokonservativen gegenüber China eine ähnliche Strategie der »Eindämmung«, wie man sie gegenüber der Sowjetunion mit so großem Erfolg praktiziert hat.

Ein »strategischer Rivale«

Nachdem George W. Bush, der Kandidat der Neokonservativen, zusammen mit dem Team von PNAC ins Weiße Haus eingezogen war, vollzog man innerhalb weniger Wochen einen Kurswechsel in der amerikanischen Chinapolitik.

Durch den Status eines »strategischen Partners« hatte die Regierung Clinton China den Rang einer Großmacht zuerkannt, der man Anerkennung und Respekt zollte.

George W. Bush hatte bereits während des Wahlkampfs im Jahre 2000 China als »strategischen Rivalen« bezeichnet, um sich von seinem Vorgänger abzugrenzen. Nach seinem Regierungsantritt verwies er China sogleich auf den Platz einer ostasiatischen Regionalmacht, die auf keinen Fall ihre Region beherrschen durfte. Peking sollte zunächst einmal lernen, seine Nachbarn zu respektieren und nicht als Bedrohung aufzutreten.

Nach den Kriterien des Pentagon hätte man China sogar der untersten Kategorie in der Rangliste der Länder zurechnen können, nämlich den »Schurkenstaaten«. So erklärte Bush einmal, Peking müsse endlich aufhören, Massenvernichtungswaffen an die Feinde der USA und ihrer Verbündeten weiterzugeben. Das war eine Anspielung auf Nordkorea, den Iran und den Sudan, denen China sensibles technisches Know-how in den Bereichen Raketen- und Nukleartechnik zukommen ließ.

1998 hatte Präsident Clinton in Bezug auf Taiwan die Doktrin des dreifachen Nein formuliert. Im Einzelnen hieß das: nein zur Unabhängigkeit der Insel, nein zur Existenz zweier unabhängiger Staaten, nein zur Anerkennung Taiwans und seiner Aufnahme in die internationalen Organisationen. Bereits im Januar 2001 gab George W. Bush diese Doktrin auf und kehrte zu der ursprünglichen »Ein-China-Politik« zurück. Hinter diese Linie konnte er schwerlich zurückweichen, weil sie in dem 1972 von Präsident Nixon unterzeichneten Shanghaier Kommuniqué festgeschrieben worden war.

Im April 2001 gab die Bush-Regierung die Erlaubnis zum Verkauf hochentwickelter Waffensysteme an Taiwan. Unter anderem handelte es sich um Spionageflugzeuge, Unterseeboote, Raketen und Torpedos. Gegenüber dem »Taiwan Relations Act« von 1979 bedeutete dies einen radikalen Kurswechsel, denn dieses Gesetz sah nur die Lieferung von reinen Defensivwaffen vor. Auch der Ton der

Auseinandersetzungen wurde nun härter. So kündigte die amerikanische Regierung an, sie werde alles in ihrer Macht Stehende tun, damit Taiwan sich allein verteidigen könne.

Die Affäre um das Spionageflugzeug EP-3

Ein knappes Vierteljahr nach Bushs Einzug ins Weiße Haus kam es zur direkten Konfrontation zwischen China und den USA.

Im April 2001 kollidierte ein amerikanisches Spionageflugzeug des Typs EP-3, das vor der Küste Chinas Daten sammelte, mit einem chinesischen Abfangjäger. Die chinesische F-8 stürzte ins Meer, während die EP-3 auf der chinesischen Insel Hainan notlanden musste. Dort wurde die vierundzwanzigköpfige Besatzung in Erwartung einer Entschuldigung elf Tage in Gefangenschaft gehalten. Das Flugzeug wurde erst nach drei Monaten zurückgegeben. In dieser Zeit wurde seine hochkomplizierte Ausrüstung völlig auseinandergenommen und bis ins Detail von chinesischen Ingenieuren untersucht. Wegen dieses Zwischenfalls kam es in den USA zu heftigen antichinesischen Reaktionen.

Die Instrumentalisierung des »Kriegs gegen den Terror«

Die Terroranschläge vom 11. September wurden zum Anlass genommen, die Gespräche zwischen Peking und Washington wiederaufzunehmen. Präsident Bush fuhr zweimal nach China und erhielt im April 2002 den Besuch von Hu Jintao, der damals allerdings nur Vizepräsident war. Peking sagte den USA seine Unterstützung im »Kriegs gegen den Terror« zu und nutzte die Gelegenheit, um die separatistischen Uiguren der Provinz Xinjiang als Terroristen einzustufen. Durch diese Bekundung der Solidarität – wäre eine andere Reaktion überhaupt denkbar gewesen? – waren China die Hände gebunden, und es musste tatenlos zusehen, wie die Amerikaner in verschiedenen Regionen Asiens Fuß fassten. Dazu gehörten die Intervention in Afghanistan, das Einschwenken ganz Südostasiens auf die amerikanische Linie und der Verlust der Ölreserven im Irak.

Der Kampf gegen den Islamismus richtet sich so auch gegen das von Huntington im *Kampf der Kulturen* prophezeite islamisch-konfuzianische Bündnis: die Allianz zwischen China und den Ölländern des Nahen Ostens, die sich bereits teilweise herausgebildet hat.

Die nach den Attentaten des 11. September verkündete »Bush-Doktrin« betont, die Vereinigten Staaten seien verpflichtet, weiterhin ein über die unmittelbare Bedrohung hinausreichendes militärisches Potential beizubehalten. Die USA bekräftigten ihre Absicht, die einzige Supermacht auf der Welt bleiben zu wollen und dazu eine Atomstreitmacht und Eingreiftruppen zu unterhalten, die dem gesamten Potential aller übrigen Länder überlegen sein müssten. Unter Berufung auf die Bush-Doktrin können die amerikanischen Streitkräfte nun an jedem Ort der Welt jeden tatsächlichen oder vermeintlichen Gegner präventiv angreifen.

Gerechtfertigt wird dies mit der Bedrohung durch Osama bin Ladens Terrornetzwerk Al Qaida.

Allerdings hat bin Laden den Begriff »Al Qaida« selbst nie verwendet, er spricht immer von der »Internationalen islamischen Front für den Heiligen Krieg gegen die Juden und Kreuzfahrer«. Es war die amerikanische Polizei, die sich 1999 bei ihren Nachforschungen über die Attentate in Kenia und Tansania genötigt sah, jener kriminellen Vereinigung einen Namen zu geben. Sie wählte die Bezeichnung Al Qaida, was im Arabischen »die Basis« bedeutet. Dieser Name hatte in einigen der aufgefundenen Dokumente gestanden.

»Jemaah Islamiyah«, eine 1969 in Südostasien entstandene islamistische Terrororganisation, deren Ziel die Errichtung eines fundamentalistischen Gottesstaates in Ländern wie Indonesien, Malaysia, Singapur, Brunei, den Philippinen oder auch im Süden Thailands ist, hat nur sehr entfernte und kaum nachweisbare Beziehungen zu Al Qaida. Trotzdem werden in Asien verübte Attentate – zum Beispiel die Anschläge auf Bali, in Manila oder Jakarta – sofort diesem Terrornetzwerk zugeschrieben.

Die USA benutzen den Namen Al Qaida, um die Vorstellung einer allgegenwärtigen und weltweit aktiven Organisation zu verstärken, die in sämtlichen Ländern über schlafende Zellen verfügt und von ihrem nicht fassbaren Zentrum aus überall in der Welt zuschlagen kann; einer Organisation, die beträchtliche Mittel besitzt und über das Internet kommuniziert.

Daher wird der »Krieg gegen den Terror« nie enden. Denn irgendwo in der Welt wird es stets eine Bedrohung, einen Terroristen oder ein Attentat geben, die man Al Qaida oder ihren Nachfolgeorganisationen zuordnen kann. Und weil der Gegner allgegenwärtig und ungreifbar ist, wird man mit ihm nie ein Friedensabkommen schließen können wie zum Beispiel mit der ETA oder der IRA.

Der »Krieg gegen den Terror« wird also endlos weitergehen. Er kann vorübergehend ruhen und durch eine Drohung oder einen Anschlag wiederbelebt werden. Den USA gibt er die Möglichkeit, überall in der Welt und ohne zeitliche Begrenzung militärisch zu intervenieren.

»Die strukturellen Änderungen (bei den amerikanischen Streitkräften) haben geradezu revolutionären Charakter, werden jedoch viel Zeit brauchen, falls kein katastrophenartiges Ereignis wie etwa ein neues Pearl Harbor als Katalysator wirkt.« Ein Jahr nach diesem ahnungsvollen Satz, der in dem PNAC-Dokument »Rebuilding America's Defenses« nachzulesen ist, ereigneten sich die Attentate des 11. September.

Der »Krieg gegen den Terrorismus« dient auch als Alibi für die Errichtung neuer Militärbasen zur Eindämmung Chinas und für die Fortsetzung früherer Rüstungsprogramme wie zum Beispiel des Antiraketenschutzschilds.

Das Programm »Krieg der Sterne« hätte bei dem asymmetrischen Kampf gegen den internationalen Terrorismus nicht den geringsten Nutzen; und gegen das immer noch riesige Arsenal atomarer Waffen auf Seiten Russlands wäre seine Wirkung fraglich. Das Antiraketenprogramm der USA richtet sich daher eigentlich gegen einen Feind, der nur über etwa dreißig atomare Sprengköpfe verfügt, und dieser Feind heißt ... China.

Neoliberale gegen Neokonservative

Zwischen Neoliberalen und Neokonservativen besteht ein erheblicher Dissens, was das Verhältnis zu China betrifft.

Einerseits ist China ein Freund der Kapitalisten, der beste Verbündete in Sachen Liberalismus und Globalisierung, andererseits ist es der Antipode des christlichen Westens, der Rivale, der die amerikanische Vorherrschaft in der Welt bedroht. Deshalb entwickelte sich in den USA, wo Lobbys und Interessengruppen eine große Rolle spielen, ein interner Konflikt zu diesem zentralen politischen Thema.

Auf der einen Seite stehen Wall Street und Wal-Mart, auf der anderen das Pentagon und die Neokonservativen. Die Erstgenannten betrachten das Reich der Mitte als reinste Verkörperung des neoliberalen Ideals und der Globalisierung; für die Gegenseite bedeutet China als Wirtschaftsriese mit unkontrollierbarem Wachstum und unbeugsamer Rivale einen geostrategischen Albtraum. Zum offenen Konflikt zwischen China und den USA könnte es erst kommen, wenn dieser interne Kampf beigelegt ist. Dazu müssten bestimmte kapitalistische Kreise zu der Einschätzung gelangen, dass die Gefahr, die von China für die wirtschaftliche Vorherrschaft der USA ausgeht, deutlich größer ist als die kurzfristigen Vorteile, die das Geschäft mit dem Reich der Mitte heute bietet. Die Wende könnte 2008 kommen.

Laut den chinesischen Wirtschaftsplanern soll sich ihr Land nämlich ab diesem Zeitpunkt zum führenden Forschungs- und Entwicklungszentrum der Zukunftsindustrien entwickeln. Am Ende dieses Prozesses will China der wichtigste Produzent immaterieller Güter sein. Damit würde es die Basis der amerikanischen Wirtschaft unmittelbar bedrohen. Denn als letztes Bollwerk gegen China bleibt den USA nur noch die eindrucksvolle Zahl ihrer Patente, um die Zukunftsindustrien gegen die Konkurrenz abzusichern.

Ferner muss daran erinnert werden, dass 2008 ein neuer amerikanischer Präsident gewählt wird.

Der Pentagon-Bericht über die chinesische Bedrohung

Der Jahresbericht des Pentagon, der am 1. August 2005 vorgelegt wurde, kommt zu dem Schluss, dass China langfristig eine große Gefahr für die globale Sicherheit der USA darstelle. China, heißt es weiter, stehe heute an einem Scheideweg: Entweder entscheide es sich für die friedliche Integration, ohne darum seine Rolle als Rivale ganz aufzugeben (»benign competitor«), oder es strebe nach einer Vormachtstellung und riskiere dadurch harte Sanktionen.

USA: Die gegnerischen Lager in der Chinafrage

Befürworter des Status quo	Befürworter des Krieges
• Neoliberale, Demokraten, Henry Kissinger: Der Aufstieg Chinas muss akzeptiert und friedlich integriert werden.	• Neokonservative: China ist der Rivale der USA. China muss »eingedämmt«, der weitere Aufstieg mit allen Mitteln verhindert werden, notfalls mit Krieg.
• Wal-Mart: China produziert 80 % des Sortiments und ist als Fabrik der Welt unentbehrlich geworden.	• Ölfirmen: Man muss die Erdölreserven vor den Chinesen in die Hand bekommen.
• Multinationale Unternehmen: Der chinesische Markt ist ein Eldorado.	• Kleinere und mittlere Unternehmen: Die chinesische Konkurrenz führt zur Deindustrialisierung in den USA und zur Abwanderung des Know-how nach China.
• Wall Street: China ist die reinste Verkörperung von Kapitalismus und Freihandel. Die Einbindung Chinas in die Globalisierung ermöglicht Rekordgewinne.	• Pentagon: China ist so mächtig, dass es die militärische und strategische Dominanz der USA gefährdet.
• Amerikanische Verbraucher: Chinesische Produkte führen zu Preissenkungen und stärken die Kaufkraft.	• Amerikanische Arbeitnehmer: Die Betriebsverlagerungen führen zum Export der Arbeitsplätze, die den US-Bürgern fehlen.

Warum die ständig wachsenden Verteidigungshaushalte im Reich der Mitte? Wozu der Ankauf hochkomplizierter Waffensysteme, wenn doch kein Staat China bedroht? Für das amerikanische Verteidigungsministerium gibt es nur eine Antwort auf diese Fragen: China strebt nach der Vormachtstellung im südostasiatischen Raum. Deshalb baut es eine Hochseemarine auf und unterhält eine Armee, deren Größe in keinem Verhältnis zum tatsächlich erforderlichen Verteidigungsaufwand steht.

Der ehemalige US-Verteidigungsminister Donald Rumsfeld nannte daher die Aufrüstung Chinas einen »Angriff auf die Weltordnung«.

Kapitel 3

Kontrolle über das Erdöl

Erdöl ist der Lebensnerv des Wirtschaftskriegs und des Kriegs überhaupt.

China importiert nahezu fünfzig Prozent seines Bedarfs, während seine eigenen Vorräte allmählich zur Neige gehen. Bis 2020 könnte sich Chinas Erdölkonsum verdoppeln und seine Abhängigkeit vom Import auf siebzig Prozent ansteigen. Derzeit stammen zwei Drittel der chinesischen Erdöleinfuhren aus dem Nahen Osten.

Das irakische Erdöl war für Chinas Unabhängigkeit im Bereich der Energieversorgung außerordentlich wichtig. Doch der Irak ist nun von den Westmächten besetzt – bleiben also noch der Iran und der Sudan als wichtigste Mineralöllieferanten des Reichs der Mitte. Werden die USA auch die Ressourcen dieser beiden Länder unter ihre Kontrolle bringen?

Die Rolle des Erdöls im Krieg

Erdöl ist für alle hoch entwickelten Volkswirtschaften ein unentbehrlicher Brennstoff. Die Kontrolle über die Erdölreserven ist daher von zentraler wirtschaftlicher und strategischer Bedeutung, und zwar in einem solchen Maße, dass die Diplomatie in einigen Regionen der Welt – im Nahen Osten, in Zentralasien, Westafrika und im Sudan – ausschließlich im Dienst der Erdölinteressen der internationalen Kartelle steht.

Schon im Ersten Weltkrieg zeigte sich, wie wichtig Erdöl und die Kontrolle über die Fördergebiete ist. Mit der Zerschlagung des Osmanischen Reiches begann die Rivalität zwischen Engländern und Franzosen um die Erdölfelder des Nahen Ostens, wobei sich das Blatt zugunsten der Briten wendete, sieht man einmal vom Appetit des Neuankömmlings Amerika ab. Die amerikanischen Konzerne Texas Oil, Standard Oil of New Jersey, Standard Oil of California und Gulf Oil konzentrierten sich auf Saudi-Arabien und die Emirate.

Im Zweiten Weltkrieg war die Brennstoffversorgung der Armeen das zentrale Problem der Kriegslogistik. General Rommel und das Afrikakorps scheiterten in den nordafrikanischen Wüsten, weil sie nicht genug Treibstoff hatten.

Im Juli 1939 verhängte Präsident Roosevelt ein Flugbenzinembargo gegen Japan. 1940 stand der Generalstab des Kaiserreichs vor der Frage, ob seine Armeen nach Norden oder nach Süden marschieren sollten. Empfahl sich eine Invasion in Sibirien, solange Nazideutschland Siege gegen die Sowjetunion errang? Oder sollte man sich lieber nach Süden wenden, Richtung Indochina, Malaysia und Philippinen, um sich die Rohstoffe zu verschaffen, die Japan vollkommen abgingen?

Der vorhandene Treibstoffvorrat reichte nicht aus, um die riesigen Gebiete Sibiriens zu erobern. Außerdem waren das Erdöl Indonesiens und der Kautschuk Vietnams für die japanische Armee unverzichtbar. Daher entschied man sich für den Süden. 1940 besetzten die japanischen Streitkräfte Indochina. Die amerikanische Reaktion ließ nicht lange auf sich warten. Roosevelt ließ die japanischen Konten einfrieren und verhängte ein Embargo über die Erdöllieferungen nach Japan. Da das Inselreich im Hinblick auf seine Erdölversorgung nahezu ausschließlich vom Westen abhing, kam dies einer Kriegserklärung gleich. Es gab nur zwei Alternativen: Man würde entweder mit dem Feind verhandeln oder aber ihn mit einem Blitzkrieg überziehen. Japan bot an, sich aus Indochina zurückzuziehen, sofern Amerika die Erdöllieferungen wiederaufnehmen würde. Doch Außenminister Cordell Hull verlangte den vorherigen Abzug Japans und brach die Verhandlungen ab. Die Folge war der japanische Angriff auf Pearl Harbor.

Nach dem Krieg verschärfte sich der Wettbewerb der westlichen Großmächte um die Kontrolle über die Erdölressourcen – diesmal jedoch vor dem Hintergrund der Entkolonialisierung.

Amerikanischer Zugriff auf das iranische und saudische Öl

Die Vereinigten Staaten förderten den Prozess der Entkolonialisierung, um leichter an die Stelle der europäischen Nationen treten zu können. Im Iran beispielsweise, dem weltweit drittgrößten Rohölproduzenten, gründeten die Sowjets nach dem Krieg ein gemischtes Unternehmen zur Nutzung der Ressourcen, an dem sie 51 Prozent der Anteile hielten. Den Engländern gefiel das gar nicht, und sie bemühten sich, ihre Position im Land und das Betreibermonopol ihrer Unternehmen wiederherzustellen. Doch ihr Erfolg war nur von kurzer Dauer: 1951 folgte die Regierung Mossadegh dem Beispiel Venezuelas und beschloss die Verstaatlichung der Anglo-Iranian Oil Company. Daraufhin verhängten die Großmächte ein Embargo über den Iran, um das Land in den Ruin zu treiben. Vierzig Jahre später wurde die gleiche Strategie gegenüber dem Irak angewandt.

Im Jahre 1953 unterstützte die CIA einen Militärputsch gegen Mossadegh und ermöglichte die Rückkehr von Reza Schah, der den USA freundlicher gesinnt war. Das staatliche iranische Erdölunternehmen blieb im Besitz der

Lagerstätten, übertrug aber für fünfundzwanzig Jahre die Förderung und Raffinierung des Rohöls an ein Konsortium, dessen Löwenanteil Exxon, Texaco und Gulf besaßen.

Die Strategie der Vereinigten Staaten wurde auf der arabischen Halbinsel besonders deutlich. Bei einem Treffen mit Franklin D. Roosevelt an Bord des Kreuzers *Quincy* im Februar 1945 gewährte der saudische König den amerikanischen Unternehmen ein sechzigjähriges Monopol auf die Ausbeutung seiner Rohölressourcen – natürlich gegen die Zusicherung militärischen Schutzes durch die USA. So kam es, dass die Arabian American Oil Company (ARAMCO) jahrzehntelang vom gesamten Rohöl Saudi-Arabiens und der Emirate profitierte. In dem Konsortium sind die führenden amerikanischen Konzerne des Sektors zusammengeschlossen, die wir heute unter dem Namen Exxon, Chevron, Mobil und Texaco kennen.

Der Kampf um den Ölpreis

Der Status quo in der Erdölindustrie blieb erhalten, bis Venezuela, der Irak, Kuwait und Saudi-Arabien 1960 die OPEC gründeten, der sich wenig später acht weitere Mitglieder anschlossen. Der venezolanische Ölminister Juan Pablo Pérez Alfonso war der eigentliche Spiritus Rector des Erdölkartells. Die Animositäten zwischen Venezuela und den Vereinigten Staaten datieren also nicht erst aus der Zeit von Hugo Chávez und George W. Bush. Das Kartell nahm den schwierigen Kampf um eine gerechtere Verteilung der von den Ölkonzernen bezahlten Summen auf und setzte sich dafür ein, dass seine Mitglieder wieder Herr über ihre Mineralölressourcen wurden. Derselbe Pérez Alfonso hatte schon 1948 gefordert, dass die Öleinnahmen jeweils zu fünfzig Prozent an den Staat und an die Großkonzerne gehen sollten. Nun konnte der von den Konzernen seit sechzig Jahren bei ein bis zwei Dollar pro Barrel gehaltene Ölpreis steigen.

Im 1973 von Ägypten und Syrien ausgelösten Jom-Kippur-Krieg wurde die Waffe Erdöl zum ersten Mal als politisches Druckmittel eingesetzt. Innerhalb von zwei Monaten stieg der Preis für ein Barrel von 3 Dollar auf 11,60 Dollar. Die arabischen Mitglieder der OPEC drohten, die Rohölförderung um 5 Prozent pro Monat zurückzufahren. So wollten sie die übrige Welt dazu bringen, Druck auf Israel auszuüben und es zur Räumung der seit 1967 besetzten Gebiete zu zwingen. Außerdem verhängten sie ein Embargo gegen die Vereinigten Staaten und andere Länder, denen sie die Unterstützung Israels vorwarfen. Tatsächlich aber verfehlte diese Maßnahme im Fall der USA ihr Ziel, denn 1973 bezog Amerika lediglich fünf Prozent seines Erdöls von den Golfstaaten. Umgekehrt waren gerade die amerikanischen Großkonzerne – zusammen mit den OPEC Staaten selbst – die großen Gewinner der Vervierfachung des Ölpreises. Die USA nutzten die Ereignisse, um ihre Vorherrschaft im eigenen Lager auszubauen.

Eine nahezu dreißigjährige Glückssträhne, in der Westeuropa ein starkes und nachhaltiges Wirtschaftswachstum erlebt hatte, ging mit der Ölkrise abrupt zu Ende. Die Wettbewerbsfähigkeit der westlichen Volkswirtschaften war durch die Verteuerung der Rohstoffpreise zum Vorteil der Vereinigten Staaten dauerhaft beeinträchtigt. Plötzlich mussten die Bündnispartner Amerikas begreifen, wie unsicher ihre Lage und wie weitreichend ihre Abhängigkeit vom Großen Bruder war.

Diese Botschaft war auch an Asien und insbesondere an Tokio gerichtet. Japan drohte ein ernsthafter Konkurrent für die amerikanische Automobil- und Elektronikindustrie zu werden. Doch als Land ohne Rohstoffe war Japan besonders verletzlich und stieß an die Grenzen seiner ehrgeizigen Pläne. Die Vereinigten Staaten kontrollierten und sicherten die Versorgung des Inselreichs.

Daran hat sich bis heute nicht viel geändert. Amerika nutzte den Hebel des Barrelpreises, um in der Flaute der achtziger Jahre seine Wirtschaft wieder anzukurbeln und während des folgenden Aufschwungs seinen Ölkonzernen satte Gewinne zu sichern – wobei es damals seine Konkurrenten Europa und Japan ebenso zu schwächen suchte wie heute China. Die weitreichende Gängelung der Förderländer hat für die Vereinigten Staaten auch noch andere Vorteile. Der Erdölpreis wird in Dollar festgesetzt, was dazu beiträgt, die zentrale Rolle der amerikanischen Währung im Welthandel zu festigen. Ein Jahr vor dem Sturz Saddam Husseins beschloss der Irak, seine Lieferungen in Euro auszuzeichnen. Das sollte ihm jedoch schlecht bekommen. Inzwischen hat der Iran diese Idee aufgegriffen. Nebenbei sind die Vereinigten Staaten auch die größten Nutznießer der Waffenkäufe in den Ländern dieser Region.

Die Welt erlebte drei Ölkrisen, unterbrochen von Phasen, in denen der Ölpreis wieder sank. 1973 vervierfachten sich die Preise, 1979/80 verdoppelten sie sich während der zweiten Ölkrise bis auf 34 Dollar. Später gingen sie wieder auf etwa 10 Dollar zurück, um sich schließlich zu verdreifachen und während des Booms von 1998 auf 32 Dollar zu klettern.

Erst als das irakische Öl 2003 wieder in den Händen der amerikanischen Großkonzerne war, stieg der Barrelpries erneut an und erreichte im Sommer 2005 70 Dollar.

Angesichts der Beträge, die weltweit aufgewendet werden, um weniger rentable Lagerstätten auszubeuten, ist es höchst unwahrscheinlich, dass der Preis pro Barrel noch einmal unter 50 Dollar fällt.

Ein hoher Ölpreis benachteiligt vor allem jene Länder, die auf dem Gebiet der Energieversorgung weitgehend von Importen abhängig sind, also vor allem die asiatischen Schwellenländer Südkorea, Japan, Indien und natürlich China. Nach einer Periode der Konsolidierung bei über 50 Dollar pro Barrel könnte der Preis weiter auf über 100 Dollar klettern. Ein solcher Anstieg würde zweifellos die chinesische Wirtschaft schwächen und den Wachstumsprozess des Landes hemmen.

China und das Erdöl

China ist weltweit der zweitgrößte Erdölverbraucher. Das Reich der Mitte verbraucht gegenwärtig zwischen sieben und acht Millionen Barrel pro Tag; seine Inlandsproduktion hingegen liegt bei lediglich 3,5 Millionen Barrel täglich.

Damit liegt es hinter den Vereinigten Staaten mit einem Bedarf von 20 Millionen Barrel, aber noch vor Japan. Seine Abhängigkeit vom Import, die derzeit bei unter 60 Prozent liegt, wird über kurz oder lang auf 70 Prozent ansteigen. 2020 wird China voraussichtlich 15 Millionen Barrel täglich verbrauchen und 10 Millionen Barrel importieren. Das wären rund 20 Prozent der weltweiten Produktion, was in etwa seinem Anteil an der Weltbevölkerung entspricht. Damit würde China fast mit den Vereinigten Staaten gleichziehen.

Drei chinesische Großkonzerne teilen sich den riesigen Markt der Mineralölförderung und -beschaffung für das Reich der Mitte:

CNOOC	• China National Offshore Oil Corporation • 71-prozentige Tochtergesellschaft des staatlichen Konzerns National Offshore Oil Corporation, der am meisten Erfahrung auf dem Weltmarkt hat (mehr als zwölf Jahre Prospektion)
SINOPEC	• China Petroleum and Chemical Corporation • Größte Raffinerie Chinas und ganz Asiens; mit Tochtergesellschaft China Petrochemical Corporation
CNPC	• China National Petroleum Corporation • Größter chinesischer Erdöl- und Gasproduzent; seine Tochtergesellschaft Petrochina ist an den Börsen in Hongkong und New York notiert

Erdöl wird nicht nur im Transportwesen gebraucht, es stellt auch den Grundstoff für die Erzeugung von Kunstdünger und Kunststoffen dar. Indirekt ist die gesamte chinesische Industrie abhängig vom schwarzen Gold.

Lange Zeit war China in der Lage, sich selbst zu versorgen. Durch die Entdeckung der Ölfelder von Daqing in der Mandschurei im Jahr 1959 und später in Südchina sowie 1979 im Golf von Bo Hai konnte der Bedarf des Landes über viele Jahre hinweg gedeckt werden. Bis 1993 hat China sogar Erdöl exportiert. Heute ist das nicht mehr möglich, mehr noch, die inländische Erzeugung geht sogar zurück. Es sei denn, China verheimlicht einen Teil seiner Reserven.

Natürlich gibt es noch die Lagerstätten des Tarim-Beckens im Gebiet Xinjiang, doch ein Barrel müsste über 100 Dollar kosten, um die Ausbeutung rentabel zu machen.

2004 wurde eine weltweite Steigerung des Ölverbrauchs um 3,4 Prozent verzeichnet. Dies ist der stärkste Anstieg seit 1978, und ein Drittel davon macht Chinas Mehrverbrauch (15,8 Prozent) aus. In den nächsten zehn bis zwanzig Jahren wird das Land seine Einfuhren aus dem Nahen Osten verdreifachen müssen.

Mittlerweile kommt das chinesische Erdöl aus Saudi-Arabien, dem Iran und dem Sudan, aber auch aus Angola, Russland, Oman, Vietnam, Kasachstan und Indonesien.

Premierminister Li Peng wies 1997 die staatlichen Konzerne an, auf internationaler Ebene zu agieren. So entsandte China ganze Bataillone von Diplomaten, Technikern, Ingenieuren und Finanzfachleuten ins Ausland, um Lieferverträge für Rohöl abzuschließen und Anteile an vielversprechenden Lagerstätten zu erwerben. Dabei sah es sich jedoch mit verschiedenen Schwierigkeiten konfrontiert. Die Förderländer sind nicht mehr bereit, ihre besten Lagerstätten aus der Hand zu geben, nachdem das Erdöl bei einem Preis von mehr als 50 Dollar noch in den nächsten zwanzig oder dreißig Jahren ein eminent wichtiger strategischer Rohstoff sein wird. Daher wollen sie die uneingeschränkte Souveränität über ihre Reserven behalten und ihre künftigen Erträge maximieren. Die zweite Schwierigkeit ist der zunehmende Wettbewerb der großen Volkswirtschaften um die Sicherstellung ihrer Erdölversorgung. China, Indien, Japan, Westeuropa und Südkorea liefern sich in Saudi-Arabien, im Iran, in Russland, in Afrika und in Zentralasien einen erbarmungslosen Kampf. Und im Rahmen des strategischen Wettbewerbs zwischen den Vereinigten Staaten und China sieht sich das Reich der Mitte regelmäßig mit politischen Schwierigkeiten konfrontiert, die von Amerika ausgehen.

Die Bemühungen Chinas, Förder- und Ausbeutungsrechte im Ausland zu erwerben, sind weitgehend fehlgeschlagen. Mehr noch, die chinesischen Erwerbungen werden von der internationalen Gemeinschaft der Ölkonzerne als wenig sinnvoll angesehen, da China angeblich einen überhöhten Preis für Lagerstätten bezahlt hat, die in Russland und Venezuela schon vollständig erschlossen waren. Das Land muss sich daher auf dem freien Markt versorgen – ohne Preisgarantie und ohne langfristige Sicherheiten. China wird vorgeworfen, dass es mangels Alternativen auch mit »Schurkenstaaten« wie dem Sudan, dem Irak unter Saddam Hussein, dem Iran und Burma Handel treibt.

Laut Schätzungen hat China im Ausland die Kontrolle über kaum mehr als 10 Prozent seines Bedarfs. Innerhalb von neun Jahren konnten die chinesischen Unternehmen insgesamt gerade einmal 15 Milliarden Dollar investieren – eine recht magere Bilanz. Die Mineralölreserven der CNOOC liegen zu 93 Prozent in China. Bei der BP ist das Verhältnis gerade umgekehrt: 93 Prozent der Reserven lagern im Ausland. Die Reserven von PetroChina befinden sich zu 95 Prozent im Inland. China hat wie die Vereinigten Staaten und Japan strategische Reserven angelegt, mit denen es sich fünfundsiebzig Tage lang versorgen kann. Sie lagern in den Provinzen Zhejiang, Shandong und Liaoning.

In den nächsten zehn Jahren will China 120 Milliarden Dollar investieren, um Erdölkonzessionen zu erwerben. Doch wo soll das geschehen?

Wie China das irakische Erdöl verlor

China ist seit zwei Jahrzehnten im Irak präsent. Nach dem Einmarsch in Kuwait verhängten die Vereinten Nationen Sanktionen gegen Bagdad, die auch ein Verbot ausländischer Investitionen in die Mineralölfelder beinhalteten. In den Jahren danach hat Peking seine Beziehungen zum Regime Saddam Husseins sorgfältig gepflegt und sich bei den Vereinten Nationen entschieden für eine Aufhebung der Sanktionen eingesetzt.

Mit Hilfe des Irak hätte China etwa 20 Prozent seiner Öleinfuhren sicherstellen können.

Mit einem nachgewiesenen Vorkommen von 112 Milliarden Barrel besitzt der Irak die zweitgrößten Ölreserven nach Saudi-Arabien. In manchen Schätzungen ist sogar von 250 bis 300 Milliarden Barrel die Rede. Ein weiterer Vorteil sind die außerordentlich günstigen Förderkosten des irakischen Öls. Während es etwa 8 Dollar kostet, ein Barrel Rohöl aus dem Kaspischen Meer zu fördern, werden für das irakische Rohöl nur 0,70 Dollar benötigt. Das irakische schwarze Gold ist also extrem profitabel und erwirtschaftet riesige Gewinne. Bedenkt man zusätzlich, dass zahlreiche Lagerstätten in der Welt in den nächsten zehn bis fünfzehn Jahren erschöpft sein werden, wird auch klar, warum der Irak so wichtig ist. Die Kontrolle über die Ölvorkommen dieses Landes rechtfertigte auch einen Krieg. Dies umso mehr, als es darum ging, dem »strategischen Rivalen« China diese gewaltigen Ressourcen abzujagen. Die Auseinandersetzungen im UN-Sicherheitsrat spiegeln den erbitterten Wettbewerb zwischen den Ölkonzernen der Vereinigten Staaten und Großbritanniens einerseits und Chinas, Frankreichs und Russlands andererseits wider. Die Welt des Erdöls wird von fünf Großkonzernen beherrscht:

- Zwei davon sind amerikanisch: ExxonMobil und ChevronTexaco.
- Zwei weitere sind mehrheitlich britisch: British Petroleum und Shell.
- Der fünfte, weit abgeschlagen, ist französisch: Total.

Bis 1961 hatten Briten und Amerikaner allein drei Viertel der irakischen Ölproduktion kontrolliert. Doch ein Staatsstreich General Qasims stürzte die prowestliche Monarchie. Die neue Regierung verstaatlichte die Iraq Petroleum Company; das Land trat aus dem Bagdad-Pakt aus und kündigte die Bündnisverträge mit den Vereinigten Staaten und Großbritannien auf. 1963 übernahm die laizistische und sozialistische Baath-Partei die Macht. Damit waren die anglo-amerikanischen Unternehmen vom Markt des Irak ausgeschlossen, und Bagdad wandte sich Frankreich und der Sowjetunion zu. Doch Briten und Amerikaner sollten nicht eher ruhen, als bis sie das Land zurückerobert hatten.

Nach dem Sturz des Schahs rief Ayatollah Chomeini 1979 die Islamische Republik Iran aus und bezeichnete die Vereinigten Staaten als »großen Satan«. Im selben Jahr übernahm Saddam Hussein die Führung der Baath-Partei im Irak, und 1980 griff er den Iran an. Der Irak wurde von allen arabischen Ländern unterstützt, die den iranischen Schiiten feindlich gegenüberstanden. Als der Iran 1982 eine erfolgreiche Gegenoffensive startete, beschloss auch Washington, Bagdad zu unterstützen. Die Reagan-Administration entsandte ihren Sonderbeauftragten, einen gewissen Donald Rumsfeld, zu einem Treffen mit Saddam Hussein und genehmigte den Verkauf von Waffen und biologischen Kampfstoffen, darunter auch Anthrax, an den Irak.

Bei Kriegsende rechnete Bagdad mit einer Erhöhung der Ölpreise, die es ihm ermöglichen würde, seine Schulden zu bezahlen und die Modernisierung des Landes wieder in Gang zu bringen. Doch auf Initiative Saudi-Arabiens und Kuwaits wurde der Rohölpreis gesenkt. Der aufgebrachte Irak warf dem kleinen Emirat vor, es betreibe Ölbohrungen auf seinem Territorium, in der Nähe einer strittigen Grenzlinie.

Am 25. Juli 1990, also acht Tage vor der Invasion in Kuwait am 2. August, teilte April Glaspie, die amerikanische Botschafterin in Bagdad, Saddam Hussein mit, dass sie in Urlaub gehe und dass die Vereinigten Staaten zu den Grenzstreitigkeiten zwischen den beiden arabischen Ländern keine Position beziehen würden. War Saddam nun der Meinung, dass man ihm grünes Licht gegeben hatte und dass Kuwait seine »Entschädigung« für den Krieg gegen den Iran war? In der Zeit des Osmanischen Reiches war das kuwaitische Territorium von Bagdad aus regiert worden. Nach dem Ersten Weltkrieg wurde es zu einem selbstständigen Emirat unter britischer Schutzherrschaft erklärt. 1961 erlangte es die vollständige Unabhängigkeit, die vom Irak nie anerkannt worden war. Kurz nach ihrer Machtübernahme 1963 bekräftigte die Baath-Partei diesen Anspruch auf Kuwait.

Doch in den ersten Tagen nach dem irakischen Einmarsch in dem kleinen Nachbarland warf George Bush senior Saddam Hussein vor, er sei ein »neuer Hitler«, der das eingeschüchterte Saudi-Arabien bedrohe.

Die von den Vereinigten Staaten angeführte militärische Koalition beendete ihre Offensive wenige Stunden vor Bagdad. Sie hatte den ausdrücklichen Befehl erhalten, Saddam Hussein an der Macht zu belassen. Der Sturz des Rais hätte zu einem Zerfall des Landes geführt, das nur durch die diktatorische Herrschaft der sunnitischen Minderheit und der Baath-Partei zusammengehalten wurde. Saudi-Arabien und die Türkei wehrten sich mit aller Entschiedenheit gegen die Gründung eines schiitischen beziehungsweise kurdischen Staats an ihren Grenzen. Bush rief die Schiiten im Süden des Landes zum Aufstand auf, der jedoch von den Streitkräften Saddams brutal niedergeschlagen wurde. Dies geschah unter den Augen der amerikanischen Soldaten, die den Befehl hatten, sich herauszuhalten. Saudi-Arabien, aber auch Japan beteiligten sich an den amerikanischen Kriegskosten, die etwa 50 Milliarden Dollar betrugen.

Das nach dem Einmarsch in Kuwait von den Vereinten Nationen über den Irak verhängte Embargo stürzte das Land in eine wirtschaftliche Katastrophe, die zum Tod von mindestens 500 000 irakischen Zivilisten führte, darunter viele Kleinkinder. Denis Hallyday, der Koordinator der humanitären Hilfe der UNO, sprach angesichts der Weigerung der Vereinigten Staaten, das Embargo zu lockern, sogar von »Völkermord«. Das Ziel der amerikanischen Strategie war es, den Kollaps des Saddam-Regimes herbeizuführen: Das ausgehungerte Volk sollte sich erheben und den Diktator stürzen. Diese Strategie hatte für die Amerikaner den Vorteil, dass das Land nicht in drei Einzelstaaten aufgeteilt würde – was weder die Türken noch die Saudis wollten.

In den neunziger Jahren verhandelten Frankreich (Total), China (CNPC) und Russland (Lukoil) mit Bagdad über Abkommen zur Ausbeutung des irakischen schwarzen Goldes, die nach der Aufhebung der UN-Sanktionen unterzeichnet werden sollten. Den drei Gesellschaften wurden phantastische Verträge in Aussicht gestellt, die sich jedoch als Fata Morgana erwiesen.

Der Irak hätte unter anderem durch die Ausbeutung der Ölfelder al Ahdab und Halfayah über kurz oder lang mindestens 20 Prozent der chinesischen Öleinfuhren liefern können. Damals war die Rede von Verträgen im Wert von 100 oder 150 Milliarden Dollar.

Nach der Besetzung des Irak durch die USA und ihre Verbündeten wurden die Sanktionen im Mai 2003 endlich aufgehoben. Der neue, vom amerikanischen Beauftragten für den Wiederaufbau ernannte Ölminister erklärte die unter Saddam Hussein getroffenen Abmachungen für ungültig.

China hatte den Irak verloren.

Russland hält China in Sibirien auf Distanz

In den neunziger Jahren sah sich Russland mit ernsthaften Schwierigkeiten konfrontiert. Der abrupte Übergang vom Kommunismus zum Kapitalismus stürzte das Land in eine Krise, in der das Bruttoinlandsprodukt dahinschmolz und die Inflation steil anstieg.

Gegen Ende des Jahrzehnts war das praktisch bankrotte Land bereit, seine neuesten militärischen Technologien und den Ölreichtum Sibiriens zu verschleudern, um seinen Haushalt zu sanieren. Mit der Übernahme der Macht durch »Zar« Wladimir Putin stabilisierte sich die Lage. Für China hingegen, das sich in einer Machtposition geglaubt und gemeint hatte, es könne weitestgehend von den Mineralölreserven Sibiriens profitieren, war die Enttäuschung groß. Denn Putin setzte alles daran, das Prestige eines Landes wiederherzustellen, das nur noch ein Schatten des einstigen Sowjetreichs war.

China war bereit zu zahlen – doch mit Putin an der Macht sollte der Preis für die Sicherstellung seiner Erdölversorgung ausgesprochen hoch sein. Russland misstraute dem respekteinflößenden Nachbarn, dessen übervölkerte Gebiete unmittelbar an das riesige, dünnbesiedelte und rohstoffreiche Sibirien angrenzen. So kam es, dass Russland China zwar belieferte, es aber zugleich entschieden auf Distanz hielt und die Kontrolle über den Ölhahn nicht aus der Hand gab. Pekings russischer Partner Jukos ging durch zahlreiche Höhen und Tiefen. Die Pipeline nach China wurde von Japan mitfinanziert und mündete gegenüber dem Inselreich im russischen Hafen Nachodka.

Russland hätte mindestens 30 Prozent der chinesischen Einfuhren liefern können.

2003, nach dem Rückschlag im Irak, war China überzeugt, mit dem russischen Konzern Jukos, seinem traditionellen Lieferanten, einen Jahrhundertvertrag abgeschlossen zu haben. Das Projekt hatte ein Finanzierungsvolumen von 150 Milliarden Dollar und umfasste die für mehrere Jahre zugesicherte Lieferung von Erdöl und die Konzession für Mineralölfelder in Sibirien. Mit diesem Vertrag würde sich Peking ein Viertel, wenn nicht sogar ein Drittel seiner Öleinfuhren bis zum Jahr 2030 sichern.

Doch während die Chinesen frohlockten, verhandelte der internationale Marktführer ExxonMobil unter der Hand mit Jukos-Geschäftsführer Michail Chodorkowski über die Übernahme von 40 Prozent der Anteile an JukosSibneft, das nach der Fusion der beiden Unternehmen zum größten russischen Ölkonzern aufgestiegen war. Da Chodorkowski sich vorzeitig zurückziehen wollte, hätte ExxonMobil im Jahr 2007 seinen Anteil an dem Unternehmen erhöhen und damit praktisch die Kontrolle übernehmen können, wobei es seinem Konkurrenten ChevronTexaco sogar noch ein paar Krümel hätte überlassen können. So wollten die amerikanischen Ölmultis die Kontrolle über den russischen Lieferanten der Volksrepublik China übernehmen.

Das letzte Wort hatte jedoch Wladimir Putin, der die Oberhoheit seines Landes über den Ölreichtum nicht aus der Hand geben wollte – weder an die Amerikaner noch an die Chinesen.

Im Oktober 2003 wurde Chodorkowski wegen Steuerbetrugs verhaftet, und die amerikanischen und chinesischen Projekte wurden eingefroren. Im Juli 2004 wurde bekannt, dass der Jukos-Konzern Milliarden von Dollar an Steuernachzahlungen für die in den vorangegangenen zehn Jahren erwirtschafteten Umsätze leisten sollte. Der Konzern wurde zerschlagen, und der staatliche Konzern Rosneft sicherte sich beim Verkauf der verschiedenen Unternehmenssegmente den Löwenanteil. Die »Jukos-Affäre« führte zu einem erheblichen Rückgang der Rohöllieferungen an China, obwohl beide Regierungen ursprünglich eine Erhöhung vorgesehen hatten.

Nun wurde Lukoil zum wichtigsten Lieferanten russischen Erdöls an China. Nach dem Verlust des irakischen Öls waren Peking also auch in Russland Grenzen gesetzt worden.

Seit mehreren Jahren lag ein Pipelineprojekt in der Schublade, durch das die Ölfelder Sibiriens mit den Großverbrauchern Asiens verbunden werden sollten. Peking und Tokio lieferten sich einen erbitterten Konkurrenzkampf, denn beide wollten einen für ihre Länder günstigen Verlauf der künftigen Erdölleitung erreichen.

Peking schlug eine 2400 Kilometer lange Pipeline von Angarsk in Sibirien bis nach Daqing in der Provinz Heilongjiang vor, wo sich die leider nahezu erschöpften ältesten Lagerstätten des Landes und große Ölförderanlagen befinden. Dagegen kämpfte Tokio für eine 4200 Kilometer lange Trasse von Taishet bis zum nördlich von Nachodka gelegenen Perwosnaja am Japanischen Meer. Hochrangige japanische Delegationen belagerten die Moskauer Regierungsstellen. Nach zahlreichen Rückschlägen entschied Tokio die Partie für sich: Sein Angebot, das Projekt mit 10 Milliarden Dollar zu finanzieren, gab den Ausschlag. Eine nach China führende Zweigleitung könnte in etwa zehn Jahren gebaut werden.

Abermals war Russland nicht bereit gewesen, dem Reich der Mitte entgegenzukommen.

Der schwierige Erwerb von PetroKasachstan

Wie bereits erwähnt, hatte China große Schwierigkeiten, Förderrechte an Ölfeldern im Ausland zu erwerben. Immer mehr Länder erkannten, dass das schwarze Gold ein strategischer Rohstoff ist, den man nicht aus der Hand geben sollte.

Die China National Petroleum Corporation (CNPC) musste erhebliche Hürden überwinden, um den kanadischen Konzern PetroKasachstan (ehemals Hurricane Hydrocarbons) mit Sitz in Alberta zu übernehmen. Doch schließlich akzeptierten die Kanadier das Angebot der CNPC über

4,2 Milliarden Dollar, das heißt 55 Dollar pro Aktie. Der russische Konzern Lukoil, der über seine 50-prozentige Beteiligung an Turghai Petroleum einen Anteil von 20 Prozent an den Vorkommen der PetroKasachstan hielt, wollte jedoch ein Vorkaufsrecht geltend machen. Bevor der Fall an ein Schiedsgericht in Stockholm überwiesen wurde, wurde er vor einem kanadischen Gericht in der Provinz Alberta verhandelt. Die russische Gesellschaft erklärte, sie werde die Chinesen überbieten, falls das Gericht den Verkauf an die CNPC für ungültig erkläre. Auch die staatliche indische Oil and Natural Gas Corporation (ONGC) betonte, sie könne mit dem chinesischen Angebot gleichziehen.

Am 26. Oktober 2005 bestätigte das Gericht in Alberta die Transaktion und gab der CNPC recht. Inzwischen wird eine Pipeline zwischen China und Kasachstan gebaut. Aber die auf diese Weise gewonnenen 150 000 Barrel pro Tag entsprechen nur einem Bruchteil der etwa 7 Millionen Barrel, die das Reich der Mitte Tag für Tag verbraucht.

Die »Unocal-Affäre« und die antichinesische Front

Anfang 2005 präsentierte ChevronTexaco ein Kaufgebot für Unocal, eine amerikanische Ölgesellschaft mittlerer Größe, die man für 17 Milliarden Dollar in bar und in Aktien übernehmen wollte.

Nun versuchte die chinesische CNOOC (China National Offshore Oil Corporation) eine feindliche Übernahme und bot einen höheren Betrag von 18,5 Milliarden Dollar in bar.

Daraufhin appellierten mehrere empörte Kongressabgeordnete an Präsident Bush, die Transaktion zu verhindern – ein Indiz dafür, wie stark die antichinesischen Vorbehalte in Washington, aber auch in der amerikanischen Bevölkerung sind. In einer vom *Wall Street Journal* und von NBC News veröffentlichten Umfrage erklärten 76 Prozent der Befragten, sie seien gegen die Übernahme von Unocal durch das chinesische Unternehmen.

Die Verhandlungen dauerten acht Monate und endeten damit, dass die CNOOC ihr Angebot zurückzog.

Das chinesische Unternehmen hegte keinerlei Illusionen über seine Chancen, die Kontrolle über den amerikanischen Konkurrenten zu erlangen. Man wollte lediglich aufdecken, wie rigoros die Amerikaner die Bemühungen Chinas um die Sicherung seiner Erdölversorgung zu durchkreuzen suchen.

Unocal ist in den Vereinigten Staaten nicht sehr präsent, sondern besitzt eine Reihe unterschiedlicher Lagerstätten in Südost- und Mittelasien.

Zentralasien ist der Schauplatz eines weiteren Konfliktes zwischen China und den USA: Es geht um die Vorkommen im Kaspischen Meer und die Pipeline Baku–Ceyhan, die das Öl aus Aserbeidschan und Kasachstan zum Mittelmeer befördert. Dank dieser von den Vereinigten Staaten und Großbritannien erbauten und strategisch äußerst wichtigen Leitung können die russischen Pipelines umgangen werden. Das Rohöl wird nach Westen zur türkischen Küste geleitet – fernab von China also.

Gefährliche Meerengen

Meerengen sind seit den Anfängen der Handelsmarine strategisch wichtige Seewege. Die Straße von Hormuz, die den Persischen Golf mit dem Arabischen Meer und dem Indischen Ozean verbindet, ist an ihrer schmalsten Stelle 55 Kilometer breit. Durch sie werden tagtäglich 17 Millionen Barrel Öl transportiert.

Auf der anderen Seite der Arabischen Halbinsel liegt die Straße von Bab al-Mandab, der Eingang zum Roten Meer. Sie ist an ihrer schmalsten Stelle lediglich 20 Kilometer breit, und hier werden jeden Tag 3,5 Millionen Barrel Erdöl in Richtung Suezkanal verschifft.

In der Türkei verbindet der Bosporus das Schwarze Meer mit dem Mittelmeer. Von den 50 000 Schiffen, die ihn jedes Jahr durchqueren, transportieren 5000 Erdöl aus Russland und vom Kaspischen Meer.

Durch die Straße von Malakka, eine 800 Kilometer lange und 50 bis 300 Kilometer breite Meerenge, die Malaysia von Sumatra (Indonesien) trennt, und die Straße von Singapur, die an ihrer engsten Stelle nur eine Fahrrinne von 2,8 Kilometer Breite bietet, werden 20 bis 25 Prozent des Welthandels zur See sowie 70 bis 80 Prozent des Mineralöls für Ostasien befördert.

Malaysia, Indonesien und Singapur setzen dort gemeinsam Militärpatrouillen ein, um Piraterie und Terrorismus zu bekämpfen. Die Straße wird jedes Jahr von 50 000 Schiffen genutzt, die die Hälfte des weltweit verkauften Rohöls und ein Drittel des Welthandels transportieren.

Der größte Teil der chinesischen Rohstoffimporte, bis zu 80 Prozent, passiert die Straße von Malakka. Die Abhängigkeit von diesem Transportweg macht das Land extrem angreifbar.

Die Vereinigten Staaten verfügen über Militärbasen in Singapur und Thailand. Sie besitzen auch einen Stützpunkt auf der mitten im Indischen Ozean gelegenen Insel Diego Garcia. Von hier aus könnte eine strategische Blockade der Meeresstraße errichtet werden. Eine Bedrohung durch »Piraten« wäre ein wohlfeiler Vorwand für eine solche Intervention.

Angesichts der Gefährdung der Straße von Hormuz, der Straße von Malakka und der Seestraßen des Indischen Ozeans und des Chinesischen Meeres, die alle von der US Navy kontrolliert werden, befindet sich China derzeit in einer Position der Schwäche.

Um die Sicherheit seiner Seewege zu gewährleisten, auf denen 75 Prozent seines internationalen Handels abgewickelt werden, muss es Stützpunkte in der Nähe der am meisten gefährdeten Meerengen errichten und seine Hochseemarine ausbauen. Bislang verfügt China über Flottenstützpunkte in Kambodscha, Burma, Bangladesch und Pakistan.

Als mögliche Alternative zu den Öltransporten durch die Straße von Malakka wird der Bau einer 1250 Kilometer langen Pipeline zwischen dem Hafen von Sittwe an der burmanischen Küste und Kunming in der Provinz Yunnan erwogen.

Nur 15 Prozent der chinesischen Erdöleinfuhren werden von chinesischen Tankern befördert. Denn anders als Japan oder die Vereinigten Staaten besitzt China keine Flotte von Großtankern. Damit ist es auf Gedeih und Verderb den internationalen Reedereien ausgeliefert.

Würden die USA eine Handelsblockade gegenüber China beschließen und bestimmte Seestraßen abriegeln, könnte der Fall eintreten, dass das Reich der Mitte von 90 Prozent seiner Erdölversorgung abgeschnitten wäre.

Kapitel 4

Diplomatie im Dienste der Rohstoffversorgung

Seit der Jahrtausendwende bemüht sich Peking, seine Diplomatie und seinen Status auf der internationalen Bühne mit seinem wachsenden wirtschaftlichen Gewicht in Einklang zu bringen.

China, das zwei Jahrhunderte lang von der übrigen Welt abgeschnitten war, das sich zunächst auf sich selbst zurückgezogen hatte und dann vom Opium der ausländischen Besatzung betäubt war, dieses China entdeckt nun die Welt – eine Welt, in der sich vieles geändert hat, seitdem Admiral Zhang He im 15. Jahrhundert den Indischen Ozean bereiste.

Diesmal aber handelt es sich nicht nur um eine Public-Relations-Kampagne. Vielmehr geht es darum, neue Rohstoffquellen zu sichern, neue Märkte für die chinesischen Erzeugnisse zu öffnen und neue Bündnispartner zu gewinnen.

Daher prüfen Behörden und Geschäftswelt systematisch jedes einzelne Land des Planeten. Sie analysieren seinen Bedarf, seine Situation, die Chancen, die es China bietet, und seine strategischen Interessen.

Wenn dann die Pekinger Delegationen vor Ort erscheinen, haben sie in ihrem Gepäck eine Liste mit angepassten Lösungen, Investitionsvorschlägen, Angeboten zur Entwicklungshilfe und Handelsprojekten.

Chinas Diplomatie ist eine an zahlreiche Länder gerichtete Charmeoffensive, ein krasser Gegensatz zu den aggressiven und trotzigen Reaktionen, mit denen man bis 1999 den amerikanischen Vorwürfen begegnete.

Im Gegensatz zum Westen hält sich China peinlich genau an die Grundsätze der UN-Charta und vermeidet jede Einmischung in die inneren Angelegenheiten dieser Länder. Peking interessiert sich nicht im Geringsten für so »abstrakte« Konzepte wie Menschen- oder Freiheitsrechte. Dies ist eindeutig ein Vorteil im Umgang mit Staaten, die von den westlichen Diplomaten geächtet werden oder besonders stark auf ihre nationale Unabhängigkeit pochen.

Russland und die Shanghai Cooperation Organization

China und Russland haben in Mittelasien gleichgelagerte Interessen, wenn es darum geht, dem Druck Amerikas entgegenzutreten. Nach der Auflösung der UdSSR sorgte Russland für die Gründung der Gemeinschaft unabhängiger Staaten (GUS), um seinen Einfluss in einem Großteil der Territorien des ehemaligen Sowjetreichs zu sichern. Doch die Ziele dieses Bündnisses sind nie wirklich umgesetzt worden. Russland wurde an drei Fronten zurückgedrängt: in Europa, im Kaukasus und in Zentralasien.

Die baltischen Staaten, Polen, die Tschechische Republik, die Slowakei, Ungarn, Rumänien und Bulgarien schlossen sich der NATO an. Dieselben Staaten traten der Europäischen Union bei oder werden dies – wie Rumänien und Bulgarien – im Jahr 2007 tun. Es ist kein Zufall, dass die Grenzen der NATO und der Europäischen Union weitgehend deckungsgleich sind. Der Umfang dieser beiden Bündnisse wird eher in Washington und London als in Paris oder Berlin festgelegt.

Zwischen dem Schwarzen und dem Kaspischen Meer verläuft die Bergkette des Kaukasus. Mit der Unabhängigkeit Georgiens, Armeniens und des erdölreichen Aserbeidschan verlor Russland die südliche Flanke des Kaukasus. Im

Tschetschenien-Krieg kämpft Russland um die Aufrechterhaltung seiner Hoheitsrechte an der nördlichen Flanke.

In Zentralasien verfügen zwei ehemalige Sowjetrepubliken über Ölvorkommen: Turkmenistan und das riesige Kasachstan. Die kleinen Republiken Tadschikistan und Kirgisistan sind die ärmsten, liegen aber an der Grenze der chinesischen Provinz Xinjiang.

China hat in Mittelasien ein dreifaches strategisches Interesse.

- In Afghanistan, Kirgisistan und Usbekistan hat sich der amerikanische Gegner an seiner Westgrenze festgesetzt.
- Die Mineralölvorkommen des Kaspischen Meeres könnten mit dem Bau der Pipeline Baku–Ceyhan den Weg nach Westen nehmen, womit die Region Xinjiang leer ausginge. Das an Gas und Öl reiche Tarim-Becken in der Region Xinjiang ist durch eine mehr als 4000 Kilometer lange Pipeline mit Shanghai verbunden. Peking wollte diese Pipeline bis nach Zentralasien, in Richtung der Mineralölfelder Kasachstans, verlängern. Dies gelang Ende 2004, als die Verträge über das Pipelineprojekt China–Kasachstan im Wert von 3,5 Milliarden Dollar unterzeichnet wurden. Peking plant nun, diese Erdölleitung bis in den Iran zu verlängern.
- Für China geht es darum, die Südpassage zum Iran hin zu sichern, der sein wichtigster Mineralöllieferant ist. Durch die amerikanische Militärpräsenz in Zentralasien ist der Westen Chinas von seinem iranischen Verbündeten und Partner abgeschnitten.

China und Zentralasien, eine Region, in der sich die Amerikaner auf Dauer festsetzen wollen, haben eine 5000 Kilometer lange gemeinsame Grenze.

Vor dem Krieg gegen den Terrorismus waren die Länder Mittelasiens nach Norden hin orientiert, und China hoffte, dass sie an seiner Westgrenze ein Glacis bilden würden. Doch mit dem Einmarsch der Amerikaner in Afghanistan wandte sich Zentralasien wieder dem Westen, der Türkei und den Interessen der USA zu.

China verfügt mit der Shanghai Cooperation Organization (SCO) über ein Instrument, um seine Politik in dieser Region mit Russland zu koordinieren.

Diese Organisation wurde 1996 unter dem Namen »Shanghai Five« gegründet. Inzwischen gehören ihr China, Russland, Usbekistan, Kasachstan, Kirgisistan und Tadschikistan an.

Ihre Ziele waren zunächst praktischer Art. Es ging darum, die Maßnahmen zur Bekämpfung von islamischem Fundamentalismus und Terrorismus zu koordinieren, um die Stabilität der Region zu sichern.

Damals herrschte in Tadschikistan Bürgerkrieg, islamistische Terroristen verübten Anschläge in der chinesischen Provinz Xinjiang, und Usbekistan und Turkmenistan waren ebenfalls fundamentalistischen Attacken ausgesetzt. In Afghanistan regierten die Taliban.

Ferner wollte die Organisation unter der Schirmherrschaft Chinas und Russlands die Entwicklung und Integration der Länder in der Region vorantreiben. Durch die amerikanische Militärpräsenz in Zentralasien, aber auch durch die diplomatischen Offensiven Indiens, des Iran und der Türkei haben sich die Probleme in einer Region kompliziert, die China und Russland ursprünglich zu zweit kontrollieren wollten. Indien, Pakistan und der Iran werden als Beobachter zu den Sitzungen der SCO eingeladen.

Am 5. Juli 2005 wurde in einem Kommuniqué der SCO ein Zeitplan für den Rückzug der in den Mitgliedstaaten Kirgisistan und Usbekistan stationierten US-Truppen gefordert. Wenig später verlangte Taschkent, die Amerikaner müssten den Stützpunkt Karshi-Khanabad räumen und das

Land innerhalb von sechs Monaten verlassen. China und Russland wollten gemeinsam verhindern, dass die USA sich auf Dauer in Zentralasien festsetzten. Die Stützpunkte waren ursprünglich im Zusammenhang mit dem Afghanistan-Feldzug eingerichtet worden. Nun, nachdem sich die Amerikaner in Kabul etabliert hatten, fiel diese Begründung weg. Die USA kamen dem Ersuchen Taschkents nach.

Kirgisistan, eines der ärmsten Länder der Region, beherbergt den amerikanischen Luftwaffenstützpunkt Manas und wird von den Vereinigten Staaten mit jährlich 750 Millionen Dollar unterstützt. Mehr als tausend Soldaten sorgen für die Logistik der Flugzeuge, die den Nachschub für die militärischen Einsätze in Afghanistan liefern.

Auch das noch ärmere Tadschikistan hat die internationale Koalition während des Afghanistan-Krieges logistisch unterstützt. Doch Russland unterhält dort ebenfalls einen Militärstützpunkt mit 5000 Mann.

Als Reaktion auf das Vordringen der Vereinigten Staaten in Zentralasien haben Russland und China beschlossen, gemeinsame militärische Übungen durchzuführen. Im August 2005 fanden vor der chinesischen Halbinsel Liaodong Seemanöver statt. Es waren die ersten seit dem »Großen Sprung« von 1958, der dem Bruch der beiden Länder im Jahr 1960 vorausging. Die als »Peace Mission 2005« bezeichneten Manöver waren nichts anderes als eine Demonstration der Stärke. Seit dem Ende des Kalten Krieges hatten die beiden Staaten ohnmächtig mit ansehen müssen, wie Amerika seinen Status als einzig verbliebene Supermacht ausspielte und an allen Fronten vorrückte.

Diese Manöver sind erst die Anfänge einer Achse, durch die ein Gegengewicht zu den USA und ihren Verbündeten in der Region geschaffen werden soll. Darüber hinaus haben Russland und China im Februar 2005 ein strategisches Bündnis auf dem Gebiet der Verteidigung, des Handels und der Energieversorgung beschlossen. Auf Anregung Moskaus treffen die Mitglieder des russischen Sicherheitsrats und des chinesischen Zentralausschusses für militärische Fragen zu Beratungen über eine strategische Verteidigung Eurasiens zusammen.

In den fünfziger Jahren waren die beiden Mächte durch eine wirkliche strategische Allianz miteinander verbunden. Doch heute geht es allem Anschein zum Trotz nur um eine vage »strategische Partnerschaft«, eine Absichtserklärung, wie sie einst von den Vereinigten Staaten und China unterzeichnet wurde. Und auch Peking und Moskau haben eine derartige Erklärung bereits in den neunziger Jahren beschlossen.

Das Kräfteverhältnis zwischen den beiden Ländern hat sich sehr verändert. In den fünfziger Jahren waren Tausende sowjetischer Berater in China, um die industrielle Infrastruktur eines Landes aufzubauen, das im Wesentlichen noch ein Agrarstaat war und eine mehr als hundertjährige Fremdherrschaft hinter sich hatte. Heute ist die russische Bevölkerung um die Hälfte auf 140 Millionen Einwohner zusammengeschmolzen, und das durch die Erdöleinnahmen aufgeblähte russische Bruttoinlandsprodukt entspricht kaum einem Drittel des chinesischen BIP.

Das Bündnis mit dem »Drachen« stößt derzeit rasch an seine Grenzen, denn ein militärisch starkes China würde begehrliche Blicke auf Sibirien richten. Schon heute strömen zahlreiche illegale Einwanderer in die weiträumigen Gebiete Asiens, die Russland mit seiner sinkenden Bevölkerungszahl nicht besiedeln kann. Bei fortgesetzter Einwanderung würden die Chinesen in Sibirien bald die Mehrheit darstellen – wie in Tibet. Jede von Moskau gesteuerte Maßnahme gegen diese Besiedelung könnte Peking als willkommener Vorwand für eine Intervention dienen. Ein asiatisches, mehrheitlich von der Han-Bevölkerung besiedeltes Sibirien, dessen Wirtschaft zunehmend von China abhinge, könnte auch die Unabhängigkeit verlangen. Russland ist keine asiatische Großmacht. Auf die europäischen Länder in seinem slawischen Einflussbereich hat es verzichten müssen. In Tschetschenien kämpft es um seine Präsenz im Kaukasus. Die großen asiatischen Gebiete an den Grenzen zur Mongolei und zu Japan sind zu abgelegen. Somit wäre es also vorbei mit ehrgeizigen Eroberungsplänen, wie sie die Zaren seit Peter dem Großen gehegt haben.

Moskau will auch nicht in die Streitigkeiten in Ostasien hineingezogen werden. Natürlich unterstützt es Peking in der Taiwan-Frage, doch es will weder in diesen Konflikt noch in den Konkurrenzkampf zwischen China und Japan verstrickt werden. Präsident Putin hat den Vorschlag Pekings abgelehnt, Manöver in der Nähe der Taiwan-Straße durchzuführen.

Der Iran und die »Achse des Bösen«

Der Iran ist neben Saudi-Arabien der wichtigste Erdöl- und Gaslieferant Chinas und deckt etwa 20 Prozent seiner Rohöleinfuhren ab. Die von Peking unterzeichneten Investitionsvereinbarungen und Verträge belaufen sich auf nahezu 200 Milliarden Dollar und haben eine Laufzeit von mehr als zwanzig Jahren. Mit dem Iran, der über 12 Prozent der weltweiten Erdölressourcen und 14 Prozent der Gasvorkommen verfügt, könnte China seine Ziele verwirklichen und seine Energieversorgung weitgehend sicherstellen. Es fragt sich nur, wie lange das möglich ist.

Man darf nicht vergessen, dass der Iran ein Teil der »Achse des Bösen« ist. Wie das Baath-Regime in Bagdad hat auch Teheran seine Erdölressourcen dem Zugriff der angloamerikanischen Konzerne entzogen. Zum ersten Mal 1951, als die Regierung Mossadegh das Vermögen der Anglo-Iranian Oil Company verstaatlichte, worauf 1953 durch einen von der CIA eingefädelten Staatsstreich der Schah an die Macht kam. Ein zweites Mal, als das Land nach einer fünfundzwanzigjährigen erzwungenen Verwestlichung 1979 in die Hände der Ayatollahs fiel.

Um den Iran zurückzuerobern, setzten die Vereinigten Staaten auf die Opposition im Land selbst, denn sie waren überzeugt davon, dass das Volk hinter der Maske des radikalen Islamismus viel weniger religiös sei, als man vermuten würde. Daher wurden die reformorientierten Kräfte unterstützt. Doch die Kraftmeierei von George W. Bush, der den Iran unter die »Schurkenstaaten« einreiht und ihn der »Achse des Bösen« zuordnet, bewirkte nur eine Stärkung des Nationalismus in der Bevölkerung. Neben dem wirtschaftlichen Versagen der früheren reformorientierten Regierung trug auch die amerikanische Haltung dazu bei, dass am 3. August 2005 der Islamist Mahmud Ahmadinejad zum Präsidenten gewählt wurde.

Im Oktober 2005 wurde aus westlichen Geheimdienstkreisen bekannt, dass sich Mitglieder der Terrororganisation Al Qaida, darunter auch drei Söhne Osama Bin Ladens, im Iran befinden.

Die Vereinigten Staaten verfolgen dem Iran gegenüber eine Strategie der Einkreisung, die – so befürchtet Peking – das Vorspiel zu einer militärischen Intervention sein könnte:

- im Westen, wo der Irak im April 2003 von der Koalition unter Führung der USA besetzt worden ist;
- am gesamten Persischen Golf, wo eine massive amerikanische Präsenz vorhanden ist: in Kuwait seit dem Golfkrieg des Jahres 1991, in Bahrain, wo sich das Hauptquartier der Fünften Flotte befindet, in Katar, in den Vereinigten Arabischen Emiraten, an der Straße von Hormuz, die an die Südflanke des Iran grenzt;
- in Pakistan, wo die Amerikaner militärische Einrichtungen unterhalten;
- im Osten, wo die Amerikaner Afghanistan besetzt halten;

- im Norden, wo das NATO-Mitgliedsland Türkei und das mehrheitlich schiitische Aserbeidschan liegen, das bald einen amerikanischen Stützpunkt beherbergen könnte.
- Hinzu kommt noch der US-Stützpunkt Diego Garcia im Indischen Ozean.

Der Iran wirft den Vereinigten Staaten und Großbritannien regelmäßig vor, in den nordöstlichen Regionen des Landes Unruhen unter den kurdischen und arabischen Minderheiten zu schüren. Im erdölreichen, an der Grenze zum Irak und zur Türkei gelegenen Khusistan bilden die Engländer und Amerikaner angeblich Rebellen aus. Die Kurden stellen sieben und die Araber etwa drei Prozent der iranischen Bevölkerung.

Der Hauptstreitpunkt zwischen dem Iran und dem Westen betrifft die Atompolitik des Landes. Dieser Konflikt gefährdet zugleich die Stabilität der chinesischen Position. Der Iran verfügt über ein von den Russen erworbenes Atomkraftwerk, das in Bushehr betrieben wird. 2003 war der Iran bereit, ein Zusatzprotokoll zum Atomwaffensperrvertrag zu unterzeichnen, mit dem die IAEO (Internationale Atomenergiebehörde) das Recht erhielt, unangekündigte Kontrollen durchzuführen.

Uranerz wird auf 3,5 Prozent angereichert, um in zivilen Atomkraftwerken verbrannt zu werden. Höher angereichertes Uran kann jedoch zur Herstellung von Atombomben verwendet werden. Um zu gewährleisten, dass der Iran keine Atomwaffen herstellt, hat ihm die IAEO jede Form von Anreicherung oder Konversion untersagt. Die Vereinigten Staaten aber warfen dem Land vor, es besitze geheime Anlagen in Karadsh, Arak und Natanz. Im April 2005 gab der Iran zu, dass er Urananreicherung betreibt. Dies wurde von dem neuen Präsidenten Ahmadinejad bestätigt. Inzwischen hat sich der Konflikt weiter zugespitzt.

Die iranischen Mittelstreckenraketen vom Typ Shahab 3 (Meteor) mit einer Reichweite von 1500 Kilometern können mit Sprengköpfen von nahezu 1000 Kilogramm bestückt werden. Sie basieren auf der nordkoreanischen No-Dong-Rakete, die in den achtziger Jahren dank sowjetischer Technologietransfers und wohl auch mit chinesischer Hilfe und iranischer Finanzierung entwickelt wurde.

Bei der Entwicklung der iranischen Shahab 3 und Shahab 4 soll es eine weitreichende technische Kooperation mit den Russen und vor allem mit den Chinesen gegeben haben. Auch Pakistan hat auf der Grundlage der nordkoreanischen No-Dong-Rakete eine Mittelstreckenrakete mit der Bezeichnung Ghauri-II entwickelt. Die Shahab 3 ist angeblich in der Lage, israelisches Territorium zu treffen, und Jerusalem kann keine Atomwaffen in den Händen eines Regimes dulden, das dazu aufruft, den jüdischen Staat »von der Landkarte zu streichen«.

Indien: Partner oder Rivale?

Mit einer Bevölkerung von mehr als einer Milliarde Menschen ist Indien der zweite Riese Asiens.

Wenn sich die derzeitige Entwicklung fortsetzt, könnte das Land noch vor der Mitte unseres Jahrhunderts die Vereinigten Staaten einholen. Die indische Wirtschaftskraft entspricht weniger als einem Drittel der chinesischen, und der Einfluss Neu-Delhis auf die internationalen Kräfteverhältnisse ist weitaus geringer als der Pekings.

Auch die Entwicklungsmodelle sind verschieden: China setzt auf Industrialisierung, Indien auf Dienstleistungen und die Informationstechnologie. Fast könnte man meinen, dass es sich um eine Art Arbeitsteilung handelt.

Und doch werden sich die beiden Riesen in gar nicht so ferner Zukunft erbittert um die Weltmärkte, den Zugang zu

Rohstoffen und die Kontrolle über die Region streiten. Für Amerika bietet es sich daher schon jetzt an, die Rivalität zwischen den beiden mächtigen Schwellenländer zu schüren.

In den siebziger Jahren bemühten sich die Vereinigten Staaten um eine Annäherung an das Reich der Mitte und verkauften ihm Waffen, um den chinesisch-sowjetischen Konflikt anzuheizen.

Jetzt will Amerika Indien als Gegengewicht zur chinesischen Großmacht aufbauen – und wenn möglich eine Konfrontation zwischen den beiden Riesen provozieren.

2005 beschloss die US-Regierung, Neu-Delhi ein vollständiges Arsenal an Kerntechnologien für die zivile und militärische Nutzung und außerdem Unterstützung im Bereich der Trägerraketen und Raketen anzubieten. Indien sollte im militärischen Bereich einen großen Sprung nach vorn tun. Doch die damit verbundenen Absichten waren allzu leicht zu durchschauen. In Washington hoffte man darauf, dass China im Osten von Japan und im Westen von Indien in die Zange genommen würde. Doch der indische Premierminister erklärte umgehend: »Der Kooperationsvertrag wird nicht zum Nachteil Chinas sein.«

Regierungschef Manmohan Singh hat immer wieder darauf hingewiesen, dass es ihm vor allem um die »wirtschaftliche und soziale Rettung« einer Milliarde Inder geht. Ein sehr ehrgeiziges und zugleich bescheidenes Ziel, verglichen mit den Bestrebungen der Bush-Regierung. Washington hat Neu-Delhi seine uneingeschränkte Unterstützung zugesagt, damit Indien »seinen Traum verwirklichen und eine Weltmacht werden kann, mit der im 21. Jahrhundert zu rechnen ist«.

Das Problem ist nur, dass Indien diesen Wunsch nie wirklich geäußert hat. Das Land steht vor der Herausforderung, seine Bevölkerung zu ernähren und eine ausgewogene Entwicklung auf seinem gesamten Staatsgebiet und nicht nur in den Zentren der Informationsindustrie zu gewährleisten. Was Indien von Amerika benötigt, sind produktive Investitionen, um die Entwicklung des Landes voranzutreiben.

Die Rivalität mit dem Reich der Mitte muss also noch warten.

Übrigens fand die letzte indische Intervention in China im Jahr 527 statt. Der Eindringling war ein Mönch namens Boddhidarma, der die Lehre Buddhas ins Land brachte.

Trotz gegenteiliger Wünsche Washingtons hat Indien beschlossen, seine Zusammenarbeit mit China zu verstärken. Angesichts der diplomatischen Offensive der Vereinigten Staaten reagierte Peking sehr schnell und bemühte sich, die vorhandenen Konflikte mit Neu-Delhi zu entschärfen. Da gab es zunächst einmal wechselseitige Gebietsansprüche. 2003 erkannte China an, dass Sikkim ein Teil Indiens ist. Die beiden Länder verständigten sich darauf, die Gebietsstreitigkeiten einvernehmlich zu lösen. So wurde die chinesische Annexion von Aksai Chin in der Region Ladakh ebenso bestätigt wie die umstrittene Grenze des indischen Bundesstaates Arunachal Pradesh zum Reich der Mitte.

Über die unglückliche Episode der chinesischen Aggression von 1962 spricht heute in Neu-Delhi niemand mehr. Dennoch hat Indien durchaus Gründe, sich von seinem großen Nachbarn bedroht zu fühlen. Immerhin unterhält China Stützpunkte in Pakistan, Nordtibet und Ostburma.

Indien importiert derzeit 70 Prozent der nahezu drei Millionen Barrel Öl, die es pro Tag verbraucht, und bis zum Ende des Jahrzehnts dürften es sogar 80 Prozent sein. Insofern steht es häufig in Konkurrenz zu China, vor allem im Iran, wo es einen Vertrag in Höhe von 40 Milliarden Dollar über Gas- und Öllieferungen abgeschlossen hat, in Burma, mit dem es durch eine Pipeline verbunden ist, oder auch in Russland, im Sudan, in Bangladesh und in Zentralasien.

Der Handel zwischen Indien und China wächst sehr stark, und es wurden bereits Gespräche über die Einrichtung einer Freihandelszone aufgenommen. Im Bereich der Informatik haben die beiden Länder einen Kooperationsvertrag geschlossen, der Washington beunruhigen dürfte. Er beinhaltet nichts Geringeres als ein Bündnis zwischen chinesischer Hardware und indischer Software, um so die Kontrolle über die beiden Säulen der Informatik zu erlangen.

So könnten die beiden Riesen, statt ihre Rivalität auf den Erdölmärkten des Planeten zu verstärken, auf Kooperation setzen.

Doch Pekings Charmeoffensive ist damit noch nicht beendet. Der chinesische Premierminister Wen Jiabao hat seinem Amtskollegen Manmohan Singh zugesichert, den Wunsch Indiens nach einem ständigen Sitz im UN-Sicherheitsrat zu unterstützen.

Im November 2006 besuchte Hu Jintao Neu-Delhi. In einer Rede erklärte er, wenn China und Indien zusammengingen, würde »die Welt ein wahrhaft asiatisches Zeitalter sehen«.

Pakistan – »strategische Partnerschaft« mit China

General Pervez Musharraf gibt sich als Friedensstifter, der aus Pakistan ein aufgeklärtes und moderates muslimisches Land machen will.

Pakistan spielt an verschiedenen Schauplätzen eine zentrale Rolle, was ihm gegenüber allen anderen Akteuren der Region erhebliches Gewicht verleiht:

- in Afghanistan, wo Islamabad und seine Geheimdienste das Taliban-Regime unterstützten, das Al Qaida Unterschlupf bot;

- im Iran: Abdul Kader Khan, der Vater der »islamischen Bombe«, soll dem Iran und Nordkorea geholfen haben, die Urananreicherung zu beherrschen;
- im Kampf gegen den Terrorismus;
- in Xinjiang, der mehrheitlich muslimischen chinesischen Provinz, zu deren Stabilisierung Islamabad beiträgt.

Ein starkes Pakistan im Besitz der Nuklearwaffe ist sicher der beste Garant gegen indische Hegemonialbestrebungen in der Region.

Die Rivalen USA und China unternehmen beide große Anstrengungen, ausgleichend auf das Kräfteverhältnis zwischen den beiden Kontrahenten einzuwirken. Beide wollen verhindern, dass Islamabad sich durch Neu-Delhi bedroht fühlt. Die Vereinigten Staaten verkaufen an Pakistan konventionelle Waffen, China liefert ihm Nukleartechnologie.

Washingtons Überlegungen sind ganz einfach: Ein Gefühl der Schwäche würde Pakistan zu außenpolitischen Abenteuern verleiten, wie etwa zu einer Unterstützung der Taliban und der Terrororganisation Al Qaida.

Peking und Islamabad haben ihre Beziehungen auf verschiedenen Gebieten ausgebaut. Nach dem amerikanischen Einmarsch in Afghanistan verständigten sich die beiden Regierungen darauf, im pakistanischen Gwadar (Belutschistan) einen Hochseehafen zu bauen. Die Gesamtkosten des Projekts werden auf eine Milliarde Dollar veranschlagt. Mit diesem Hafen besitzt China einen Stützpunkt in der Nähe der Straße von Hormuz am Ausgang des Persischen Golfes, durch die 80 Prozent seiner Öleinfuhren aus dem Nahen Osten befördert werden.

2005 wurde ein chinesisch-pakistanischer Freundschaftsvertrag unterzeichnet. Und im Jahr 2006 kündigte Präsident Hu Jintao bei einem Staatsbesuch in Islamabad an, die »strategische Partnerschaft« mit Pakistan auf ein neues Niveau zu heben. Ein Fünf-Jahres-Pakt sieht eine intensive

Zusammenarbeit im Rüstungsbereich und bei der Nutzung der Atomenergie vor. General Pervez Musharraf äußerte sich begeistert über die »immergrünen« Beziehungen zwischen Islamabad und Peking.

Das saudische Erdöl

Der Verkauf des saudischen Erdöls an Amerika erreichte 2002 mit 1,7 Millionen Barrel täglich seinen Höhepunkt. Doch ab Mitte des Jahres 2004 gingen die Lieferungen auf 1,1 Millionen Barrel pro Tag zurück. Das Königreich deckt bis zu 18 Prozent der Öleinfuhren der Vereinigten Staaten ab und gehört mit Kanada, Mexiko und Venezuela zu den vier größten Lieferanten Amerikas. Die engen Beziehungen zwischen den beiden Ländern verschlechterten sich nach den Anschlägen des Jahres 2001. Die Tatsache, dass die meisten Terroristen aus Saudi-Arabien stammten, die Förderung des Islamismus durch Riad und die Forderung nach einem Abzug der amerikanischen Streitkräfte trugen zu einer Abkühlung der Beziehungen bei. Allerdings waren nicht nur politische Überlegungen im Spiel. Saudi-Arabien verkauft sein Öl an Amerika zu Vorzugskonditionen und nimmt damit im Verhältnis zu den Preisen, die die neuen »Drachen« Asiens zu zahlen bereit wären, weniger ein. Das sechzigjährige Monopol über die Ausbeutung der Ölvorkommen, das Franklin D. Roosevelt für das amerikanische Kartell ausgehandelt hatte, lief im Jahr 2005 aus. China wäre als Bündnispartner ein guter Ersatz. Es ist Atommacht, ständiges Mitglied im UN-Sicherheitsrat und ein laizistischer Staat, der nie die Souveränität eines arabischen oder muslimischen Landes in Frage gestellt hat.

Allerdings kann sich Riad keine allzu offensichtliche Hinwendung zu China erlauben, denn die Vereinigten Staaten verfügen über eine ganze Reihe von Druckmitteln.

Es kann höchstens seine Lieferungen an China, Japan, Indien und Europa verstärken.

Neben anderen Waffen liefert das Reich der Mitte auch ballistische Raketen an Saudi-Arabien. Peking, Islamabad und Riad haben eine wirtschaftliche und militärische Kooperation aufgebaut.

Die friedliche Eroberung Afrikas

Der vom Fortschritt »vergessene« Kontinent, auf dem immer noch großes Elend herrscht, ist weitgehend unter den Einfluss Chinas gefallen. Das Reich der Mitte ist eines der wenigen Länder, die mit der Mehrzahl der afrikanischen Staaten Handelsbeziehungen unterhalten.

Mittlerweile ist China in ganz Afrika präsent, von Algerien bis Zimbabwe und vom Senegal über Nigeria und Gabun bis hin zum Sudan. Denn es liefert diesen armen Ländern alles, was seine Wirtschaft produzieren kann: Mopeds, Schienen- und Kommunikationsnetze, Kleidung, Hafenanlagen, elektrische Haushaltsgeräte und Unterhaltungselektronik. Die allgegenwärtigen chinesischen Bauunternehmen holen Tausende von Arbeitern aus ihrem Heimatland, um die Gebäude und die Infrastruktur des Kontinents zu errichten.

Wie überall auf der Welt ist der chinesische Ansatz auch in Afrika von Pragmatismus geprägt. Das bedeutet: keine Einmischung in die inneren Angelegenheiten dieser Staaten. Diese Haltung wird von den Regierungen begrüßt und unterscheidet sich von der häufig paternalistischen Einstellung der ehemaligen Kolonialmächte. China verfolgt ausschließlich seine eigenen Interessen und hegt keinerlei ideologische Vorbehalte.

Inzwischen kommt ein Viertel des chinesischen Erdöls aus Afrika. Im Sudan haben die Chinesen praktisch alles aus dem Nichts aufgebaut. Als sie dort Fuß fassten, führte der Sudan noch Erdöl ein. Die China National Petroleum Corporation (CNPC) hat Prospektion und Bohrungen durchgeführt, Rohöl gefördert, Pipelines und Raffinerien gebaut und mehr als 15 Milliarden Dollar investiert. Der Völkermord von Darfur und die Menschenrechtssituation im Sudan gehören für Peking zu den inneren Angelegenheiten des Staates – so wie die Situation in Tibet, Taiwan oder Xinjiang nur Peking etwas angeht.

Gabun, das auch nach der Kolonialzeit lange zum Einflussbereich Frankreichs gehörte, hat sich den Investitionen und der Prospektion der chinesischen Konzerne geöffnet.

Allen offiziellen Beteuerungen zum Trotz ist das Reich der Mitte also durchaus in die politische und militärische Situation zahlreicher Länder verwickelt, in denen es Handelsinteressen verfolgt oder Erdöl bezieht. Außerdem ist China mittlerweile der wichtigste Waffenlieferant des ganzen Kontinents.

Im November 2006 fand in Peking der dritte Gipfel des China-Afrika-Kooperationsforums (FOCAC) statt, an dem Vertreter aller Staaten des Schwarzen Kontinents teilnahmen. Laut dem chinesischen Vizeaußenminister Zhai Jun hat sich der Handelsumsatz zwischen Afrika und dem Reich der Mitte seit 2000 verfünffacht und beträgt heute 50 Milliarden Dollar.

Die wachsende chinesische Präsenz in Afrika sorgt für erhebliche Unruhe in den Vereinigten Staaten, denn der »Drache« wird – zu Recht – verdächtigt, sich die natürlichen Rohstoffe des Kontinents aneignen zu wollen. Die Rivalität zwischen Chinesen und Amerikanern erinnert hier durchaus an die Zeit des Kalten Krieges, denn Washington versucht mit allen Mitteln, den Einfluss Pekings in Afrika zurückzudrängen. Um die chinesische Strategie zu durchkreuzen, haben die Vereinigten Staaten und Großbritannien die G8-Staaten dazu gebracht, den ärmsten Ländern der Welt, bei denen es sich mehrheitlich um afrikanische Staaten handelt, die Schulden zu erlassen. Dieser erfreuliche Schritt geschah also nicht ohne eigennützige Hintergedanken.

Um China die Stirn zu bieten, haben die Amerikaner beschlossen, die Europäer und besonders die Franzosen auszuschalten, die sie für wenig verlässlich halten und für ihre ablehnende Haltung zum Irak-Krieg bestrafen wollen. Amerikaner und Briten wollen die unmittelbare Kontrolle über Westafrika und vor allem über den mineralöl- und ressourcenreichen Golf von Guinea zurückgewinnen. China möchte sich nicht nur auf das sudanesische Erdöl beschränken, sondern versucht auch mit Angola, Kamerun, dem Tschad, dem Kongo, Äquatorialguinea, Gabun, Mauretanien, Niger, der Elfenbeinküste und Nigeria (einem der wichtigsten Lieferanten der USA) ins Geschäft zu kommen. Angola dürfte bis zum Ende dieses Jahrzehnts eine Million Barrel pro Tag produzieren und seine tägliche Förderquote bis 2025 auf 3,5 Millionen Barrel steigern.

In Algerien sind heute fast 10000 chinesische Arbeiter beschäftigt. Das Reich der Mitte importiert Gas und Öl und bezahlt die Rohstoffe – anders als alle übrigen Schwellenländer – mit dem Erlös aus dem Verkauf seiner Produkte. Wie überall auf dem afrikanischen Kontinent sind auch die Ladenregale in Algerien voller chinesischer Textilien, Haushaltsgeräte und Elektronikerzeugnisse. Nach dem Staatsbesuch Hu Jintaos im Februar 2004 unterzeichneten die beiden Länder mehrere Verträge über wirtschaftliche Zusammenarbeit. Der SINOPEC gelang es 2002, einen Vertrag im Wert von 525 Millionen Dollar über die Erschließung des Ölfelds Sarsaitin in der Sahara auszuhandeln. Sie unterzeichnete auch einen Vertrag über die Exploration von Gasvorkommen im Cheliff-Becken. Ein weiterer chinesischer Konzern, CNCOGEDC, soll in Adrar eine Raffinerie errichten. Die Erdölvorkommen Algeriens werden auf 135 Milliarden Barrel geschätzt.

Lateinamerika – ein harter Schlag für die Vereinigten Staaten

Russland sträubt sich, in Sibirien den Ölhahn für China allzu weit zu öffnen, und die USA sichern sich mit eiserner Hand die Energiereserven im Nahen Osten.

Also wird China die Vereinigten Staaten eben in der Flanke angreifen und in seine lateinamerikanische Domäne eindringen. Denn der Gringo aus Washington hat nicht nur Freunde auf dem Kontinent von Hugo Chávez, Lula und dem alten Fidel Castro.

Angesichts eines Barrelpreises von 50 Dollar und des unersättlichen chinesischen Ölbedarfs planen alle Staaten der Region, ihr Fördervolumen zu erhöhen. Auf ihrer unablässigen Suche nach Wegen einer nachhaltigen Entwicklung lehnen immer mehr Länder Lateinamerikas die Rosskuren des IWF wie auch die Freihandelsverträge ab, die doch nur den USA nützen. China hat den Staaten dieses Kontinents eine Alternative zum ultraliberalen Modell der USA vorgeschlagen, das von Pragmatismus, der Achtung vor der Souveränität der Staaten, der Nichteinmischung in ihre inneren Angelegenheiten und von beiderseitigem wirtschaftlichem Nutzen getragen ist.

So öffnet sich China unauffällig die Tür zu einer Region, die Washington seit der Monroe-Doktrin von 1823 seinem Einflussbereich zurechnete.

Im November 2004 unternahm Hu Jintao eine Rundreise durch fünf lateinamerikanische Staaten, auf der er nicht weniger als neununddreißig Handelsverträge unterzeichnete. Seit Ende 2004 hat China mehr als 50 Milliarden Dollar in Form von Investitionen und Krediten in Länder der Region gepumpt. In einer Rede vor dem brasilianischen Kongress gab der chinesische Präsident sogar die Zusage, dass sein Land in den nächsten zehn Jahren weitere 100 Milliarden Dollar in Lateinamerika investieren werde.

Tatsächlich profitiert das Reich der Mitte von einer Situation, die es indirekt herbeigeführt hat. Die Direktinvestitionen des Auslands in Südamerika befinden sich im freien Fall: Zwischen 2000 und 2004 gingen sie von 78 auf 36 Milliarden zurück. Wer interessiert sich für Lateinamerika? Bestimmt nicht die Vereinigten Staaten, die allzu sehr damit beschäftigt sind, China einzudämmen und den Ölhahn zu kontrollieren, der den »Drachen« versorgt. Aber auch Europa hält sich zurück.

Und so eröffnet sich für China eine einmalige Gelegenheit: Erstens kann es dauerhaft seine Rohstoffversorgung sichern, und zweitens kann es dank seiner Charmeoffensive die von den Vereinigten Staaten betriebene Einkreisung und diplomatische Isolierung durchbrechen. China hat auch in den Energiesektor, in die Landwirtschaft, das Transportwesen, die Flugzeugindustrie und die Weltraumforschung investiert. Es ist dabei, ein wichtiger Partner für den gesamten Kontinent zu werden – von Brasilien über Kolumbien, Venezuela, Argentinien und die karibischen Staaten bis hin zu Ecuador.

Gegen den IWF und die FTAA

Das gigantische panamerikanische Freihandelsabkommen FTAA (Free Trade Area of the Americas), das die USA den Staaten des Doppelkontinents von Kanada bis Patagonien vorschlagen, stößt keineswegs auf einhellige Zustimmung. George W. Bushs Lateinamerika-Reise im November 2005 war von zahlreichen Protestdemonstrationen begleitet. Die MERCOSUR-Staaten (Brasilien, Argentinien, Uruguay und Paraguay) reagierten sehr zurückhaltend und forderten, dass die USA zunächst einmal die Subventionierung ihrer Landwirtschaft einstellen müssten. In Caracas bezeichnete Hugo Chávez das geplante Übereinkommen als Totgeburt. Nur der damalige mexikanische Präsident Vicente Fox, ein Verfechter der politischen Linie von George W. Bush, sprach sich für die FTAA aus. Doch der Wirtschaftsverbund der NAFTA (Nordamerikanisches Freihandelsabkommen) hat Mexiko nicht vor der Deindustrialisierung bewahrt oder vor der chinesischen Konkurrenz geschützt. Es war keineswegs so, dass der US-Markt für mexikanische Erzeugnisse geöffnet wurde: Vielmehr deckt sich Wal-Mart zu 80 Prozent in China ein.

Venezuela

Venezuela ist der weltweit fünftgrößte Rohölexporteur, und sein Hauptabnehmer sind die USA. China hat die Spannungen zwischen Hugo Chávez und George W. Bush genutzt, um in die Bresche zu springen. Der venezolanische Präsident und sein Verbündeter Fidel Castro wollen den Sozialismus des 21. Jahrhunderts in alle Länder Lateinamerikas tragen. Sie sehen sich in der Nachfolge Simón Bolivars, der den Kontinent befreite, seine Einheit aber nicht bewahren konnte. Chávez, der dreimal in freien und demokratischen Wahlen Sieger wurde, ist trotz eines Putschversuchs von Offizieren seit 1999 an der Macht. Die Vereinigten Staaten führen nach wie vor für 25 Milliarden Dollar Erdöl aus Venezuela ein und verhindern damit, dass China hier voll zum Zuge kommt.

Brasilien

Die Beziehungen zwischen Brasilien und China gehen weit über den Energiesektor hinaus.

Die beiden Länder betreiben auf sehr vielen Gebieten, unter anderem im Bereich der Satelliten- und Flugzeugindustrie, eine wissenschaftliche und technische Zusammenarbeit auf hohem Niveau. Die China Aviation Industry Corporation hat mit dem brasilianischen Unternehmen Embraer vereinbart, im Reich der Mitte Regionalverkehrsflugzeuge mit dreißig bis fünfzig Plätzen herzustellen. Die beiden Länder haben einen gemeinsamen Ausschuss für Verteidigungsfragen eingerichtet. Auch das brasilianische Raketenentwicklungsprogramm VLS (Vehiculo Lançador de Satelites) wird von der Zusammenarbeit mit China, aber auch mit Russland und der Ukraine profitieren. Ferner hat Brasilien beschlossen, eine Urananreicherungsanlage zu eröffnen. Dies mag Befürchtungen wecken, dass das 1990 aufgegebene Atomwaffenprogramm wieder aufgenommen werden könnte.

Der brasilianische Präsident Lula will verhindern, dass die von Clinton und Bush initiierte FTTA MERCOSUR den Rang abläuft. Dank des chinesischen Marktes könnte Brasilien in kürzester Zeit die Vereinigten Staaten als Exporteur landwirtschaftlicher Erzeugnisse überholen. Das Land will auf riesigen Flächen Soja für China anbauen und aus seinem Zuckerrohr Ethanol für den Bedarf des »Drachen« herstellen. Auf dem Energiesektor haben Peking und Brasilia einen Vertrag über 10 Milliarden Dollar abgeschlossen.

Argentinien

Hu Jintao hat Buenos Aires eine strategische Partnerschaft vorgeschlagen, verbunden mit der Zusage, in den nächsten zehn Jahren 20 Milliarden Dollar in die Entwicklung des Schienentransports, der Telekommunikation, der Erdölindustrie und der Raumfahrtindustrie zu investieren. Darüber hinaus hat der chinesische Präsident die Gründung einer gemeinsamen Freihandelszone mit Chile und Peru angeregt. Im Jahr 2004 haben chinesische Konzerne etwa

5 Milliarden Dollar in die Erdölprospektion in Argentinien investiert.

Kuba

Die Kuba-Krise im Oktober 1962 zwischen der UdSSR und den Vereinigten Staaten wurde von Kennedy und Chruschtschow friedlich beigelegt. Vor dem Hintergrund dieser Ereignisse wird China alle Schritte vermeiden, die der harten Linie der amerikanischen Neokonservativen Vorschub leisten könnten. Doch Peking und Havanna pflegen auf zahlreichen Gebieten enge Beziehungen. Angeblich verfügt China auf der kommunistischen Insel über elektronische Spionageeinrichtungen und militärische Kommunikationsanlagen.

Panama

Mehr als ein Viertel des Welthandels wird über den Panamakanal befördert, den die USA im Jahr 1999 dem mittelamerikanischen Staat gleichen Namens übergeben haben. Anschließend unterzeichnete das chinesische Unternehmen Great Wall of Panama einen Pachtvertrag mit einer Laufzeit von sechzig Jahren über eine Exportzone auf der dem Atlantik zugewandten Seite des Kanals. Mittlerweile verfügt der Hongkonger Konzern Hutchison Whampoa über jeweils einen Hafen am Atlantik und am Pazifik. Die amerikanischen Geheimdienste beobachten sehr genau die Aktivitäten dieses Unternehmens und des staatlichen chinesischen Konzerns für den Seeverkehr (COSCO), der über eine Flotte von mehr als 650 Handelsschiffen verfügt. Die Niederlassungen von Hutchison oder COSCO in Ländern wie Panama, den Bahamas oder Kanada sind für die US-Geheimdienste zugleich chinesische Vorposten im Rahmen der Kriegslogistik.

Die bituminösen Sande Kanadas

Angesichts der Erhöhung des Erdölpreises lohnt es sich inzwischen, bituminöse Sande auszubeuten. Bis vor kurzem noch wurden die in den Sanden enthaltenen Mineralölvorkommen wegen der hohen Extraktionskosten nicht vermarktet.

Die Situation hat sich jedoch geändert, seitdem ein Barrel mehr als 50 Dollar kostet und die Erdölgewinnung aufgrund des technischen Fortschritts leichter geworden ist.

Laut dem Alberta Energy and Utilities Board enthalten die bituminösen Sande Westkanadas 1600 Milliarden Barrel Rohöl. Beim derzeitigen Stand der Technik könnten 10 bis 15 Prozent davon gewonnen werden.

Die bituminösen Sande an den Ufern des Athabaska in der Provinz Alberta waren jahrzehntelang ein Mythos, der regelmäßig beschworen wurde, um die OPEC-Staaten zu einer Senkung des Barrelpreises zu bewegen.

Doch mit dem Aufschwung Chinas wurde der Mythos Wirklichkeit. Dank seiner bituminösen Sande steht Kanada heute mit 180 Milliarden Barrel an zweiter Stelle der Länder mit Erdölvorkommen – hinter Saudi-Arabien mit seinen 265 Milliarden Barrel. Ein spektakulärer Sprung in der Rangliste für dieses Land, dem man bisher lediglich 5 Milliarden Barrel zuschrieb. Das hat auch das Interesse Pekings geweckt, das ja grundsätzlich um eine Diversifikation seiner Erdölversorgung bemüht ist.

Die chinesischen Konzerne haben in mehrere Projekte der Erdölgewinnung aus bituminösen Sanden investiert. So ist SINOPEC mit 40 Prozent an einem Projekt der Synenco Energy Inc. beteiligt. Dieses Erdöl soll später nach China exportiert werden.

Zu diesem Zweck planen die Chinesen eine Beteiligung am Bau einer Pipeline von 1100 Kilometern Länge zwischen Alberta an der Nordwestküste und British Columbia. Für dieses Projekt haben Embridge und Petrochina einen Vorvertrag mit einem Investitionsvolumen von 2,5 Milliarden Dollar unterzeichnet. Auf diese Weise hat China Beteiligungen an kanadischen Unternehmen wie UTS Energy und Canadian Oil Sands Trust erworben, die bituminöse Sande ausbeuten.

Natürlich hat das ausgeprägte Interesse Chinas an diesen Vorkommen Beunruhigung in Washington ausgelöst. Denn die Vereinigten Staaten haben es ebenfalls auf die kanadischen Sande abgesehen. Doch die Chinesen sind ihnen offenbar zuvorgekommen.

Chinas Aktivitäten im nördlichen Nachbarland der USA stellen daher eine strategische Bedrohung für Washington dar. Es könnte zu ernsthaften politischen Spannungen kommen, wenn ein großer Teil des kanadischen Erdöls nicht mehr in Richtung Süden fließt, sondern über eine chinesische Pipeline den Weg nach Westen nimmt, um auf chinesische Tanker verladen zu werden.

Dies ist allerdings nur ein Scheinproblem, denn sollte es eines Tages zu einem offenen Konflikt zwischen dem Reich der Mitte und den Vereinigten Staaten kommen, müsste Toronto Peking den Ölhahn zudrehen. Das chinesische Energieproblem ist also nicht so einfach zu lösen.

BRIC – ein Bündnis mit Zukunft?

BRIC ist die Bezeichnung einer neuen Allianz, die derzeit nur auf dem Papier einer Wirtschaftsstudie von Goldman-Sachs existiert (»Dreaming with BRICs: The Path to 2050«). Hinter dem Namen verbergen sich schlicht und einfach die Initialen der Länder, um die es geht: Brasilien, Russland, Indien und China. Will man bei dieser neuen Achse der Prosperität auch noch den afrikanischen Kontinent berücksichtigen, fügt man ein S für Südafrika hinzu und spricht von BRICS.

BRIC ist der Club der Schwellenländer mit einem Wirtschaftswachstum von über fünf Prozent, einer großen Bevölkerung und einer Vormachtstellung in seiner Region. Prognosen zufolge wird das Bruttoinlandsprodukt der BRIC-Staaten in dreißig oder höchstens vierzig Jahren dasjenige der G7 übersteigen. Die BRIC-Staaten scheinen sehr rasch wirtschaftliche und politische Beziehungen untereinander aufzubauen. Das Russland Wladimir Putins bekundet seine Begeisterung für diese Koalition am offensten. Häufig knüpfen die BRIC-Staaten Kontakte zu denselben Ländern. Brasilien beispielsweise hat sich Venezuela angenähert, während Peking und Moskau ebenfalls Verträge mit Caracas abgeschlossen haben. Russland verkauft Waffen und Kernreaktoren an den Iran, der wiederum Erdöl an China und Indien liefert. Die BRIC-Staaten könnten also eines Tages zum wirtschaftlich und militärisch stärksten Block der Welt werden.

Die Bedrohung durch die BRIC-Staaten muss von den Vereinigten Staaten ernst genommen werden, denn die vier auf dem Papier konkurrierenden Länder ergänzen einander auch.

Der frühere russische Premierminister Jewgeni Primakow hat bereits die Idee eines strategischen Dreiecks aufgebracht, das Russland, Indien und China verbindet. Alle drei Länder teilen die Vision einer multipolaren Welt und den Grundsatz der unverletzlichen Souveränität der Staaten und der Nichteinmischung in die inneren Angelegenheiten. Die BRIC-Staaten ergänzen sich in den Bereichen Energie (Russland), Militär (Russland), Industrie (China), Software (Indien) und Landwirtschaft (Brasilien).

Die BRIC-Staaten

Brasilien	• Führende Wirtschaftsnation Lateinamerikas • Landwirtschaftliche Großmacht, die in der Lage wäre, China zu ernähren (Soja)
Russland	• Größtes Staatsgebiet der Welt, das sich von Europa bis nach Fernost erstreckt; reich an Rohstoffen • Weltweit zweitgrößter Erdölproduzent • Weltweit zweitgrößte Militärmacht • Hoch entwickelte Rüstungsindustrie und Lieferant von Technologien und Rüstungsmaterial an China und Indien
Indien	• Weltweit zweitgrößter Produzent von Software und Informationssystemen
China	• Fabrik der Welt und möglicherweise auch bald deren Entwicklungsabteilung

Kapitel 5

Shashoujian – die Militärstrategie Chinas

China ist nicht bereit, China braucht Zeit, doch die Vereinigten Staaten von Amerika werden ihm diesen Luxus nicht bieten. Gewiss ist das Reich der Mitte inzwischen eine wirtschaftliche Großmacht, deren Bruttoinlandsprodukt, gemessen in Kaufkraftparitäten, schon zwei Drittel des amerikanischen BIP erreicht, doch es bleibt militärisch ein verletzliches und sehr rückständiges Land. Denn es ging alles viel zu schnell.

Als Deng Xiaoping das Land 1979 öffnete, stammte die technologische Ausrüstung Chinas noch aus der Sowjetunion der fünfziger Jahre. Von 1992 an erlebte die Wirtschaft einen fulminanten Aufschwung, doch erst mit der Asienkrise im Jahr 1997 und mit seinem Beitritt zur Welthandelsorganisation im Jahr 2001 erschien China als globale und ehrgeizige Wirtschaftsmacht auf der internationalen Bühne.

Gleichzeitig aber besitzt dieses Land nicht die militärischen Mittel, die erforderlich wären, um ihm zu Respekt und zur Dauerhaftigkeit seines neuen Status zu verhelfen. Eine anerkannte Weltmacht, die aber nur über etwa dreißig Interkontinentalraketen verfügt – das ist praktisch nichts im Vergleich zum amerikanischen Raketenabwehrsystem.

China bräuchte zehn bis fünfzehn Jahre, um sein militärisches Potential seinem Status als wirtschaftlicher Riese anzugleichen.

Die Vereinigten Staaten wollen verhindern, dass das Reich der Mitte den gleichen Status erwirbt wie die Sowjetunion in der Zeit des Kalten Krieges – ein Alter Ego, das über eine gleichwertige Atomstreitmacht verfügte.

Mit der Besetzung des Irak, der Stationierung von Raketenabwehrsystemen und der Reorganisation der strategischen Streitkräfte hat der neue Kalte Krieg bereits begonnen: die Eindämmung der chinesischen Schwellenmacht.

Dem »Drachen« bleibt also nur noch die Möglichkeit, ein *Shashoujian* zu entwickeln, wörtlich das »Schwert des Kriegers«, eine Geheimwaffe, die die verwundbare Stelle in der Panzerung des Riesen trifft.

Die Leiden Pillsburys in China

Das Konzept des *Shashoujian* ist sehr alt und geht auf die Anfänge der chinesischen Auseinandersetzung mit strategischen Fragen zurück. Wieder in Mode gebracht hat es jedoch der Amerikaner Michael Pillsbury. Dieser Mann ist nicht irgendwer, sondern seit dem Beginn der siebziger Jahre der »Mister China« der Republikaner.

Pillsbury ist einer der renommiertesten Berater des Pentagon für chinesische Angelegenheiten. Seine Hassliebe zu diesem Land ist mittlerweile fünfunddreißig Jahre alt und sehr symptomatisch für die Haltung der amerikanischen Konservativen und Militärs gegenüber dem Reich der Mitte.

Dabei begann alles unter den günstigsten Vorzeichen, als Pillsbury beschloss, sein Leben China zu widmen. Er sprach perfekt Mandarin, war ein Konfuzius-Experte, liebte die chinesische Philosophie und Literatur und wurde zum Mittelsmann Pekings bei der amerikanischen Regierung.

Er war es, der den Vereinigten Staaten 1972 zu einer Annäherung an China riet, um ein Gegengewicht zur Sowjetunion zu schaffen. So kam es, dass die USA bis in die achtziger Jahre militärisches Gerät an Peking lieferten.

Doch Liebesgeschichten enden bekanntlich oft tragisch.

Pillsbury weilte 1989 in China, als es zu den blutigen Ereignissen auf dem Tiananmen-Platz kam, die ihm die

Augen öffnen sollten. Einige seiner Freunde, hohe Offiziere der Volksbefreiungsarmee, zu denen er enge und herzliche Beziehungen unterhielt, zeigten sich plötzlich in einem ganz anderen Licht. Sie beschimpften Amerika, behandelten es wie einen Todfeind und warfen ihm vor, den Aufstand der Studenten geschürt zu haben.

Diese Erfahrung war ein Schock für den Mann, der sein ganzes Leben China gewidmet hatte. All die Jahre hatte er sich geirrt, hatte trotz seiner Mandarinkenntnisse und seines umfassenden Wissens über den Konfuzianismus nichts von diesem Land begriffen. Er hatte sich von diesen Chinesen, hinter deren betörendem Lächeln er nun plötzlich das wahre Gesicht entdeckte, täuschen lassen. Dabei kannte er das Reich der Mitte doch besser als jeder andere. Vielleicht war das ja seine Schwäche ... Nun begann er seine Regierung mit demselben Eifer vor China zu warnen, mit dem er sie fünfzehn Jahre zuvor davon überzeugt hatte, dass sie Peking vertrauen könne. Scharf kritisierte er seine Kollegen, jene amerikanischen Intellektuellen, die von China und von seiner Kultur fasziniert waren, und warf ihnen Liebedienerei gegenüber dem Reich der Mitte vor.

Pillsbury führte mit der Entschlossenheit des betrogenen Liebhabers einen antichinesischen Kreuzzug an. Erneut vertiefte er sich in die chinesischen Klassiker, diesmal aber, um die chinesische Militärdoktrin im Licht der alten Texte kritisch zu hinterfragen. Das Ergebnis waren mehrere Bücher, die in den neunziger Jahren von der National Defense University des Pentagon veröffentlicht wurden. Sie hatten erheblichen Einfluss auf das Denken von Neokonservativen wie Paul Wolfowitz, der rechten Hand Donald Rumsfelds. 1997 veröffentlichte Pillsbury den Titel *Chinese Views of Future Warfare*. Darin behauptet er, dass China von dem Wunsch besessen sei, Amerika zu besiegen und Vergeltung zu üben. Angeblich tue es alles, um möglichst wirksame und wirtschaftliche Waffen zu entwickeln und den Feind mit einem Angriff aus dem Hinterhalt zu überraschen. Pillsbury ermahnt seine Mitbürger, sich jeglicher Faszination für China zu enthalten. Dabei geht er sogar so weit, die amerikanischen Bewunderer des Reichs der Mitte als »panda huggers« (Pandaknutscher) zu bezeichnen.

Shashoujian und asymmetrische Kriegführung

Laut Pillsbury versucht China schrittweise seine militärischen Kapazitäten zu erhöhen, ohne damit Aufsehen zu erregen. Er weist darauf hin, dass sich der Generalstab der Volksbefreiungsarmee gern von der Zeit der »Streitenden Reiche« vor 2300 Jahren inspirieren lässt. Nur dass es für die chinesischen Militärs von heute darum geht, Amerika zu besiegen.

In diesem Zusammenhang stellt Pillsbury das Konzept des *Shashoujian* als eine Art Geheimrezept dar, mit dem auch ein scheinbar unüberwindlicher Feind besiegt werden könne. Der Begriff stammt aus der Zeit der Tang-Dynastie (618–907), wurde aber Anfang der neunziger Jahre von chinesischen Offizieren wieder aufgegriffen und in mehreren Veröffentlichungen der Akademie für Militärwissenschaften und der Hochschule für Landesverteidigung erörtert.

Das *Shashoujian*-Konzept sieht die Entwicklung oder den Erwerb von Waffensystemen vor, die es dem Schwachen ermöglichen, den Starken in einem asymmetrischen Krieg zu schlagen. Im Rahmen dieser Strategie dienen die Streitkräfte der Abschreckung: Sie sollen siegen, ohne kämpfen zu müssen, wie es Sunzi gelehrt hat. »Wahrhaft vortrefflich ist es, den Widerstand der gegnerischen Armee zu brechen, ohne es zum Kampf kommen zu lassen«, heißt es in seiner »Kriegskunst« aus dem 5. Jahrhundert v. Chr. Erreicht wird dies beispielsweise durch Raketen und strategische Unterseeboote. Eine weitere Möglichkeit ist die Enthauptung, das heißt ein einziger und tödlicher Schlag, der den Gegner überrascht. Die dritte Möglichkeit schließlich gleicht der Akupunktur und der chinesischen Medizin: Durch Druck auf bestimmte Körperteile kann eine Lähmung oder Erblindung oder der Zerfall der Persönlichkeit ausgelöst werden. In diesem Fall geht es also darum, die zentrale Infrastruktur des Feindes, wie etwa seine Kommando- und Kontrollzentren, seine Informationsnetze, seine Alarm- und Ortungssysteme und seine militärische Logistik zu treffen.

Die beiden Gegner bereiten sich auf die Konfrontation vor, indem sie erhebliche Mittel investieren.

Halboffiziellen Quellen zufolge gibt Amerika nahezu 30 Prozent des Bundeshaushalts, das heißt 750 Milliarden Dollar, für seine Verteidigung aus. Unter dem offiziellen Vorwand, die Organisation Osama bin Ladens zu bekämpfen, entwickelt es die ausgefeiltesten Waffensysteme. China mit seinen Parolen von der »friedlichen Entwicklung« muss seine Rüstungsmaßnahmen hinter einer ganzen Reihe ziviler Aktivitäten verbergen.

Der amerikanische Verteidigungshaushalt: ein Kriegshaushalt

Seit der Regierungsübernahme von George W. Bush und dem Beginn des Kriegs gegen den Terror wächst der amerikanische Verteidigungshaushalt kontinuierlich.

Die US-Regierung plant, in den kommenden fünf Jahren mehr als 2200 Milliarden Dollar für die Verteidigung auszugeben. Mit 9,1 Milliarden Dollar fließt im Jahr 2005 der Löwenanteil des Verteidigungshaushalts in das Raketenabwehrprogramm. Dabei sind bestimmte Raumfahrtprogramme wie die SBIRS-Satelliten (Space Based Infrared Systems) noch nicht berücksichtigt.

Der amerikanische Verteidigungshaushalt 2000 bis 2006

	Amerikanischer Verteidigungshaushalt (Milliarden Dollar)						
Jahr	2000	2001	2002	2003	2004	2005	2006
Offizieller Haushalt	288	305	348	396	399	420	430
Tatsächlicher Haushalt unter Berücksichtigung der für die Operationen in Afghanistan und im Irak anfallenden Kosten				460	465	500	510
Geschätzter militärischer Gesamthaushalt						750	780

Der vom Pentagon vorgelegte offizielle Verteidigungshaushalt beläuft sich für das Jahr 2006 auf 430 Milliarden Dollar.

Hinzu kommen noch die Kosten der Besetzung Afghanistans und des Irak, die mehr als 80 Milliarden Dollar betragen. Der offizielle Nettohaushalt für die Verteidigung im Jahr 2006 erhöht sich also auf 510 Milliarden Dollar – was gegenüber dem letzten Haushalt Bill Clintons einen Anstieg um 77 Prozent bedeutet.

Dabei müssten im Grunde auch noch andere Haushaltsposten hinzugezählt werden:

- Zivilverteidigungsprogramme: 40 Milliarden Dollar
- Innere Sicherheit: 33 Milliarden Dollar
- Altersversorgung der Veteranen: 60 Milliarden Dollar
- Militärische Forschungs- und Entwicklungskosten, die von anderen Ministerien übernommen werden, wie zum Beispiel vom Justizministerium, vom Energieministerium (Kernforschung) oder von der NASA.

Laut verschiedenen Schätzungen gibt Washington etwa 750 bis 780 Milliarden Dollar für Verteidigungsmaßnahmen aus. Damit würden 30 Prozent des Haushalts in diesen Sektor fließen und nicht 17 Prozent, wie es offiziell heißt.

Diese exorbitante Summe verdeutlicht, welche zentrale Rolle der militärische Bereich in der amerikanischen Wirtschaft innehat. Die Verteidigungsausgaben des gesamten Planeten betragen etwa 1000 Milliarden Dollar. Die offiziellen amerikanischen Verteidigungsausgaben machen davon schon die Hälfte aus. In Wirklichkeit aber dürfte es sich um zwei Drittel handeln. Es folgen Russland und China, die jeweils nur 10 Prozent dessen ausgeben, was die Vereinigten Staaten jedes Jahr verbrauchen.

China: ein sehr umstrittener Militärhaushalt

Im März jeden Jahres veröffentlicht das Informationsbüro der chinesischen Regierung, des Staatsrats, den Betrag der chinesischen Militärausgaben.

Im Jahr 2005 lag der offizielle Militärhaushalt Chinas bei etwa 30 Milliarden Dollar. In den letzten fünfzehn Jahren wurde er regelmäßig um 12 bis 17 Prozent pro Jahr erhöht. China hütet sich, einen Anstieg seiner Militärausgaben anzugeben, der allzu weit über seinem jährlichen Wirtschaftswachstum liegt, das seinerseits wahrscheinlich zu niedrig angesetzt wird. Getreu seiner Tradition bewahrt es Zurückhaltung und vermeidet es, Aufmerksamkeit auf sich zu ziehen. Alles was nach einem Wettrüsten, einer beschleunigten Militarisierung des Landes aussehen könnte, würde den Neokonservativen einen Vorwand liefern, um das Waffenembargo gegen China zu verschärfen.

Das amerikanische Verteidigungsministerium prüft regelmäßig und systematisch den von Peking veröffentlichten offiziellen Verteidigungshaushalt. Es addiert die außerbudgetären Ausgaben für Waffenkäufe aus dem Ausland, das heißt vor allem aus Russland, sowie für weitere Posten, die Zivilverteidigung oder Forschung und Entwicklung betreffen. Verschiedenen Experten zufolge muss man den offiziellen chinesischen Verteidigungshaushalt mit einem Faktor zwischen 2,5 und 4 multiplizieren, um auf die tatsächlichen Ausgaben zu kommen. Damit belaufen sich die chinesischen Rüstungsausgaben auf mehr als 80 Milliarden Dollar. Die Marine beansprucht mit 35 Prozent den größten Anteil dieser Mittel, gefolgt von den Landstreitkräften und der Luftwaffe zu jeweils gleichen Teilen.

Die Strategen im Pentagon beobachten eine beschleunigte Aufrüstung Chinas seit 1999. Vergeblich bemüht sich der »Drache«, die Situation zu verschleiern. Vor zehn Jahren war China höchstens in der Lage, sich gegen einen kleineren Nachbarstaat zur Wehr zu setzen. Mittlerweile verfügt es über Offensivwaffen, die von Weltraumwaffen bis hin zu Marschflugkörpern reichen.

»Wir sollten aufwachen! Die Zeit des Friedens nach dem Kalten Krieg ist abgelaufen. Inzwischen befinden wir uns in einem Rüstungswettlauf mit einer neuen Supermacht, deren Ziel es ist, die Vereinigten Staaten zuerst einzudämmen und dann zu überholen«, warnt Richard Fisher, der Vizepräsident des International Center for Assessment and Strategy.

Peking kontert, China müsse ein Gebiet verteidigen, das so groß ist wie die Vereinigten Staaten, doch sein Verteidigungshaushalt betrage noch nicht einmal sieben Prozent der amerikanischen Militärausgaben. Wie solle es da eine Gefahr für die USA darstellen? Vielmehr sei es die enge militärische Zusammenarbeit zwischen Taiwan und Amerika, die eine Gefahr für die Wiedervereinigung und die Sicherheit darstelle. Die Theorie von der »chinesischen Bedrohung« sei doch nur eine Erfindung der Falken in Washington, die sich zur Paranoia auswüchse …

Das chinesische Waffenarsenal

Die Kommission für Wissenschaft, Technologie and Industrie der Nationalen Verteidigung (COSTIND) überwacht den militärisch-industriellen Komplex in China. Ende der neunziger Jahre beschloss Peking, in der weitgehend veralteten Rüstungsindustrie Wettbewerbsbedingungen einzuführen. Zu diesem Zweck wurde die Allgemeine Rüstungsabteilung (GAD) gegründet, die die verschiedenen Entwicklungsprogramme für Waffensysteme verwaltet, Ausschreibungen vornimmt und die Durchführung der Arbeiten überwacht.

Luftwaffe

Aus Russland bezieht Peking weiterhin Kampfflugzeuge, so etwa hundert Mehrzweckjäger Suchoi Su-30MKK und Su-30MKK2 mit Antischiffsraketen. Darüber hinaus hat China mehr als zweihundert russische Suchoi Su-27SK-Bausätze unter der Bezeichnung F-11 montiert und verschiedene vor Ort entwickelte elektronische Bauteile eingebaut.

Landstreitkräfte

China hat 375 000 Mann in den drei Militärregionen gegenüber Taiwan stationiert. Diese Truppen werden jetzt mit gepanzerten Amphibienfahrzeugen ausgerüstet. Die Volksbefreiungsarmee zählt heute 2,3 Millionen Mann.

Die fehlende Nuklearstreitmacht

Bei den Atomwaffen weist China wie in so vielen anderen Bereichen einen gewaltigen Rückstand gegenüber den Vereinigten Staaten auf. Die USA verfügen über nahezu 8000 Nuklearsprengköpfe, und die Russen haben angeblich noch 5000, während China lediglich einige Hundert besitzt, von denen nur etwa dreißig auf Interkontinentalraketen (ICBM) montiert sind. Abgesehen von diesen Boden-Boden-Raketen hat China noch keine strategische Bomberflotte und keine strategische U-Boot-Flotte, die diesen Namen verdienen würden. Angeblich gibt es ein einziges Atom-U-Boot vom Typ Xia, das die chinesischen Hoheitsgewässer noch nie verlassen haben soll. Das neue Atom-U-Boot vom Typ 094, das mit einer Interkontinentalrakete JL-2 bestückt ist, wird erst Ende des Jahrzehnts in Dienst genommen.

Die Vereinigten Staaten verfügen über 500 Interkontinentalraketen mit nuklearen Mehrfachsprengköpfen (MIRV), nahezu 120 strategische Nuklearbomber, von denen gut die Hälfte gefechtsbereit ist, und eine beeindruckende Flotte von mit Raketen bestückten Atom-U-Booten.

Das kleine chinesische Arsenal an strategischen Nuklearstreitkräften wird heutzutage durch das amerikanische Raketenabwehrsystem vollständig ausgehebelt. Zu einem massiven Angriff, der den amerikanischen Abwehrschild durchbrechen könnte, wäre heute nur Russland in der Lage. China besitzt keinerlei Erstschlagskapazitäten, und auch sein Gegenschlag wäre kaum überzeugender.

China ist also keine Nuklearmacht, die die Vereinigten Staaten davon abhalten könnte, überall einzugreifen, wo es ihnen beliebt. Peking musste ohnmächtig mit ansehen, wie die USA sich in aller Ruhe der irakischen Erdölressourcen bemächtigten und ihre Interessen in Zentralasien vorantrieben. Niemals hätte Amerika es gewagt, eine Botschaft der Sowjetunion oder Russlands zu bombardieren, doch 1999 wurde die chinesische Botschaft in Belgrad in Schutt und Asche gelegt. Dabei hat die UdSSR mehr als vierzig Jahre lang viele Feinde der USA unterstützt. Bestraft werden jedoch nur die Schwachen.

Die Vereinigten Staaten und die Sowjetunion haben während des ganzen Kalten Krieges sorgfältig jede Konfrontation vermieden, denn durch ihr Atomwaffenarsenal hätten sie sich gegenseitig vernichtet. Das »Gleichgewicht des Schreckens« ermöglichte die friedliche Koexistenz der beiden Großmächte. Mit China, das dem atomaren Arsenal der USA nichts Gleichwertiges entgegensetzen kann, ist dies nicht möglich. Frieden ist also keine Option, denn für das Pentagon und die amerikanischen Neokonservativen geht es darum, die chinesische Gefahr jetzt auszuschalten. Das wissen auch die Strategen in Peking. In weniger als fünf Jahren wird China die ersten strategischen Atom-U-Boote vom Typ 094 in Betrieb nehmen. In weniger als zehn Jahren wird es über Waffensysteme verfügen, die dem Gegner Respekt abnötigen.

Doch die Vereinigten Staaten werden dem Reich der Mitte kaum so viel Zeit lassen …

Die Schwäche Chinas hat für die Nukleardoktrin Washingtons eine weitere wichtige Konsequenz. Im Fall eines chinesischen Angriffs ist keine »abgestufte Reaktion« wie gegenüber der Sowjetunion geplant. Vielmehr soll der amerikanische Schlag massiv und endgültig sein.

Amerikanische Stützpunkte

Für die Strategen des Pentagon gehört der Flugzeugträger der Vergangenheit an. Seine große Zeit hatte er während des Kriegs im Pazifik, als der Aktionsradius der Flugzeuge noch begrenzt war und es noch keine Raketen gab. Inzwischen sind Flugzeugträger für U-Boote und für die Raketen der neuesten Generation ein leicht angreifbares Ziel. Die ruhmreichen Schiffe sind von großem symbolischem Wert. In den Augen der Öffentlichkeit würde der Verlust eines Flugzeugträgers als schmerzliche Niederlage empfunden werden. Daher konzentriert sich die amerikanische Militärstrategie mittlerweile auf die Einrichtung militärischer Stützpunkte in befreundeten Ländern: in den Mitgliedstaaten der NATO, im Irak, in Afghanistan, in Zentralasien, in den Golfstaaten, in Japan, Korea, Singapur, um nur einige zu nennen. Nicht zu vergessen die beiden Inseln Diego Garcia im Indischen Ozean und Guam im Pazifik, die zugleich Flugzeugträger und Kontrolltürme sind.

Die chinesischen Raketen

In den Küstengarnisonen gegenüber der Insel Taiwan wurden mehr als 750 mobile strategische Kurzstreckenraketen vom Typ DF-15 (CSS-6) und DF-11 (CSS-7) stationiert. Jährlich kommen etwa fünfzig neue Raketen hinzu, die teilweise über eine größere Reichweite und Präzision verfügen.

Die Dongfeng- (»Ostwind«) beziehungsweise DF-31 ist die jüngste Generation strategischer Interkontinentalraketen. Ende 2005 soll ein Dutzend dieser mobilen Raketen stationiert werden. Gegenwärtig wird die Version Julang-2 getestet, mit der das künftige Atom-U-Boot vom Typ 094 bestückt werden soll. Ihre Reichweite liegt bei 8000 Kilometern. Die Chinesen sind dabei, manövrierbare nukleare Gefechtsköpfe (MARV) für ihre Atomraketen zu entwickeln, mit denen sie eine – allerdings geringe – Chance haben, die amerikanische Raketenabwehr zu überwinden. Doch ist es unwahrscheinlich, dass die Vereinigten Staaten China die Zeit lassen, solche Waffensysteme zu entwickeln.

China hat beschlossen, die Marschflugkörpertechnologie von der Ukraine und von Russland zu erwerben. Angeblich hat Moskau Peking die Pläne für den Langstreckenmarschflugkörper AS-15 Kent geliefert, der mit nuklearen Gefechtsköpfen ausgerüstet ist und eine Reichweite von über 2500 Kilometern hat.

Marine

Die Entwicklung der chinesischen Marine hat für Peking Priorität. Denn ein Land, das sich der Globalisierung öffnet und vom Außenhandel abhängig ist, hat keine andere Wahl, als sich zu einer Seemacht zu entwickeln. Die Kriegsflotte muss in absehbarer Zeit in der Lage sein,

- auf der Insel Taiwan zu landen, wenn diese ihre Unabhängigkeit erklärt;
- für die amerikanischen Flugzeugträger und die amerikanische Marine, die Taiwan unterstützen würden, eine glaubwürdige und abschreckende Bedrohung darzustellen;
- die Sicherheit der Seewege zu garantieren, insbesondere der Routen für die Erdölversorgung vom Persischen Golf bis zum Chinesischen Meer;
- sich gegenüber den übrigen Mächten der Region im Chinesischen Meer als Seemacht zu behaupten.

Die chinesische Marine verfügt über 64 Schiffe, 55 Angriffs-U-Boote, sechzig große amphibische Landungsschiffe und fünfzig mit Raketen bestückte Einheiten zum Küstenschutz. Westlichen Strategen zufolge ist China ab 2006 bereit zum D-Day, der großen Landungsoperation an den Küsten von Taiwan.

Zerstörer

2002 begannen die Chinesen mit dem Bau von zwei neuen Tarnkappenzerstörern vom Typ 052B und zwei anderen Zerstörern vom Typ 052C. Sie sind mit einem dem amerikanischen Warn- und Feuerleitsystem Aegis vergleichbaren dreidimensionalen phasengesteuerten Radar ausgerüstet. Diese Kriegsschiffe werden 48 vertikal startende Flugabwehrraketen an Bord haben. Mit diesem Waffensystem wird China Taiwan auf See überlegen sein, denn den Taiwanern ist es nicht gelungen, von den Vereinigten Staaten Zerstörer mit dem Aegis-System zu erwerben. Außerdem hat China von Russland vier Zerstörer der Klasse Sovremenny erworben und zwei weitere in Auftrag gegeben. Diese Kriegsschiffe stellen für die Flugzeugträger eine erhebliche Gefährdung dar. Sie sind mit acht Antischiffsraketen vom Typ Moskit SS-N-22 ausgerüstet, die im NATO-Code unter der Bezeichnung »Sunburn« bekannt sind.

Diese Raketen können mit atomaren oder konventionellen Gefechtsköpfen ausgerüstet werden. Der Kauf der russischen Marschflugkörper SS-N-22 Sunburn sorgte für Beunruhigung im Pentagon. Mitte der neunziger Jahre hatte Bill Clinton das Angebot Moskaus abgelehnt, den gesamten Bestand an Sunburn aufzukaufen.

Mit ihren neuen Kriegsschiffen könnten die Chinesen eine Blockade über Taiwan verhängen und das Eingreifen einer gegnerischen Marine weitgehend verhindern.

Ferner hat China von Russland Torpedos des Typs Squall erworben. Sie sind siebenmal schneller als konventionelle Torpedos und stellen für die amerikanischen Flugzeugträger eine ernsthafte Bedrohung dar. Die chinesischen Kriegsschiffe sollen außerdem mit dem russischen Überschallflugkörper Jachont ausgerüstet werden, der für das Raketenabwehrsystem Aegis ein Problem darstellen könnte.

U-Boote

Das jüngste Modell der russischen Diesel-U-Boote, die Kilo-II-Klasse (Projekt 636), ist besonders leise. Sonarausrüstung und Waffensysteme sind Spitzenprodukte der russischen Technologie. Es verfügt über Antischiffsraketen vom Typ Novator Club-S mit einer Reichweite von 288 Kilometern. Vier dieser Schiffe wurden in China bereits in Dienst gestellt; acht weitere Einheiten wurden in Auftrag gegeben und sollen im Jahr 2007 ausgeliefert werden. Im Konfliktfall sollen sie gegen die amerikanischen Flugzeugträger eingesetzt werden.

Außerdem hat Peking zwei russische Diesel-U-Boote der vierten Generation des Typs Amur in Auftrag gegeben, die anschließend in Lizenz auf den chinesischen Werften hergestellt werden sollen. 2004 hat China ein neues Modell der Diesel-U-Boote vom Typ Yuan auf den Markt gebracht, das zur einheimischen Version der Kilo-Klasse werden könnte.

Der russische U-Boot-Hersteller Rubin bietet eine außenluftunabhängige Antriebsanlage an, die mit einer Wasserstoff-Brennstoffzelle funktioniert. Außenluftunabhängige Antriebsanlagen (AIP) sind zwar weniger leistungsstark und ermöglichen keine so hohe Geschwindigkeit wie der Nuklearantrieb von Angriffs-U-Booten, doch ein Diesel-U-Boot der Kilo-II-Klasse kann mit einem solchen Antrieb mehrere Wochen lang in Fahrt bleiben, ohne auftauchen zu müssen.

Das derzeit in China gebaute neue strategische Atom-U-Boot vom Typ 094 stellt eine unmittelbare Bedrohung für das amerikanische Hoheitsgebiet dar. Es wird mit ballistischen Interkontinentalraketen des Typs Julang JL-2 ausgerüstet, die jede Stadt in den Vereinigten Staaten treffen können. Sie alle sind mit mehreren, unabhängig voneinander lenkbaren Sprengköpfen ausgestattet. Dieses U-Boot ist eine Weiterentwicklung der russischen Schiffe der Delta-Klasse. Es handelt sich um das größte U-Boot, das jemals in China gebaut wurde, und soll noch vor 2010 in Dienst gestellt werden.

Das Angriffs-U-Boot 093 besitzt Nuklearantrieb. Von ihm aus können Marschflugkörper mit großer Reichweite unter Wasser abgeschossen werden. Es handelt sich um die chinesische Version des russischen U-Boots Victor III, die für die amerikanischen Flugzeugträger und alle anderen Schiffe eine erhebliche Bedrohung darstellt.

Gegen 2010 sollen mindestens fünf dieser U-Boote in Dienst gestellt werden.

Der Weltraum: eine neue Frontlinie

Wozu dient die Eroberung des Weltraums? Offenbar zu gar nichts, denkt man an die Ergebnisse des Apollo-Programms, dessen Bilder nicht an den legendären Science-Fiction-Film von Stanley Kubrick heranreichen. Seine ganze

Ausbeute waren ein paar Kieselsteine, die die Menschheit wesentlich weniger beeindruckt haben als der schwarze Monolith aus »2001: Odyssee im Weltraum«.

Denn die Amerikaner haben eigentlich gar kein Interesse am Weltraum. Es war der Start des russischen Sputnik im Oktober 1957, der den Kongress alarmierte und eine Kettenreaktion auslöste, die Neil Armstrong schließlich auf den Mond brachte. Seither interessierte sich Amerika immer weniger für den Weltraum, jene neue, ferne »Frontier«. Bis sich plötzlich im Jahr 2003 ein Rivale dem Abenteuer Weltraum zuwandte – China. Und dabei ging es nicht nur um Prestige und Geltungsdrang. Diesmal sind die Rollen umgekehrt. Die Chinesen des 21. Jahrhunderts wollen tatsächlich das All kolonisieren, den Mars, den Kosmos und zunächst einmal den Mond. Das Apollo-Programm erscheint als ebenso müßiges Unterfangen wie eine Expedition des Admirals Zheng He, während Peking heute ein praktisches und zukunftsorientiertes Weltraumprogramm anstrebt. Ein kleiner Flug für Yang Liwei, aber ein großer Sprung nach vorn für China. Die amerikanische Regierung, die in den sechziger Jahren zu früh gestartet war, hat nun größte Mühe, die amerikanische Öffentlichkeit wieder für dieses Thema zu motivieren.

Das China Hu Jintaos ist überaus ehrgeizig, patriotisch und enthusiastisch, das Amerika Cheneys hingegen gleichgültig, isolationistisch und desillusioniert. Die jüngsten Fehlschläge der Raumfähre Discovery haben die NASA in Schwierigkeiten gebracht. Präsident George W. Bush hat ihr eine neue Marschroute vorgegeben: Bis zum Jahr 2020 soll sie bemannte Flüge in Richtung Mond und Mars vorbereiten. Es wäre gut, wenn möglichst bald auf dem Mars oder einem der Kometen, die regelmäßig in unserer Nachbarschaft vorbeifliegen, Spuren von Leben gefunden würden. Dies würde dem Wettlauf um den Weltraum, der diesmal erbarmungslos sein wird, die nötige Würze geben.

Am 15. Oktober 2003 sandte China als dritte Nation der Geschichte einen Mann in den Weltraum. An Bord der Kapsel Shenzhou V (»Göttliche Schiffe«) umkreiste der Astronaut Yang Liwei vierzehnmal die Erde. Als Startrakete diente eine CZ-2F (»Langer Marsch«).

Die chinesischen Ingenieure waren sich nicht ganz sicher, wo das Raumschiff landen würde. Vorsichtshalber gaben sie dem Astronauten eine Pistole, ein Messer, ein Campingzelt und einen Schlafsack mit, damit er gegen wilde Tiere oder Haie gewappnet war und in einer feindlichen Umwelt überleben konnte. Das chinesische Programm für die bemannte Raumfahrt wurde offiziell 1992 aufgenommen (daher auch die Bezeichnung »Projekt 92-1«). Das Raumschiff Shenzhou basiert weitgehend auf der sowjetischen Sojus-Technologie der frühen sechziger Jahre, die wiederum wesentliche Anteile von den amerikanischen Apollo-Raumschiffen übernommen hatte. Die Shenzhou-Raumkapsel ist etwas größer als die der Sojus und könnte im Gegensatz zu dieser nicht nur drei, sondern vier Astronauten aufnehmen. Das chinesische Raumfahrtprogramm verdankt viel der Kooperation mit den Russen, aber auch Brasilien und die Europäische Raumfahrtagentur haben ihren Beitrag geleistet. Am 12. Oktober 2005 startete vom Raumfahrtbahnhof Jiuquam in der Wüste Gobi aus der zweite bemannte Raumflug der chinesischen Geschichte.

Das chinesische Weltraumprogramm ist vollständig in der Hand des Militärs. Wie üblich versicherte Premierminister Wen Jiabao im Namen seiner Regierung, die Raumflüge dienten den »ausschließlich friedlichen Zwecken des chinesischen Raumfahrtprogramms«. Doch Wu Bangguo, die Nummer zwei des Regimes, fand deutlichere Worte. Er unterstrich die Bedeutung der Raumfahrtmissionen für das Prestige Chinas sowie für die Förderung seiner Wirtschaft und seiner Technologie – aber auch »für die Stärkung seiner Verteidigungsfähigkeit«.

Das chinesische Raumfahrtprogramm besitzt erhebliche militärische Implikationen. Einige hochrangige Wissenschaftler, Mitglieder der chinesischen Akademie der Wissenschaften, haben der Regierung einen Bericht mit dem Titel »Aufbau der weltraumgestützten Infrastruktur Chinas« vorgelegt. Darin heißt es, China müsse seine Herrschaft über einen großen Teil des Weltraums und dessen Ressourcen erklären und ihre Ausbeutung in Angriff nehmen. Dies deutet mittelfristig auf eine Militarisierung des Weltraums und eine erbitterte Rivalität zwischen den drei oder vier künftigen Großmächten des Weltraums hin.

Die Marschroute des chinesischen Raumfahrtprogramms wurde veröffentlicht. Vorgesehen sind die folgenden Etappen:

2006	Entsendung der unbemannten Sonde Chang'e (Gewicht 2 Tonnen) in den Mondorbit, wo sie ein Jahr lang kreisen soll. Entwickelt wurde diese Sonde auf der Grundlage der Kommunikationssatelliten der Serie Dongfanghong. Der Start der Sonde erfolgte über eine Trägerrakete des Typs Langer Marsch 3A vom Raumfahrtzentrum Xichang in der Provinz Sichuan aus. Die Sonde wird dreidimensionale Aufnahmen der Oberfläche des Mondes liefern.
2007	»Weltraumspaziergang« der chinesischen Astronauten während des Flugs mit einer Shenhzou 7
2009	Rendezvous zweier Shenzhou-Raumschiffe im Weltraum
2010	Landung von Robotersonden auf dem Mond
2011	Einrichtung einer bemannten Raumstation in der Erdumlaufbahn
2015	Start des Programms zur Erkundung des Mars

2020	Landung chinesischer Roboter auf dem Mars, die Proben für die Analyse des Mondgesteins mitbringen werden
2025	Landung eines chinesischen Astronauten auf dem Mond

Doch nicht nur die USA, sondern auch asiatische Staaten könnten auf diesem Gebiet zu Rivalen Chinas werden. Neu-Delhi hat ebenfalls seinen Fahrplan für den Weltraum veröffentlicht. Die ISRO (Indian Space and Research Organization) will 2007 oder 2008 mit ihrem PSLV (Polar Satellite Launch Vehicle) eine Sonde auf den Mond bringen. Damit wird es auf unserem Satelliten ziemlich eng werden. Die Kolonialvölker von gestern werden im 21. Jahrhundert die Kolonialherren des Weltraums sein.

Japan hatte aufgrund der Einschränkungen, die ihm nach dem Zweiten Weltkrieg von den amerikanischen Siegern auferlegt worden waren, Anfangsschwierigkeiten beim Start in den Weltraum. Die ersten H-1-Raketen nutzten noch die amerikanische Technologie, doch die mit flüssigem Sauerstoff-Wasserstoff-Gemisch betriebene Trägerrakete ist eine vollständige japanische Neuentwicklung, bei der es zunächst erhebliche technische Probleme gab. 2003 gründete Japan die JAXA (Japan Aerospace Exploration Agency), in der die Vorgängerorganisationen zusammengeschlossen wurden.

Mini-, Mikro- und Nanosatelliten

Das nahe dem ostsibirischen Krasnojarsk gelegene Reschetnew-Zentrum für die Entwicklung von Satelliten hat enorme Technologietransfers an China geleistet. Die auf dem Gebiet der Raumforschung führende Universität Qinghua hat eine enge Kooperation mit der britischen Surrey Satellite Technology aufgebaut.

Daher verfügt das Reich der Mitte nun über die Möglichkeit, Minisatelliten (100 bis 1000 kg), Mikrosatelliten (10 bis 100 kg) und Nanosatelliten (unter 10 kg) herzustellen. Beobachtern zufolge soll China inzwischen in der Lage sein, jährlich mehrere Hundert Mini- oder Mikrosatelliten in eine Umlaufbahn zu bringen. Damit verfolgt es offenkundig militärische Zwecke. Die relativ preiswerten Satelliten dienen der Aufklärung und Spionage sowie der militärischen Telekommunikation und der Positionsbestimmung von Raketen und militärischen Einheiten. Sie sollen das amerikanische System GPS (Global Positioning System) ersetzen, das im Konfliktfall sofort unbrauchbar würde.

Mikrosatelliten wären zugleich eine Relaisstation für die Kontrolle von luftgestützten Laserkanonen, Raketen- und Raketenabwehrsystemen und intelligenter Munition. Diese kleinen Geräte könnten auch wie Parasiten an feindlichen Satelliten andocken und sie in dem von der militärischen Führung gewünschten Augenblick zum Explodieren bringen.

Peking hat beschlossen, sich mit 240 Millionen Dollar am europäischen Galileo-Programm zu beteiligen, dessen Gesamthaushalt 4 Milliarden Dollar übersteigt. Das in Konkurrenz zum amerikanischen GPS entwickelte System stützt sich auf ein Netz von dreißig Satelliten, die eine sehr präzise Positionsbestimmung für zivile und militärische Zwecke zulassen. Auch hier ist China hauptsächlich an einem Technologietransfer im Bereich der Positionsbestimmung und der Lenkung von Raketen und intelligenter Munition gelegen. Wertvolle Kenntnisse könnten die chinesischen Hersteller auch im Bereich Kommando, Kontrolle und Kommunikation (C3-Systeme) für das Gefechtsfeld erhalten. Peking weiß, dass es sich im Konfliktfall weder auf das amerikanische GPS noch auf das russische Glonass oder das europäische Galileo-System verlassen kann. Wahrscheinlich würde es in einem solchen Fall zahlreiche eigene Mikrosatelliten mit begrenzter Lebensdauer starten.

Einige *Shashoujian*

China wird noch zehn oder fünfzehn Jahre lang in einer Position sein, in der nur ein asymmetrischer Krieg denkbar ist, den es nicht gewinnen kann. Daher sucht es gezielt nach dem Geheimrezept des *Shashoujian*.

Vor einigen Jahren fiel den Militärs auf, dass elektronische Geräte in der Nähe starker Radargeräte nicht mehr funktionieren. So entstand die Idee der elektromagnetischen Bombe, bei der es sich überdies um eine »saubere« Bombe handelt, die keine Menschenverluste verursacht. Die amerikanischen Labors in Los Alamos und das Lawrence Livermore National Laboratory machten sich in den achtziger Jahren umgehend an die Arbeit, um elektromagnetische Waffen zu entwickeln, aber auch, um eine Abwehrwaffe zu finden und die Jagdflugzeuge vor solchen Angriffen zu schützen. Dabei entwickelten sie elektromagnetische Kanonen (Electromagnetic Guns), die in der Lage sind, einen Panzer und sogar ein Flugzeug zu zerstören.

Den chinesischen Strategen ist nicht entgangen, dass die amerikanischen Flugzeugträger weitgehend von ihren elektronischen Systemen abhängen. Somit könnte dies die Schwachstelle ihrer Panzerung sein. Ein Angriff der Flotte mit Unterstützung von E-Bomben, die starke elektromagnetische Impulse erzeugen, würde die elektronischen Systeme und die Schiffe zerstören. Ein solcher Bombentyp explodiert etwa 20 Kilometer vor dem Ziel und zerstört alle integrierten Schaltkreise und Prozessoren, die zur elektronischen Ausrüstung des Schiffes gehören: Radargeräte, Kommunikationssysteme, Abwehr- und Waffensysteme.

Das Schiff wäre dann vollkommen wehrlos und könnte mit konventionellen Waffen angegriffen werden.

Solche elektromagnetischen Bomben könnten auch gegen Taiwan eingesetzt werden, um dessen Stromverteilungssystem auszuschalten. Die Chinesen arbeiten seit 1999 mit den Russen an einem solchen Waffensystem.

Das mit dem Export von russischem Militärmaterial betraute staatliche Unternehmen Rosoboronexport hat China auch Mikrowellenkanonen angeboten. Diese Waffen erzeugen einen elektromagnetischen Impuls, der alle elektronischen Geräte und Systeme sowie Computer und Telefonnetze ausschaltet. Um die mobile Ranets-E einsatzfähig zu machen, genügen eine Antenne und ein Hochleistungsgenerator. Mit einer Energie von bis zu 500 Megawatt kann sie das Lenksystem von Raketen in einem Umkreis von 30 Kilometern ebenso außer Kraft setzen wie die Avionik an Bord eines Militärflugzeugs.

Ebenfalls auf der Grundlage russischer Technologie vom Ende der neunziger Jahre haben die Chinesen eine Laserwaffe entwickelt, die in der Lage ist, Beobachtungs-, Ortungs-, Kommunikations- oder GPS-Satelliten zu blenden oder sogar zu zerstören. Seit dem Jahr 2000 besitzt die Entwicklung von Anti-Satelliten-Waffen Priorität. Dank des Technologietransfers aus Russland und Israel entwickelt die Volksbefreiungsarmee auch tragbare Lasergewehre.

China hat ein sehr umfangreiches Entwicklungsprogramm für Antiraketenlaser auf den Weg gebracht, um die amerikanischen und japanischen Raketenabwehrprojekte zu durchkreuzen. Die Laserkanonen können am Boden installiert oder an Bord von Flugzeugen oder sogar Satelliten installiert werden. Gesteuert werden sie über Anlagen an Bord von Drohnen (unbemannten Flugzeugen) oder Militärsatelliten. Laserwaffen dienen dazu, das Lenksystem von ballistischen Raketen oder Marschflugkörpern außer Kraft zu setzen oder aber die Rakete selbst zu zerstören.

Militärische Zusammenarbeit mit Russland und Israel

Für Peking ist die russische Technologie nur eine Notlösung, um Zeit zu gewinnen, bis die chinesischen Labors selbst in der Lage sind, den Bedarf der Streitkräfte zu decken. Das russische Material dient als Messlatte für die einheimischen Entwicklungen und schließt die Lücken eines chinesischen Arsenals, das erst seit den neunziger Jahren modernisiert wird.

Die russische Rüstungsindustrie ist gezwungen, nicht eine, sondern zwei Längen Vorsprung vor ihrem chinesischen Rivalen zu bewahren – eine, um weiterhin als Lieferant für die Volksbefreiungsarmee attraktiv zu sein, und eine zweite, um strategisch einem Land überlegen zu bleiben, das über kurz oder lang zu einer Bedrohung für Sibirien werden wird.

Kann man sich eine fruchtbarere Partnerschaft als die zwischen der Fabrik der Welt und der Hochtechnologie der israelischen Labors vorstellen? Doch der heftige Flirt zwischen dem Reich der Mitte und Israel kollidierte rasch mit den strategischen Interessen der Amerikaner. Denn zwischen Washington und Jerusalem bestehen im Rüstungsbereich engste Beziehungen. In den achtziger Jahren haben die Amerikaner den weitaus größten Anteil einer israelischen Version des Jägers F-16 mit der Bezeichnung Lavi (»Löwe«) finanziert. Doch nachdem sie 1,5 Milliarden Dollar für dieses Programm ausgegeben hatten, zwangen sie Israel, es einzustellen. Dafür wurde der Lavi dann von China in Form des Projekts F-10 recycelt. 2002 wurde der chinesische Lavi in Dienst gestellt, und die Chengdu Aircraft Industry Corporation (CAC) produzierte mehr als 300 Stück. Ebenso wurden die chinesischen Raketen PL-8 in Israel entwickelt, bevor sie in China hergestellt und dann von dort aus an den Irak und den Iran geliefert wurden. Im

April 2001 erregte ein Luftzwischenfall Aufsehen, an dem das amerikanische Seeaufklärungsflugzeug EP-3 beteiligt war. Die chinesischen F-8-Jäger waren mit israelischen Python-3-Raketen bestückt, welche auf der Basis der amerikanischen Sidewinder entwickelt worden waren. Seit 1999 war die militärische Zusammenarbeit zwischen Peking und Jerusalem aufgrund der Verhärtung der amerikanischen Position gegenüber China erheblich beeinträchtigt – angefangen beim radarbasierten System für Luftraumaufklärung Phalcon vom Typ AWACS, das Israel dem Reich der Mitte verkaufen wollte. Das von dem israelischen Unternehmen Elta Electronics hergestellte Phalcon-System zur Luftraumüberwachung kann bis zu sechzig See- oder Luftziele in sehr großen Entfernungen verfolgen. China hätte damit das gesamte Chinesische Meer überwachen können, was ihm gegenüber Taiwan einen eindeutigen Vorteil verschafft hätte. Doch im Juli 2000 annullierte Elta auf Druck der US-Regierung den Liefervertrag. Das israelische Unternehmen hat sich von diesem Rückschlag erholt, denn es konnte 2003 ebendieses System an Indien verkaufen, wo es auf die IL-76 montiert wird – diesmal mit Zustimmung der Amerikaner.

Divergierende Interessen zwischen Europa und den USA

Das Waffenembargo gegenüber China zählt zu den Sanktionen, die infolge des Massakers auf dem Tiananmen-Platz 1989 über China verhängt wurden. Im Frühjahr 2005 verlangten Berlin und Paris seine Aufhebung – was in Washington auf Missfallen stieß.

Die Meinungsverschiedenheiten zwischen Europäern und Amerikanern datieren aus den Jahren 1992 und 1993. Die Sowjetunion war zusammengebrochen, was die Entstehung demokratischer Systeme ermöglichte – doch die Europäer vergaßen rasch, dass sie diese positive Entwicklung den USA verdankten. Mit der Rückgabe Hongkongs und Macaus an China war Europa zum ersten Mal seit Jahrhunderten nicht mehr in China präsent. Für die Europäer, die im Fernen Osten keine strategischen Interessen mehr verfolgen, ist China nur noch ein potentieller Markt für seine in Schwierigkeiten geratene Rüstungsindustrie – eine Sichtweise, die den Vereinigten Staaten und Japan wenig behagt. Inzwischen beherrschen die chinesischen Industriellen zahlreiche militärische Technologien, etwa bei Marschflugkörpern, Telekommunikation, Flugzeugmotoren, Großrechnern. Dies ist das Ergebnis ihrer Zusammenarbeit mit Deutschland, Russland und Frankreich, von denen sie Technologien mit doppeltem Verwendungszweck erworben haben. Was nicht heißt, dass Amerika bereit ist, China einen Vorsprung von fünf Jahren zu gewähren, in denen es europäische Waffensysteme kaufen kann.

Die europäische Rüstungsindustrie ist derzeit gegenüber den Vereinigten Staaten im Rückstand. Wenn Europa sein letztes Pulver verschießt und Peking sensible Waffensysteme liefert, riskiert es, dass die USA ihm ihre Spitzentechnologie verweigern. Frankreich und Deutschland haben also eine vor allem an Peking gerichtete PR-Maßnahme gestartet, als sie sich für die Aufhebung des Waffenembargos einsetzten, ohne dieser Forderung entsprechenden Nachdruck verleihen zu können.

Kapitel 6

Die amerikanische Seemacht

Wir pflegen von der »Pax Americana« zu sprechen, wenn wir ausdrücken wollen, dass die USA überall auf der Welt involviert sind – so wie es einst eine auf den Mittelmeerraum und Europa begrenzte »Pax Romana« gab.

Dieser Ausdruck ist aber mehr als eine gängige Formel, denn er gibt die Realität exakt wieder: Dank ihrer ungeheuren militärischen Stärke gewährleisten die USA die Sicherheit der Schifffahrtswege, Meeresengen und Seestraßen. Sie unterhalten nahezu 800 militärische Stützpunkte in mehr als vierzig Ländern.

Ab 1898 waren die Vereinigten Staaten eine Seemacht wie Großbritannien. Durch den Krieg gegen Spanien stießen die Amerikaner auf die Weltmeere vor: von Kuba und Puerto Rico in der Karibik bis hin zu den Philippinen und der Pazifikinsel Guam. Einmal unterwegs, annektierten sie dann auch noch Hawaii. Die US Navy wurde zum verlängerten Arm der amerikanischen Politik auf allen Ozeanen der Erde.

- Die Zweite und Dritte Flotte überwachen die Atlantik- und Pazifikküste des amerikanischen Kontinents.
- Die Fünfte Flotte ist im Persischen Golf in Bahrain stationiert und schützt den Nahen Osten.
- Die Sechste Flotte, deren Hauptquartier sich in Gaeta (Italien) befindet, kontrolliert das Mittelmeer.
- Die Siebte Flotte mit Hauptquartier in Okinawa, Japan, operiert im Westpazifik und an der chinesischen Küste.

Die US Navy verfügt über mehr als 250 Schiffe und 4000 Flugzeuge. Hinzu kommen fünfzig Jagd-U-Boote und elf aktive Flugzeugträger. Das neueste Schiff der Klasse ist die *USS Ronald Reagan*, der 2009 die *USS George H. Bush* folgen wird.

Das US Pacific Command

Das Pentagon hat die Welt in fünf militärische Zonen unterteilt, die jeweils von einem regionalen Kommandozentrum überwacht werden. China fällt in die Zuständigkeit des US-PACOM (US Pacific Command).

NORTHCOM SOUTHCOM	Der amerikanische Kontinent untersteht zwei Kommandozentren, die jeweils den Norden beziehungsweise den Süden des Kontinents abdecken.
EUCOM	zuständig für Westeuropa, Russland sowie West- und Südafrika.
CENTCOM	Das Central Command ist zuständig für den Nahen Osten, Zentralasien bis Afghanistan und Pakistan sowie für Ostafrika, Ägypten, den Sudan und das Horn von Afrika. Diese Kommandozone umfasst die Erdölregionen, die fast zwei Drittel der weltweiten Reserven des schwarzen Goldes enthalten. Außerdem kontrolliert das CENTCOM das Rote Meer und den Indischen Ozean und damit die Transportwege des chinesischen Erdöls.
PACOM	Die dem PACOM unterstellte Pazifikzone verläuft von Indien bis nach Japan und Australien. China ist ein Teil davon.

Das PACOM kann ein erhebliches militärisches Potential gegen China aufbieten. Im Konfliktfall käme noch die Unterstützung des japanischen Verbündeten hinzu.

Dem Pazifik-Kommando unterstehen sechs Flugzeugträger. Da sie für die chinesischen Raketen, Unterseeboote und elektromagnetischen Waffen sehr leicht angreifbar sind, haben sie einen Großteil ihrer strategischen Bedeutung eingebüßt. Ihre Aufgaben übernehmen militärische Stützpunkte. China besitzt keine Flugzeugträger.

Sowohl das PACOM wie auch die chinesische Marine verfügen über sechzig große Kriegsschiffe. Doch die amerikanische Flotte ist moderner und besser ausgerüstet. Japan besitzt die drittgrößte Marine der Welt.

Drei Viertel der fünfzig amerikanischen Jagd-U-Boote operieren im Pazifik. China verfügt derzeit nur über etwa zehn moderne Einheiten.

Den etwa 1500 Kampfflugzeugen der Vereinigten Staaten kann das Reich der Mitte nur knapp 1000 moderne Maschinen entgegensetzen. Insgesamt verfügt China über 2000 Flugzeuge.

Das Erdöl und die Bedrohung durch den Terrorismus

Der geologische Zufall hat dafür gesorgt, dass sich mehr als zwei Drittel der Mineralölreserven des Planeten im Großraum Mittlerer Osten – vom Sudan bis Zentralasien – befinden. Der historische Zufall wiederum wollte es, dass diese Regionen islamisch sind und dass sich die heiligen Stätten der drei monotheistischen Religionen in diesem Gebiet befinden. Die Region ist instabil und wird vom Terrorismus heimgesucht; also muss sie befriedet werden. Die Vereinigten Staaten maßen sich das ausschließliche Recht an, im Großraum Mittlerer Osten für Ordnung und Sicherheit zu sorgen – zum Wohle der anglo-amerikanischen Ölkartelle und zur Zufriedenheit des Pentagon.

Indem die Vereinigten Staaten die zentrale Region des CENTCOM, das heißt die Erdölgebiete des Nahen und Mittleren Ostens militärisch überwachen, kontrollieren sie zugleich zwei weitere Regionen, nämlich Europa und Asien.

Den Irak und Afghanistan halten sie besetzt, und vom Persischen Golf bis hin zum Indischen Ozean unterhalten sie militärische Stützpunkte:

- In Bahrain befindet sich das Hauptquartier der Fünften Flotte.
- In Katar hat Amerika nach der Aufgabe seiner militärischen Basen in Saudi-Arabien einen riesigen Luftwaffenstützpunkt errichtet.
- Kuwait sowie die Emirate Abu-Dhabi und Oman beherbergen mehrere militärische Einrichtungen.

Asiens Erdölversorgung ist vorwiegend von Einfuhren abhängig. Bei Südkorea und Japan machen sie bis zu 90 Prozent aus. Nahezu 80 Prozent dieser Mineralöleinfuhren stammen aus dem von Amerika kontrollierten Großraum Mittlerer Osten.

Die Pazifikregion, für die das PACOM zuständig ist, besitzt für die Vereinigten Staaten erhebliche strategische Bedeutung, da sie auch das Reich der Mitte umfasst. Das gegen China gerichtete militärische Arsenal befindet sich auf japanischem Territorium. Denn Tokio hat in der Region die Rolle des Hilfssheriffs der Vereinigten Staaten übernommen.

Kapitel 7

Japan – der verlängerte Arm Amerikas

1945 hatten die USA zweimal die Atomwaffe eingesetzt, um den japanischen Imperialismus zu zerschlagen. In den Jahren 1971 und 1985 griffen sie zweimal auf die Währungswaffe zurück, um die wirtschaftliche Macht Japans zu brechen, und 1973 und 1991 benutzten sie zweimal die Erdölwaffe. Dennoch ist Japan wider Erwarten neben Großbritannien immer noch der treueste Verbündete Amerikas.

Dem Land der aufgehenden Sonne geht es vor allem darum, seine Vorherrschaft in Ostasien zu behalten. Daher muss der Aufstieg Chinas um jeden Preis gebremst werden. Hier ist man sich mit den USA einig, die ihre führende Rolle in der Welt behalten wollen. Mit Waffenlieferungen an die Neonationalisten in Tokio errichtete Washington einen ersten Damm gegen die Ambitionen Pekings. So bildet Japan die Vorhut der Vereinigten Staaten in Ostasien. Der aufkommende japanische Nationalismus könnte zum Revanchismus werden, und eine Revanche gegen China wäre das geeignete Mittel, um die Schmach der Niederlage von 1945 zu tilgen.

In seiner fünftausendjährigen Geschichte hat China niemals Japan angegriffen. Die beiden Eroberungsversuche 1274 und 1281, die dank des »Götterwinds« Kamikaze an den Küsten des Inselreichs scheiterten, wurden von den Mongolen unternommen, die damals das Reich der Mitte beherrschten. Die Schrift, den Taoismus, den Konfuzianismus, die Verwaltung, die Regeln der Architektur – all das und vieles andere erlernten und übernahmen die Japaner dank der Vermittlung Koreas von ihrem großen Nachbarn. Jahrtausendelang taten die beiden Reiche alles, um einander aus dem Weg zu gehen.

Die Kanonenboote des Commodore Perry

Japan wurde seit 1603 vom feudalen Shogun-Regime der Familie Togukawa beherrscht. Die Shogune (»Kronfeldherren«) errichteten eine Diktatur und schotteten das Reich gegen jeden Einfluss von außen ab.

Es war der amerikanische Commodore Perry, der mit einer Flotte von sieben Dampfschiffen der zweieinhalb Jahrhunderte währenden uneingeschränkten Autarkie ein Ende setzte. 1854 zwang er den Shogun, den Vertrag von Kanagawa zu unterzeichnen, mit dem dieser die japanischen Häfen den amerikanischen Schiffen und das Land der aufgehenden Sonne dem internationalen Handel öffnete. Alle europäischen Großmächte profitierten von der Bresche, die die Vereinigten Staaten geschlagen hatten, und sicherten sich das Recht, mit Japan Handel zu treiben. Diese zwangsweise vollzogene Öffnung hatte tiefgreifende Auswirkungen auf die japanischen Eliten. Ihnen wurde bewusst, dass sich ihr Land der Moderne zuwenden und die Technologien und Entwicklungen des Westens übernehmen musste. Und Japan wollte auch nicht das Schicksal Chinas erleiden, das von den westlichen Imperialisten kolonisiert und zerstückelt worden war. 1867 übergab der letzte Shogun die Macht an den fünfzehnjährigen Kaiser Mutsuhito, mit dem die Meiji-Zeit (»Erleuchtete Regierung«) begann. Dieser beseitigte den Feudalstaat, führte ein parlamentarisches System ein und sorgte für eine Rückbesinnung auf die shintoistische Tradition, eine Form des vom chinesischen Taoismus abgeleiteten Animismus. Japan schickte seine Studenten ins Ausland und öffnete seine Grenzen für europäische

Techniker und Professoren. Tokio modernisierte das Land im Eiltempo, führte aber zugleich den Militärdienst ein und baute eine mächtige Armee nach preußischem Vorbild auf. Das zur imperialistischen Macht aufgestiegene Japan griff 1895 China an und annektierte die Insel Taiwan und den Süden der Mandschurei. Nach einem siegreichen Krieg gegen die europäische Großmacht Russland fielen 1905 Korea, Sachalin und Port Arthur an Japan. Als Kaiser Mutsuhito im Jahr 1912 starb, hatte das Land in kaum fünfundvierzig Jahren mehrere Jahrhunderte durcheilt. Es war zu einer imperialistischen Großmacht mit einer Bevölkerung von 52 Millionen geworden, was eine Verdoppelung gegenüber dem Stand von 1867 bedeutete. 1919, nach dem Ende des Ersten Weltkriegs, besaß Japan die drittgrößte Marine der Welt. Die wirtschaftlichen Schwierigkeiten der zwanziger Jahre, die Korruption der politischen Parteien und mehrere Finanzskandale führten zu einem wachsenden Einfluss nationalistischer Offizierskreise auf die Regierung. Um seine Absatzmärkte und seine Rohstoffversorgung zu sichern, entschloss sich das Land zu einer expansionistischen Politik. Es plante die Schaffung einer »Sphäre des gemeinsamen Wohlstands«, die Ostasien, Südostasien und die chinesischen Küstengebiete umfassen sollte. 1927 wurde General Tanaka zum Premierminister ernannt. Er proklamierte eine »Politik der positiven Expansion mit dem Ziel der Beherrschung Asiens durch Japan«. Ab 1931 eroberten die Japaner nach und nach große Teile Chinas. 1938 verkündete Tokio eine »Neue Ordnung im Fernen Osten«. Nach Ostchina und Französisch-Indochina wurden Burma, Indonesien, Malaysia, Singapur und die Philippinen besetzt.

Der japanischen Aggression fielen etwa 12 Millionen Chinesen zum Opfer. Besonders traumatisierende Erfahrungen waren das Massaker von Nanking, bei dem mehr als 300 000 Zivilisten den Tod fanden, der Missbrauch von Hunderttausenden chinesischer Frauen als »Trostfrauen«

durch die japanische Armee oder auch die Verbrechen der Einheit 731: Sie hatte in der Mandschurei Menschenversuche mit bakteriologischen und chemischen Waffen durchgeführt, die gegen die chinesische Bevölkerung eingesetzt werden sollten.

Der japanische Angriff in den dreißiger und vierziger Jahren war wahrscheinlich die größte Erniedrigung in der gesamten Geschichte Chinas. Sie erschien noch schmerzlicher als die Demütigung durch die westlichen Mächte und die Opiumkriege.

Nationalismus und Revisionismus

Trotz dieser unrühmlichen imperialistischen Vergangenheit, verbunden mit einer barbarischen und grausamen fünfzehnjährigen Besatzungspolitik, wehrt sich Japan heute mit aller Macht gegen den Aufstieg Chinas.

Tokio reagiert entrüstet, weil ein Land mit einem Territorium von 9,5 Millionen Quadratkilometern und 1,4 Milliarden Einwohnern Rüstungsanstrengungen unternimmt, weil es bestrebt ist, eine Hochseemarine aufzubauen, um seine Erdölversorgung sicherzustellen. Hinzu kommt, dass China Japan ab 2008 auch im Bereich der Ausrüstungsgüter Konkurrenz machen wird.

Kurzum, für Tokio wie für Washington hat China kein Recht, sich zu entwickeln.

1895 wurde Japan durch den Sieg über China zum ersten Mal in seiner zweitausendjährigen Geschichte zur stärksten Macht in Ostasien. Nun will es sich nicht durch die wirtschaftlichen Erfolge Chinas in die zweite Reihe drängen lassen.

Seit Kriegsende hat Tokio mehrfach sein Bedauern darüber ausgedrückt, dass Japan die anderen Länder Südostasiens überfallen hat. Nun will Japan ein Land wie jedes andere sein, einen ständigen Sitz im UN-Sicherheitsrat haben und ohne Einschränkungen militärische Aufrüstung betreiben. Diese Forderungen werden vom amerikanischen Mentor wärmstens unterstützt.

Mit dem Ende des Kalten Krieges in den neunziger Jahren, als Japan in eine wirtschaftliche Rezession geriet, entwickelte sich im Land eine starke neokonservative Strömung. Eines ihrer Ziele ist es, der »von außen aufgezwungenen« Schulddebatte, die das Land verunsichert, ein Ende zu setzen. Tatsächlich gab es in Japan niemals eine Aufarbeitung der Vergangenheit, wie sie in Deutschland stattgefunden hat.

Japan verliert sein Selbstvertrauen angesichts des chinesischen Aufschwungs. Und so ist es nicht weit bis zum Wiedererstarken eines Nationalismus, der jene finstere Periode aufwertet, in der das Land über eine »Sphäre des gemeinsamen Wohlstands« herrschen wollte.

Im shintoistischen Yasukuni-Schrein werden die 2,5 Millionen japanischen Kriegstoten geehrt. Zu diesen Millionen von Seelen gehören auch die Kriegsverbrecher der Kategorie A, die vom Internationalen Militärgerichtshof in Tokio zum Tode verurteilt worden waren. Einer von ihnen ist der damalige Ministerpräsident Hideki Tojo.

Der nationalistische und neokonservative Premierminister Junichiro Koizumi, der wenige Monate nach George W. Bush im April 2001 an die Macht kam, hat diesem Schrein mittlerweile fünf Besuche abgestattet. Dies ist nicht nur ein Affront gegen China, sondern auch gegen Korea, das jahrzehntelang unter der japanischen Besatzung gelitten hat. Ungeachtet der Proteste aus Peking setzte Koiziumi diese Auftritte gezielt für seine Kampagne zur Wiederherstellung des Nationalstolzes ein.

Der von Klägern taiwanischer Herkunft angerufene Hohe Gerichtshof von Osaka erließ im Oktober 2005 ein Urteil: Die wiederholten Besuche Junichiro Koizumis wurden als verfassungswidrig erklärt, da sie als Amtshandlung zu verstehen seien. Tatsächlich trug sich Koizumi in seiner Funktion als Premierminister in das Goldene Buch des Yasukuni-Schreins ein. Darüber hinaus stehen diese Besuche im Widerspruch zu Artikel 20 der Verfassung, der die Trennung von Staat und Religion vorsieht. Dieses Urteil ließ Koizumi völlig ungerührt. Inzwischen äußern viele Japaner sogar Zweifel an der Rechtmäßigkeit des Kriegsverbrecherprozesses von Tokio. Mehrere Verurteilte wurden übrigens begnadigt und stiegen später zu Ministern auf.

Premierminister Koizumis revisionistische Politik wurde von der Mehrheit der japanischen Bevölkerung unterstützt. Auch sein Nachfolger Shinzo Abe hat regelmäßig den umstrittenen Yasukuni-Schrein besucht. Sein Großvater war Kishi Nosubuke, ein Premierminister der Nachkriegszeit, der 1945 von den Amerikanern als Kriegsverbrecher gefangengenommen, aber niemals verurteilt worden war.

1992 kam es zu einem ersten Streit über den Inhalt der japanischen Schulbücher. Tatsächlich haben japanische Jugendliche kaum Gelegenheit, viel über die neuere Geschichte ihres Landes zu erfahren.

Die Revision der Schulbücher wird von führenden japanischen Industrieunternehmen wie Canon und Mitsubishi unterstützt und gesponsert, aber auch von etwa hundert japanischen Parlamentariern, die der Liberaldemokratischen Partei Koizumis angehören.

Am 5. April 2005 billigte die Regierung den Inhalt der neuen Schulbücher, in denen die japanischen Verbrechen während der Okkupation Chinas und Koreas in einem milden Licht dargestellt werden. In China kam es zu antijapanischen Protesten, und Peking verweigerte eine Entschuldigung.

Der nationalistische Revisionismus stößt bei Teilen der japanischen Jugend auf wachsende Zustimmung. Immer mehr junge Menschen sind der Meinung, die Darstellung des Massakers von Nanking sei ein Werk der chinesischen Propaganda. Japans Expansionspolitik habe nicht die Unterwerfung Asiens zum Ziel gehabt, sondern die Befreiung vom Joch der westlichen Kolonialstaaten.

Die Folgen dieser revisionistischen Politik zeigten sich unter anderem während der asiatischen Fußballmeisterschaft 2004 in China. Beim Endspiel zwischen dem Gastgeberland und Japan am 7. August warfen wütende chinesische Fans mit Abfall nach der japanischen Mannschaft. Nach dem Sieg der Gäste gingen japanische Fahnen in Flammen auf.

Ein ständiger Sitz im UN-Sicherheitsrat

Im März 2005 schlug UN-Generalsekretär Kofi Annan vor, den Sicherheitsrat zu erweitern. Durch die Aufnahme neuer ständiger Mitglieder sollte den Veränderungen in der Welt seit dem Ende des Zweiten Weltkriegs Rechnung getragen werden. Innerhalb weniger Tage unterzeichneten mehr als zehn Millionen Chinesen einen Protest gegen den Aufstieg Japans zum ständigen Mitglied. In Peking erklärte Premierminister Wen Jiabao, dass Japan nicht alle Kriterien für die Erlangung dieses Status erfülle, da es sich nicht seiner historischen Verantwortung stelle und das Vertrauen der Völker Asiens nicht verdiene.

Koizumi und sein nationalistischer Außenminister Taro Aso sind *persona non grata* in einem China, das die bilateralen Beziehungen auf Eis gelegt hat. Taro Aso erklärte seinerseits, China stelle eine »beträchtliche militärische Bedrohung« für die gesamte Region dar. Zwischen den beiden Ländern gab es seit 2001 keine Staatsbesuche mehr.

Weder Peking noch Tokio kann es sich erlauben, angesichts des wiedererstarkten Nationalismus im eigenen Land Nachgiebigkeit zu zeigen.

Remilitarisierung Japans

Im Juli 2004 brach der stellvertretende US-Außenminister Richard Armitage ein Tabu, als er in einer Denkschrift erklärte, Artikel 9 der japanischen Verfassung behindere die Entwicklung des amerikanisch-japanischen Bündnisses. Dieser Artikel untersagt dem Land jede Anwendung von Gewalt, sofern es sich nicht um Selbstverteidigung handelt. Für China konnte nun kaum mehr ein Zweifel daran bestehen, dass Japan an seine militaristische Vergangenheit anknüpfen will.

Gestärkt durch den überlegenen Wahlsieg vom 11. September 2005 schlug der japanische Premierminister vor, möglichst rasch den berühmten Artikel 9 einer Verfassung zu reformieren, die dem Land 1947 von den Amerikanern diktiert worden sei. Laut dieser Verfassung dürfen keine japanischen Truppen in Kampfzonen entsandt werden. Um dieses Hindernis zu umgehen, erklärte Koizumi den Irak nach der Siegeserklärung von George W. Bush einfach zur »befriedeten Zone«. So kam es, dass fünfhundert japanische Soldaten in das besetzte Land ziehen konnten.

Die Amerikaner haben in Japan etwa 50000 Soldaten stationiert, die über mehrere Dutzend Militärbasen auf den wichtigsten Inseln verteilt sind. Die japanische Regierung steuert jährlich 3 Milliarden Dollar zum Unterhalt dieser Stützpunkte bei. Japan stellt für die USA die vorderste Frontlinie gegenüber China dar, während die Insel Guam als zweiter Schutzwall und strategischer Stützpunkt für die Bomber dient.

Im Frühjahr 2005 wurde das Erste Armeekorps vom Bundesstaat Washington auf den Stützpunkt Camp Zama bei Yokohama verlegt. Es hat nicht nur die Aufgabe, den Pazifik zu verteidigen, sondern soll im Ernstfall auch in die Erdölregionen des Nahen Ostens vordringen. Das Kommandozentrum der Dreizehnten Air Force, zu der die Flotten der Langstreckenbomber gehören, wird möglicherweise auf den Luftwaffenstützpunkt im japanischen Yokota verlegt werden.

Der japanische Verteidigungshaushalt beträgt etwa 45 Milliarden Dollar und ist damit um ein Drittel höher als das offizielle chinesische Verteidigungsbudget. Die Remilitarisierung des Landes zeigt sich auch darin, dass die Agentur für Verteidigung 2005 in ein eigenständiges Ministerium umgewandelt wurde. Japan ist mit 10 Milliarden Dollar am Raketenabwehrsystem Anti Ballistic Missiles (ABM) beteiligt und will im Lauf des Jahrzehnts noch mehr Mittel dafür bereitstellen. Außerdem hat es beschlossen, neue satellitengestützte Beobachtungs- und Aufklärungssysteme einzuführen. 2008 wird Japan über Zerstörer verfügen, die mit dem Waffensystem Aegis und der Antiraketen-Rakete SM-3 ausgerüstet sind. Die in Yokosuka stationierten amerikanischen Truppen wurden verstärkt, und das Kommando der Landstreitkräfte wurde nach Kanagawa verlegt.

Amerikaner und Japaner richten ein gemeinsames operatives Kommandozentrum auf dem amerikanischen Stützpunkt Yokota ein, das für Taiwan und die koreanische Halbinsel zuständig sein wird.

Japan, das Land Hiroshimas und Nagasakis, ist selbst eine virtuelle Atommacht. Es bräuchte höchstens ein paar Monate, um Raketen mit waffenfähigem Plutonium auszurüsten.

Durch den »Krieg gegen den Terror« in Verbindung mit der Furcht vor der chinesischen Bedrohung scheinen sich die Vorbehalte der japanischen und der südkoreanischen Bevölkerung gegen die amerikanische Militärpräsenz in ihren Ländern verringert zu haben.

Gebietsstreitigkeiten

Auf die Senkaku-Inseln – die Chinesen nennen sie Diaoyu-Inseln – erheben Japan und China gleichermaßen Anspruch.

Zwischen beiden Ländern gibt es unterschiedliche Auffassungen über die Grenzen ihrer Ausschließlichen Wirtschaftszonen. Daher kommt es zum Streit über die Gasvorkommen im Meer, so etwa bei Chunxiao. 2004 gaben Shell und Unocal bekannt, dass diese Lagerstätten nicht genug Erdöl und Gas enthielten, um eine Exploration zu rechtfertigen. Dennoch waren Peking und Tokio bereit, sich wegen der Ausbeutung dieser Reserven auf eine Konfrontation einzulassen. Im Juli 2004 bevollmächtigte Japan ein Unternehmen, in der von China beanspruchten Zone Bohrungen durchzuführen. Die japanischen Erdölunternehmen rechnen mit Gasvorkommen von 200 Milliarden Kubikmetern.

Kapitel 8

Chinesisches Meer – »mare nostrum«?

Das agrarisch geprägte Kaiserreich China war eine Kontinentalmacht. Das exportorientierte Industrieland China muss sehr rasch eine Seemacht werden, wenn es seine ehrgeizigen Ziele erreichen will.

Es hat den Anschein, als könne China sich an den Küsten Afrikas oder in den lateinamerikanischen Pampas leichter durchsetzen als in dem Meer vor seiner Haustür, das sich bis zu den japanischen und indonesischen Inseln erstreckt.

Da ist zunächst einmal Taiwan, die »abtrünnige Insel«, die unter der Regierung Chen Shui-bians und seiner Demokratischen Fortschrittspartei den Schutz des japanisch-amerikanischen Bündnisses gesucht hat. Dann gibt es all die südostasiatischen Länder, die Peking auf seine Seite ziehen möchte. Währenddessen ist Japan, der militärische Vorposten der Vereinigten Staaten, fest entschlossen, das Vordringen Chinas zu verhindern und es in seine kontinentalen Schranken zu weisen.

Und schließlich sind da noch die gewaltigen amerikanischen Stützpunkte, die sich vom Hauptquartier der Siebten Flotte auf Okinawa bis zur Insel Guam erstrecken, wo die Bomberstaffeln stationiert sind.

Für Peking wird es also schwierig werden, das Chinesische Meer zu einem »mare nostrum« zu machen.

Die Diplomatie der »Gebietsabsteckung«

Wie zu Zeiten der Dynastien der Tang, der Song und der Ming musste China zunächst einmal seine kontinentalen

Grenzen festigen, bevor es sich auf die Meere wagen konnte. Während der sechziger Jahre hat China endgültig den Verlauf seiner Grenzen zu Afghanistan, Burma, Kambodscha, Nordkorea, zur Mongolei und zu Pakistan festgelegt. In den neunziger Jahren folgten dann die Grenzen zu Kasachstan, Kirgisistan, Vietnam und Laos.

Als China nach den blutigen Ereignissen auf dem Tiananmen-Platz international isoliert war, legte es selbst seine Grenzstreitigkeiten mit Russland bei, so wie in jüngerer Zeit mit Indien. Denn Peking wollte jeden Konflikt mit einem Nachbarn vermeiden, den die Vereinigten Staaten oder Japan ausnutzen konnten.

Die Tigerstaaten

Wo ist eigentlich das Konzept der »asiatischen Werte« geblieben, das in den neunziger Jahren von mehreren Führern der »Tiger« Malaysia, Singapur, Südkorea und Taiwan entwickelt, aber auch von Japan unterstützt wurde? Das vage von Konfuzius beeinflusste Konzept fordert den Vorrang der Gemeinschaft vor dem Einzelnen, wie um die autoritären Regime dieser Staaten und die Missachtung bestimmter Persönlichkeitsrechte zu rechtfertigen. Doch solche politischen Überlegungen reichen nicht aus, um das Phänomen vollständig zu erklären. Aufgrund einer latenten Feindseligkeit gegenüber dem Westen setzte sich die Vorstellung durch, dass die in Amerika und Europa übliche Lebensweise, Denkweise und politische Organisation für die asiatischen Kulturen und Völker ungeeignet seien. Man wollte die Gesellschaft mit Hilfe westlicher Technologie modernisieren, ohne dass dabei die »asiatischen Werte« verloren gingen. Mehrere Führungspersönlichkeiten der Region vertraten einen solchen panasiatischen Nationalismus, darunter auch Mahatir bin Mohammed, Premierminister und Architekt der Erneuerung

Malaysias, Lee Kuan Yew, der autoritäre Regierungschef Singapurs, und in Japan Akio Morita, der Gründer von Sony.

Die ehemaligen »Tiger« erlebten ihren Aufstieg, während das große China sich mühsam vom Maoismus befreite. Doch als die Region 1997 von der Währungskrise heimgesucht wurde, mussten sie die Führungsrolle abgeben. Denn während die Börsen von Seoul, Kuala Lumpur, Manila und Bangkok zusammenbrachen, zeigte sich China plötzlich in seiner ganzen Größe. In der internationalen Presse war keine Rede mehr von den »Tigern«, die fast über Nacht von Chinas aufstrebenden Sonderwirtschaftszonen Shanghai, Shenzen, Wuhan und Guangzhou verdrängt wurden. Die neureichen chinesischen Touristen, die seit 2001 den Rest Asiens überschwemmen, gelten als arrogant und ordinär. Außerdem hatten einige asiatische Führer erwartet, dass der Aufstieg Chinas sehr viel langsamer und mühevoller verlaufen würde und dass das Land dabei auf die Hilfe der Tigerstaaten angewiesen wäre.

Tatsächlich aber kommen 75 Prozent der Direktinvestitionen im Reich der Mitte aus diesen Ländern an seiner Peripherie und aus den chinesischen Gemeinden in Übersee, während nur 6 Prozent aus Japan stammen.

Die Chinesen in Übersee

Etwa 35 Millionen Menschen chinesischer Herkunft leben im Ausland. Die Mehrheit, das heißt 29 Millionen, haben sich in Südostasien niedergelassen, wo sie zumeist eine führende Rolle im Wirtschaftsleben ihrer neuen Heimat spielen.

- Indonesien: 7,3 Millionen (3 Prozent der Bevölkerung). Die Chinesen in Indonesien sind trotz oder vielleicht wegen ihrer wirtschaftlichen Stärke schlecht in die indonesische Bevölkerung integriert. Während der Währungskrise des Jahres 1997, die zum Sturz von Präsident Suharto führte, waren die chinesischen Minderheiten Opfer von Angriffen.

- Thailand: 7,3 Millionen (12 Prozent). Die Chinesen in Thailand sind sehr gut in die Bevölkerung des Landes integriert, und es gibt sehr viele Ehen mit anderen Einwohnern. Sie kontrollieren den größten Teil der Wirtschaft des Landes.
- Malaysia: 7 Millionen (30 Prozent). Ein System der positiven Diskriminierung fördert die Integration der malaysischen Mehrheit in den Wirtschaftsprozess, da dieser sonst völlig von den Chinesen beherrscht würde.
- Singapur: 3,6 Millionen (78 Prozent). Der Stadtstaat Singapur kann als chinesisches Land betrachtet werden, in dem die konfuzianische Lehre von der »Meritokratie« und der Achtung vor den staatlichen Autoritäten große Bedeutung besitzt.
- Vietnam: 2,3 Millionen (3 Prozent). Die chinesische Gemeinschaft in Vietnam ist trotz der ethnischen und kulturellen Nähe der beiden Völker schlecht integriert. Ein großer Teil der Boat People, die das Land nach der Wiedervereinigung im Jahr 1975 verließen, waren Chinesen.
- Burma mit 1,3 Millionen und die Philippinen mit 1,5 Millionen besitzen jeweils eine große und einflussreiche chinesische Gemeinschaft.

Offiziell leben 700 000 Chinesen im äußersten Osten Sibiriens, doch diese Zahl ist wahrscheinlich zu gering angesetzt. Die chinesischen Gemeinschaften spielen eine herausragende wirtschaftliche Rolle in einer Region, die die Russen nur mit Mühe besiedeln können. Mehr als 2,5 Millionen Chinesen leben in den USA und 1,2 Millionen in Kanada. Die während der zweiten Amtszeit Clintons von den republikanischen Neokonservativen geschürte antichinesische Hysterie hat zu Misstrauen gegenüber dieser Bevölkerungsgruppe geführt. Viele Amerikaner chinesischer Herkunft besitzen eine offensichtliche Affinität zur Volksrepublik China. Dies und natürlich die Sprache verschaffen ihnen einen natürlichen Vorteil, wenn es darum geht, Handelsbeziehungen zum »Drachen« aufzunehmen. Allerdings würden die Chinesen in Übersee niemals die »fünfte Kolonne« der Volksbefreiungsarmee bilden.

Inseln der Zwietracht

Das Chinesische Meer ist das natürliche Manövriergebiet der chinesischen Marine, die sich mitten in der Modernisierung befindet. Es gibt keine Großmacht, die nicht auch das Meer vor ihren Küsten beherrschen würde. Nun wird dieses Meer jedoch von den Vereinigten Staaten kontrolliert, die kaum 500 Kilometer entfernt von China Stützpunkte in Südkorea und Japan unterhalten und die militärischen Bestrebungen Taiwans unterstützen.

Das Südchinesische Meer ist eines der weltweit am meisten befahrenen Meere, denn 50 Prozent des internationalen Containerverkehrs verläuft über die dortigen Seewege. Hier liegen drei der größten Häfen: Shanghai, Singapur und Hongkong. Außerdem birgt das Südchinesische Meer möglicherweise Gas- und Ölvorkommen, auf die das Reich der Mitte ein Auge geworfen hat.

In den chinesischen Schulbüchern ist die Rede von dem historischen Meer, das bis an die Grenzen Indonesiens reicht und einst von den Kaisern der Han-Dynastie beherrscht wurde. Diese Rückbesinnung auf die Vergangenheit wirkt für manche Länder der Region nicht sonderlich beruhigend. Denn die Frage der Hoheitsrechte ist bei einigen Inselgruppen noch immer ungeklärt.

Die Kontrolle über die Spratly- und Paracel-Inseln hat für China eine wichtige strategische Bedeutung. Durch die Anerkennung seiner Hoheitsrechte über diese Inseln – sowie über Taiwan und erst recht über das Natuna-Archipel – würde das Chinesische Meer zum »mare nostrum« des Reiches der Mitte werden. Außerdem würde China damit die Kontrolle über mehrere strategisch besonders wichtige Meerengen gewinnen: über die Taiwan- und die Bashi-Straße, durch die 75 Prozent des Erdöls aus dem Nahen Osten nach Japan und Südkorea transportiert werden.

Senkaku-Inseln (Diaoyu)	Auf diese Inselgruppe erheben Japan und China Anspruch. Das nordöstlich von Taiwan gelegene Gasfeld von Chunxiao befindet sich in einer Zone, die China für sich reklamiert.
Spratly-Inseln	China, Taiwan, Vietnam und die Philippinen berufen sich auf historische Rechte, um ihren Hoheitsanspruch über die gesamte Inselgruppe oder Teile davon zu begründen. Für Malaysia und Brunei gehören die 400 Inseln einfach zu ihren Sonderwirtschaftszonen. Der chinesische Konzern CNOOC und die Philippine National Oil Company haben gemeinsam mit der Prospektion begonnen und damit den Zorn Vietnams auf sich gezogen. PetroVietnam bemüht sich um internationale Partner, um ebenfalls Prospektionsarbeiten durchzuführen. 1988 wurde ein vietnamesisches Schiff von der chinesischen Marine versenkt.
Paracel-Inseln	Die 130 Inseln sind seit 1974 von China besetzt und werden von Taiwan und Vietnam beansprucht.

Natuna-Inseln	Indonesische Inseln in der Nähe von Java. Die Chinesen beanspruchen den Norden der Natuna-Inseln, wo es Gasvorkommen gibt. Damit würden die Grenzen ihrer Territorialgewässer bis an die Grenzen Malaysias und Indonesiens ausgedehnt. In jüngerer Zeit wurden diese Ansprüche seltener geäußert.
Territorial-gewässer	Zwischen China, Taiwan, Vietnam, den Philippinen, Brunei, Malaysia und Japan herrscht Uneinigkeit über die Aufteilung der Meerregion und der Fischereizonen.

Regionale Organisationen

Neben der APEC (Asia-Pacific Economic Cooperation), in der alle Länder der Region zusammengeschlossen sind und die rein wirtschaftliche Ziele verfolgt, gibt es noch einige wichtige Organisationen, die auf Initiative südostasiatischer Länder entstanden sind.

Die Association of South East Asian Nations (ASEAN) wurde 1967 während des Vietnamkriegs von den nichtkommunistischen Staaten der Region gegründet. Heute gehören die Länder des ehemaligen Indochina der ASEAN an, das heißt Singapur, Malaysia, Indonesien, Thailand, die Philippinen, Brunei, Vietnam, Kambodscha, Laos und Burma. Das Ziel der ASEAN ist es, Stabilität und wirtschaftliche Zusammenarbeit zwischen den Staaten der Region zu fördern. In dieser Organisation sind befreundete Länder der beiden großen Rivalen vertreten: Singapur und die Philippinen als Verbündete der Vereinigten Staaten; Burma und Kambodscha als Parteigänger Chinas.

Inzwischen haben die südostasiatischen Staaten die drei Großmächte Ostasiens eingebunden. Zu ASEAN + 3 gehören die zehn ASEAN-Staaten sowie China, Japan und Südkorea. Doch trotz aller Bemühungen der ASEAN-Mitglieder bleibt dieses erweiterte Forum eine leere Hülse, da es durch den Antagonismus zwischen Peking und Tokio paralysiert wird.

Die Anfang 2005 auf dem ASEAN-Gipfel in Vientiane gegründete JACIK – Japan, ASEAN, China, Indien und Südkorea – ist eine virtuelle Gruppe von Staaten mit drei Milliarden Menschen, der Hälfte der Weltbevölkerung. Ihren Kern bildet die ASEAN, während Japan und Südkorea eher am Rande beteiligt sind. Die ASEAN versteht sich als privilegierter Partner Chinas und Indiens und als Vermittler zwischen den beiden großen Nationen. Damit wird sie zum Rivalen Südkoreas und Japans.

Im Dezember 2005 fand in Kuala Lumpur der erste Ostasiengipfel EAS (East Asian Summit) statt, an dem neben der ASEAN-Gruppe, Südkorea, Japan und China auch Indien, Australien und Neuseeland teilnahmen. Diese Treffen sollen jedes Jahr durchgeführt werden. Allerdings zeigten sich erhebliche Differenzen. Japan versucht mit aller Macht, seinen amerikanischen Verbündeten als Beobachter einzuführen, während Indonesien befürchtet, dass die ASEAN durch eine Erweiterung an Identität und an Substanz verliert. Malaysia knüpft an den panasiatischen Nationalismus Mahatir bin Mohammeds an und wünscht, dass die asiatischen Staaten ein Gegengewicht zu Europa und zu den Vereinigten Staaten darstellen, was wiederum China nur recht sein kann. Denn Peking möchte natürlich verhindern, dass die Vereinigten Staaten an künftigen Gipfeltreffen teilnehmen.

Südkorea als Trabant Pekings?

Auch Korea war zwischen 1910 und 1945 von den Japanern besetzt. Erst kürzlich erhob Tokio Anspruch auf die 1905 eroberten Tokodo-Inseln, die es in Yakeshima umbenannt hatte und nach der Niederlage 1945 an Korea zurückgeben musste. Diese Ankündigung löste in Südkorea Empörung und Proteste aus.

Sowohl die Antipathie Südkoreas gegenüber Japan wie auch die Anziehungskraft des großen Nachbarn China treiben die Annäherung zwischen Seoul und Peking voran. Die südkoreanische Wirtschaft ist inzwischen extrem abhängig von der chinesischen, was das Gefühl, eine Schicksalsgemeinschaft zu sein, nur noch verstärkt. Das Reich der Mitte ist der Hauptnutznießer der südkoreanischen Investitionen, die zur Hälfte in China getätigt werden. Die 150000 koreanischen Studenten bilden das größte Ausländerkontingent an den chinesischen Universitäten.

Daher hat Südkorea gemeinsam mit China gegen die Aufnahme Japans als ständiges Mitglied des UN-Sicherheitsrats protestiert und die falsche Darstellung der Kriegsereignisse in den Schulbüchern verurteilt. So ist es auch nicht erstaunlich, dass Seoul und Peking ihre Zusammenarbeit in Verteidigungsfragen vertiefen und gemeinsame Manöver durchführen wollen.

Trotz der Stützpunkte der Vereinigten Staaten in Südkorea und der 30000 Soldaten, die die Pufferzone zu Nordkorea bewachen, kann Seoul keinesfalls als zuverlässiger Verbündeter Washingtons betrachtet werden.

Nordkorea und die Wiedervereinigung

Das kommunistische Nordkorea ist – scheinbar – das größte Rätsel der modernen Geopolitik. Das arme Land hängt am Tropf Chinas, von dem es Nahrungsmittelhilfe, Energie und diplomatische Unterstützung erhält. Warum also lässt Peking zu, dass Kim Jong-Il die Welt mit nuklearen Tests provoziert? Die Gefahr aus Pjöngjang ist ein Glücksfall für

Tokio, denn sie rechtfertigt die japanische Wiederbewaffnung, ebenso wie Al Qaida den USA als Vorwand für die Aufstellung eines Raketenabwehrsystems dient.

Mit Nordkorea beschützt China eines der Länder der »Achse des Bösen«, zu der auch der Iran, ein weiterer Verbündeter Pekings, gehört. Bei der Entwicklung der nordkoreanischen No-Dong-Rakete in den achtziger Jahren gab es eine intensive Zusammenarbeit zwischen diesen drei Ländern. Die Taepo-Dong-Rakete besitzt eine noch größere Reichweite. 1994 verhandelte US-Präsident Clinton mit Pjöngjang über die Einstellung des nordkoreanischen Atomprogramms und bot dem kommunistischen Regime als Gegenleistung zwei Leichtwasserreaktoren an. Doch das Abkommen scheiterte am Widerstand des Kongresses. 2000 und 2002 warf Washington Nordkorea vor, es verfolge ein geheimes Atomanreicherungsprogramm. Anfang 2005 brachte Pjöngjang erneut Clintons Vorschlag von 1994 auf den Tisch, doch wieder lehnten die Amerikaner ab. Im Februar 2005 bestätigte Nordkorea, dass es über Atomwaffen verfügt, und im Jahr darauf lösten die Nukleartests eine internationale Krise aus.

Seit Beginn des Konflikts im Jahr 2000 gab es vier Verhandlungsrunden zwischen Pjöngjang und den regionalen Großmächten, bei denen China eine Vermittlerrolle übernahm. Tatsächlich wäre es keineswegs in Pekings Interesse, wenn Nordkorea mit fliegenden Fahnen unterginge und mit Unterstützung der Amerikaner von Südkorea geschluckt würde. Noch schlimmer wäre es, wenn das Land von einer multinationalen Truppe unter Führung der USA besetzt würde. Die nordkoreanischen Führer wissen also ganz genau, wie weit China bereit ist zu gehen, um den Sturz des Regimes zu verhindern. Solange Peking Kim Jong-Il unterstützt, hält es den Schlüssel zur Wiedervereinigung Koreas in der Hand.

Thailand

Thailand und China haben in den achtziger Jahren einen Vertrag über strategische Zusammenarbeit unterzeichnet. Das Land verfolgt in der ASEAN eine prochinesische Linie. Thailand zeigt Respekt vor dem erstarkenden »Drachen«, so wie die früheren Könige Siams dem chinesischen Kaiser gehuldigt hatten. Doch seit dem Vietnamkrieg pflegt das Land enge Beziehungen zu den Vereinigten Staaten, die ihm den Status eines »major non-NATO ally« (MNNA) verliehen haben. In Thailand befinden sich mehrere amerikanische Stützpunkte. Um die Straße von Malakka umgehen zu können, hat China erwogen, durch den Isthmus von Kra für 20 Milliarden Dollar einen Kanal zu bauen. Wahrscheinlich aber wird Peking dem Pipelineprojekt in Burma den Vorzug geben.

Burma

Die meisten Länder der Region haben begriffen, dass es müßig wäre, die burmanische Militärjunta auszugrenzen – es sei denn, man wollte sie vollständig dem Einfluss Pekings überlassen. Daher verfolgt die ASEAN, deren Mitglied Burma seit 1997 ist, gegenüber Rangun eine Politik der »konstruktiven Einbindung«. Für diese Option hat sich auch Indien entschieden, das wenig erfreut darüber war, dass sein östlicher Nachbar immer mehr unter den Einfluss des Reichs der Mitte geriet. China ist der wichtigste Wirtschaftspartner Burmas, sodass das Regime in Rangun inzwischen sehr von der Hilfe des großen Nachbarn abhängig ist. Peking wird alles tun, um einen politischen Wandel in Burma zu verhindern. Es unterhält mehrere Flottenstützpunkte an der burmanischen Küste sowie Horchposten auf den Coco-Inseln nördlich der Andaman-Inseln. Außerdem gibt es Überlegungen, von Sittwe aus eine Pipeline zur Küste von Yunnan zu legen, um die Straße von Malakka umgehen zu können.

Auf Drängen der Vereinigten Staaten hat sich der UN-Sicherheitsrat mit der Menschenrechtssituation in Burma befasst. Ungewöhnlich ist, dass auch die ASEAN Kritik an Rangun übte und die Freilassung der Regimegegnerin Aung San Suu Kyi forderte.

Indonesien

Der bilaterale Handel zwischen China und Indonesien beläuft sich auf lediglich 14 Milliarden Dollar und liegt damit weit hinter dem mit Japan oder den Vereinigten Staaten. China hat Indonesien den Status eines »strategischen Partners« angetragen, den es bislang nur Russland, den Vereinigten Staaten und Indien gewährt hat. Peking hat nahezu 1,5 Milliarden Dollar in den indonesischen Energiesektor investiert. 2,6 Millionen Tonnen Flüssiggas werden von Tangguh in Irian Jaya (Neuguinea) zum Terminal in der Provinz Fujian transportiert.

Indonesien ist mit seinen 214 Millionen Menschen das größte muslimische Land der Erde. Für die Chinesen ist dies ein interessanter Markt, doch sie zögern noch zu investieren, weil das Land als politisch instabil gilt. Im Rahmen seiner Expansion im Südchinesischen Meer betrachtet Peking den indonesischen Archipel mit seinen 17 000 Inseln als unentbehrlichen Partner.

Vietnam

1979 fielen die Vietnamesen in Kambodscha ein, um das von Peking unterstützte System der Roten Khmer zu stürzen. Darauf entschloss sich China zu einer militärischen Strafexpedition gegen Vietnam. Allerdings musste es seine Truppen rasch wieder zurückziehen, nachdem ihnen die kampferprobte vietnamesische Armee gravierende Verluste zugefügt hatte. Doch dies alles ist Vergangenheit. Heute machen chinesische Touristen Urlaub in Vietnam. Zwischen den beiden Ländern bestehen enge Handelsbeziehungen, doch die jahrhundertelange chinesische Herrschaft hat in Vietnam ein tiefes Misstrauen hinterlassen.

Australien

Die australische Regierung hat den Verkauf von Uran an China genehmigt, was im Parlament auf Kritik stieß. Das Uran könnte nämlich nicht nur für das Atomstromprogramm des Landes, sondern auch für militärische Zwecke verwendet werden. Am Ende gaben jedoch die Handelsinteressen den Ausschlag. Australien besitzt 39 Prozent der weltweiten Uranreserven, und China plant, seine Atomstromerzeugung zu vervierfachen.

Das chinesische Unternehmen CNOOC hat 2003 die Förderrechte für die Flüssiggasfelder im Nordwesten Australiens erworben. Damit müsste die Lieferung von 3,5 Millionen Tonnen Flüssiggas im Lauf der nächsten 25 Jahre gesichert sein. Dank seiner Stärke als Handelsmacht konnte sich China hier gegenüber Japan und Südkorea durchsetzen, obwohl beide Staaten einen um 15 Prozent höheren Preis geboten hatten.

Kapitel 9

Die Taiwan-Frage

Im Jahr 2000 wurde Chen Shui-bian, der Führer der Demokratischen Fortschrittspartei, zum taiwanischen Staatspräsidenten gewählt. Dies bedeutete das Ende der fünfzigjährigen Herrschaft der Kuomintang, die die Insel stets als Teil Chinas betrachtet hatte. Dagegen setzte sich Chen Shui-bian für die Unabhängigkeit Taiwans ein.

Peking befand sich nun in einer Zwickmühle. Sollte Taipeh einen Schritt in Richtung Unabhängigkeit tun, würde China seine Ankündigungen wahrmachen und militärisch eingreifen. Und gemäß den Zusicherungen Bushs würden die Vereinigten Staaten die Insel mit allen Mitteln verteidigen. Damit wäre die militärische Eskalation unvermeidlich.

Dank dem Regierungswechsel in Taiwan schienen die Vereinigten Staaten einen Trumpf in der Hand zu halten, um nach Belieben einen Konflikt mit China lostreten zu können. Washington hätte Chen Shui-bian lediglich ermutigen müssen, Kurs auf die Unabhängigkeit zu nehmen.

War Peking also in der Falle gefangen? Der Schein trog.

Als die nach Unabhängigkeit strebende Demokratischen Fortschrittspartei im Jahr 2000 an die Regierung kam und George W. Bush im Januar 2001 in das Weiße Haus einzog, war es vielleicht schon zu spät für eine solche Eskalation in der Taiwan-Frage. Kurz darauf wurde das wirtschaftlich erstarkte China Mitglied der WTO. Heute ist Taiwan weitgehend zu einem Vasallenstaat Pekings geworden. Mehr als eine Million Bürger der Insel arbeiten auf dem Festland, wohin auch ein Großteil der taiwanischen Elektronikunternehmen verlagert worden ist. Als die Kuomintang 1991 auf ihren Alleinvertretungsanspruch für ganz China verzichtete, gab es noch gravierende Gegensätze zwischen beiden Systemen, doch innerhalb der letzten fünfzehn Jahre kam es zu einer weitgehenden Konvergenz. Mittlerweile erkennen die Taiwaner, dass die Zukunft ihrer Insel immer stärker von China abhängt. Daher dürfte die Aufrechterhaltung des Status quo auf beiden Seiten der Taiwan-Straße Vorrang haben.

Hätten die Befürworter der Unabhängigkeit schon 1996 die Wahlen gewonnen, hätte sich die Situation vielleicht anders entwickelt. Damals hatte China gerade eine Periode der Überhitzung der Wirtschaft erlebt, die zu einer Abwertung des Yuan um 30 Prozent geführt hatte. Zu jener Zeit besaß der »Drache« noch nicht das gleiche Selbstbewusstsein wie ein Jahr später, als er gestärkt aus der Währungskrise hervorging.

1996 war China noch empfindlich wie eine Mimose und reagierte heftig auf die geringste Provokation. Seine Diplomatie entsprach noch dem Stil der fünfziger Jahre. In den Augen des Pentagon musste das Land als idealer Kandidat für eine militärische und womöglich sogar atomare Eskalation erscheinen. Denn Peking schreckte nicht davor zurück, Raketentests in der Taiwan-Straße durchzuführen, um die Bevölkerung der Insel vor den Präsidentschaftswahlen einzuschüchtern. Dabei wurden der Luft- und der Seeverkehr mit einigen Häfen unterbrochen. Doch 1996 waren nicht alle Voraussetzungen für einen militärischen Konflikt gegeben. Im Weißen Haus regierte Bill Clinton, der sich damit begnügte, zwei Flugzeugträger in die Taiwan-Straße zu entsenden, um Peking zur Vernunft zu bringen.

Ab 2001 verschärfte sich der Ton zwischen Taipeh und Peking erneut. Drei Jahre später sprachen Beobachter von einer ernsthaften Kriegsgefahr. Doch Anfang 2005 ließen die Spannungen wieder nach.

Mittlerweile ist die Demokratische Fortschrittspartei in Misskredit geraten. Die Taiwaner geben ihr die Schuld an der schlechten wirtschaftlichen Lage der Insel, sodass sie bei den nächsten Wahlen wieder von der Kuomintang abgelöst werden dürfte. Nach massiven Korruptionsvorwürfen erklärte Chen Shui-bian im Juni 2006 seinen Verzicht auf die »Machtausübung«.

Angesichts der wirtschaftlichen Stärke, der industriellen Dynamik und des demographischen Gewichts des »Drachen« wird den 23 Millionen Taiwanern allmählich bewusst, dass sie vielleicht doch nur die 23. Provinz des großen China sind.

Eine bewegte Geschichte

Die Verfechter der Unabhängigkeit verweisen darauf, dass die Insel ursprünglich von malaiischen Polynesiern bewohnt war. Sie lebten in den Ebenen an der Küste, bevor im 17. Jahrhundert die Han-Chinesen kamen. Dagegen betont man in Peking, dass schon chinesische Seefahrer des 3. und 7. Jahrhunderts Schilderungen der Insel hinterlassen haben. Im 12. Jahrhundert, dem Zeitalter der Song-Dynastie, wurde eine chinesische Garnison eingerichtet, die Taiwan der Gerichtsbarkeit der Provinz Fujian unterstellte.

Nach der Besetzung durch die Holländer von 1624 bis 1662 wurde die Insel 1683 offiziell von China annektiert. Dreihundert Jahre später, nach dem verlorenen Krieg gegen Japan, musste Peking Taiwan im Vertrag von Shimonoseki »für alle Zeiten« an Tokio abtreten.

Auf der Kairoer Konferenz im Jahre 1943 einigten sich Roosevelt, Churchill und Chiang Kai-shek darauf, dass China alle von Japan »geraubten« Gebiete – das heißt die Mandschurei, Taiwan und die Pescadores-Inseln – zurückerhalten sollte. Damit erkannten die Vereinigten Staaten an, dass Taiwan tatsächlich zu China gehörte. Am 25. Oktober 1945 wurde die Insel an die Chinesische Republik zurückgegeben, und hier hätte die Geschichte enden können. Doch durch Chiang Kai-sheks Niederlage im Bürgerkrieg und die Flucht der Kuomintang nach Taiwan änderte sich alles.

Die USA unterstützten den Anspruch der Kuomintang-Regierung in Taipeh, ganz China zu vertreten. Washington widersetzte sich der Aufnahme des kommunistischen China in die Vereinten Nationen und erkannte nur die »Republik China« auf Taiwan an.

Die einheimische Bevölkerung war nicht sehr erfreut über die Ankunft von einer Million Festlandschinesen der Kuomintang, die sie als autoritär und korrupt empfand. Präsident Truman schien die USA zunächst aus dem Konflikt um Taiwan heraushalten zu wollen. Er ordnete sogar eine Seeblockade an, um Chiang Kai-shek an einem Angriff auf die Volksrepublik zu hindern. Die Gefahrensituation hatte sich also umgekehrt. Doch als 1950 der Koreakrieg ausbrach, in dem die Volksrepublik Pjönjang unterstützte, erklärte der amerikanische Präsident die Taiwan-Straße zur neutralen Zone. Die Insel wurde faktisch unter den militärischen Schutz der USA gestellt.

Im 1951 mit Japan geschlossenen Friedensvertrag von San Francisco wurde die veränderte Einstellung gegenüber Taiwan deutlich. Im Unterschied zu den vorangegangenen Erklärungen wurde nun betont, dass die Zukunft Taiwans im Einklang mit den Grundsätzen der Charta der Vereinten Nationen entschieden werden sollte. Dies war ein kaum verhüllter Hinweis auf Artikel 1, in dem das Selbstbestimmungsrecht der Völker anerkannt wird.

1953 hob Präsident Eisenhower die amerikanische Seeblockade vor Taiwan auf, die die Nationalisten von einem Angriff auf das Festland abhalten sollte. Im darauffolgenden Jahr kam es zur ersten Krise in der Taiwan-Straße. Die militärischen Auseinandersetzungen konzentrierten sich auf die Qemoy-Inseln vor Taiwan, die von den Chinesen beschossen wurden. Außerdem wurden dreizehn amerikanische Soldaten, deren Flugzeug über dem Hoheitsgebiet der Volksrepublik abgeschossen worden war, zu lebenslanger Haft verurteilt.

Damals erwogen die Vereinigten Staaten wiederholt, im Falle eines Angriffs Nuklearwaffen gegen China einzusetzen. Im September 1954 empfahl der Generalstabschef einen Atomschlag, was Eisenhower jedoch ablehnte. Aus dieser Zeit datiert der 1955 ratifizierte Beistandspakt mit Taipeh. Im selben Jahr erklärte China die Krise für beendet und ließ die dreizehn amerikanischen Luftwaffenangehörigen frei.

1958 lieferten die Vereinigten Staaten Luft-Luft-Raketen an Taiwan und verstärkten ihre militärische Unterstützung für Nationalchina. Auf der Insel wurden Matador-Raketen stationiert, die mit nuklearen Sprengköpfen bestückt werden konnten. Mit einer Reichweite von nahezu 1000 Kilometern bedrohten sie weite Teile des chinesischen Festlands. Daraufhin schlug die Volksrepublik eine sehr viel härtere Linie ein. Peking befahl die Beschießung der nationalchinesischen Inselgruppen Qemoy und Matsu und bekräftigte die Absicht, Taiwan zu »befreien«.

Daraufhin entsandten die Vereinigten Staaten ein großes Geschwader in die Region. Gleichzeitig errang die nationalchinesische Luftwaffe eine Reihe von Siegen gegen die Streitkräfte Pekings. Außenminister John Foster Dulles drohte erneut, dass ein Angriff des kommunistischen Regimes mit einem »massiven Vergeltungsschlag« beantwortet werden würde. Dabei sollten Nuklearwaffen zum Einsatz kommen; sogar Pläne für eine Bombardierung von Shanghai und Guangzhou wurden bekannt. Anders als bei Konflikten mit der Sowjetunion war hier nie von einer »abgestuften Reaktion« die Rede, denn China verfügte damals noch nicht über Nuklearwaffen. Die Doktrin war also ganz einfach: Amerika würde die Atombombe wie eine konventionelle Waffe einsetzen. Daran hat sich bis heute nicht viel geändert.

Peking blieb also keine andere Wahl, als über die Beilegung der Krise zu verhandeln und die Beschießung der Inseln einzustellen. Diese zweite Konfrontation in der Taiwan-Straße bestärkte die Chinesen in der Überzeugung, dass sich nur ein Land mit Nuklearwaffen Respekt verschaffen konnte. Die erste chinesische Atombombe wurde im Jahr 1964 gezündet – ohne Hilfe der Sowjets, zu denen Peking vier Jahre zuvor die Beziehungen abgebrochen hatte.

Ein Verbündeter namens Kissinger

Einige Jahre später leitete die sogenannte Pingpong-Diplomatie eine Wende in den chinesisch-amerikanischen Beziehungen ein. Sie begann im April 1971, als Zhou Enlai überraschend die amerikanische Tischtennismannschaft, die in Japan spielte, nach China einlud. Wenig später folgte ihr Nixons Sicherheitsberater Henry Kissinger, der den Grundstein für die Annäherung an China legte. Im Juli und im Oktober 1971 reiste er zweimal in geheimer Mission nach China, um Gespräche mit Zhou Enlai zu führen. Sein erklärtes Ziel war es, gegen Moskau, mit dem Peking im Jahr 1960 gebrochen hatte, die chinesische Karte auszuspielen. Und China konnte nur gewinnen, wenn es seine außenpolitische Isolation durchbrach und sich der Schutzmacht Taiwans annäherte.

Im Oktober 1971 nahm China dank der Rücknahme des

amerikanischen Vetos wieder seinen Platz als ständiges Mitglied des UN-Sicherheitsrats ein – während Taiwan aus den Vereinten Nationen ausgeschlossen wurde. Aus den inzwischen freigegebenen Unterlagen geht hervor, dass es in den Gesprächen zwischen Kissinger und Zhou Enlai vor allem um die Taiwan-Frage ging. Anschließend trat Richard Nixon die Reise nach Peking an, wo er wie Kissinger bekräftigte: »Es gibt nur ein China, und Taiwan ist ein Teil davon.« Die Anerkennung der Pekinger »Ein-China-Politik« war die Voraussetzung für die Wiederannäherung der beiden Länder.

Kissinger war bei den Neokonservativen nicht sehr beliebt, obwohl er Republikaner war. Er war der Architekt der Entspannungspolitik gegenüber der Sowjetunion und der Annäherung an China – zwei Initiativen, die die Strategie der »Eindämmung« des Gegners durchkreuzten und ihm die Möglichkeit ließen zu erstarken. Kissingers politisches Ende kam, als er mit Nixon in den Strudel der Watergate-Affäre geriet.

Das »Kommuniqué von Shanghai« – die Anerkennung eines einzigen China durch Washington – bindet Amerika und schränkt seinen Handlungsspielraum ein.

1974 zogen die Vereinigten Staaten zwei F-4-Phantom-Geschwader, die Aufklärungsflugzeuge U2 und nukleares Material aus Taiwan ab. Es blieben nur einige Wartungs- und Ausbildungsoffiziere zurück.

Doch Washington begriff sehr rasch, dass es nicht in seinem Interesse lag, sich aus der Region zurückzuziehen und einen strategisch so wichtigen Verbündeten wie Taiwan im Stich zu lassen. Daher verabschiedete der Kongress im April 1979 den »Taiwan Relations Act«. Darin verpflichteten sich die Vereinigten Staaten erneut, die Sicherheit der Insel, aber auch ihrer Bevölkerung und ihres Wirtschafts- und Sozialsystems zu gewährleisten. Außerdem versprachen die USA, Defensivwaffen an Taiwan zu liefern.

Annäherung und erneute Eskalation

1987 hob die Regierung in Taipeh das Kriegsrecht auf, das seit der Ankunft der Kuomintang auf der Insel geherrscht hatte. Damit war zugleich das Ende des Einparteienregimes besiegelt. Nun übernahmen Politiker taiwanischer Herkunft die Zügel der Macht. Vier Jahre später verzichtete die Kuomintang auf den Alleinvertretungsanspruch Taipehs gegenüber China. Dies war eine wichtige Entscheidung, denn theoretisch war damit dem Hauptkonflikt zwischen den beiden chinesischen Territorien die Grundlage entzogen. Wie sollten nun die Bedingungen für eine friedliche Rückkehr Taiwans zu China geschaffen werden? Wiederum war es Deng Xiaoping, der einen möglichen Weg für die Rückkehr der Insel zum Mutterland vorzeichnete. Anlässlich der anstehenden Rückgabe Hongkongs an China prägte er die Formel: »Ein Land, zwei Systeme«. Dieses Rezept eignete sich für Hongkong, doch es war vor allem für Taiwan gedacht.

Wenig später jedoch wurde der Ruf nach Unabhängigkeit auf Taiwan immer lauter. Je mehr diese Bestrebungen an Boden gewannen, desto angespannter wurden die Beziehungen. Im Oktober 1994 begann die sogenannte dritte Taiwan-Krise: Ein chinesisches Atom-U-Boot der Han-Klasse bedrängte drei Tage lang den Flugzeugträger *USS Kitty Hawk*, der im Gelben Meer manövrierte. Als der taiwanische Präsident im folgenden Jahr die USA besuchte, reagierte Peking verärgert und führte 50 Kilometer vor der nördlichsten der taiwanischen Inseln eine Reihe von Raketentests durch. Die Volksrepublik China zog auf ihrer Seite der Taiwan-Straße Truppen und Material zusammen. 1995 wurden die Tests fortgesetzt, und es fand sogar ein großes Manöver mit allen drei Waffengattungen statt.

In Taiwan standen 1996 die ersten allgemeinen und freien Präsidentschaftswahlen an. Peking befürchtete einen Sieg des Kandidaten der Demokratischen Fortschrittspartei, der für die Unabhängigkeit Taiwans eintrat, und führte daher die bereits erwähnten Raketentests vor der Insel durch. Gewählt wurde dann erneut der Kandidat der Kuomintang. Nach der Beendigung der Raketentests im März 1996 gab China bekannt, dass es nicht die Absicht habe, Taiwan anzugreifen.

Die Neokonservativen Richard Armitage, Paul Wolfowitz und Lewis Libby richteten 1999 ein Schreiben an Präsident Clinton, in dem sie seine allzu nachgiebige Haltung gegenüber China während der Taiwan-Krise 1996 kritisierten. Die Entsendung von zwei Flugzeugträgern erschien ihnen keineswegs als ausreichende Reaktion. Aus ihrer Sicht hatte der Präsident eine historische Chance vertan, China zu besiegen, sein Regime zu stürzen und das Erstarken des »Drachen« im Keim zu ersticken. Das sollten sie ihm während seiner zweiten Amtszeit heimzahlen.

Der Wechsel

Vor den Wahlen des Jahres 2000 erklärte Chen Shui-bian, der Kandidat der Demokratischen Fortschrittspartei, Taiwan sei ein souveräner Staat. Da die Beziehungen zur Volksrepublik somit zwischenstaatlicher Natur seien, erübrige es sich, die Unabhängigkeit der Insel auszurufen. Dennoch kam es zu keiner vierten Taiwan-Krise. China war als großer Gewinner aus der asiatischen Währungskrise 1997 hervorgegangen und hatte beschlossen, nur verbal auf derartige Provokationen zu reagieren. Außerdem hatte sich die Regierung Clinton mit der Bombardierung der chinesischen Botschaft in Belgrad in einem anderen Licht gezeigt. Als Chen Shui-bian im März 2000 zum Präsidenten gewählt wurde, beeilte er sich zu erklären, dass er nicht die Absicht habe, die Unabhängigkeit Taiwans auszurufen oder Peking zu provozieren, solange die Volksrepublik auf Gewalt verzichte.

Als George W. Bush ins Weiße Haus einzog, war dies der Beginn einer härteren politischen Linie. Im April 2001 genehmigte der Präsident die Lieferung von militärischem Gerät an Taiwan. Unter anderem handelte es sich um vier Zerstörer der Kidd-Klasse, acht dieselbetriebene U-Boote und zwölf U-Boot-Jagdflugzeuge vom Typ Orion P-3G. Der Verkauf von Zerstörern, die mit dem Aegis-System ausgerüstet sind, kam jedoch immer noch nicht in Frage. Einige Kommentatoren sahen darin ein Zugeständnis an Peking, doch offiziell hieß es, diese Technologie sei erst ab 2010 für den Export verfügbar. Wahrscheinlich ist aber auch, dass Washington kein allzu sensibles Material an Taiwan liefern will. Schließlich könnte es in die Hände Pekings fallen, falls sich Taipeh zur Wiedervereinigung entschließt.

Der Verkauf von dieselbetriebenen U-Booten an Taiwan überraschte alle Beobachter. Die amerikanischen Werften stellen nur noch nuklear betriebene U-Boote her. Dieselbetriebene U-Boote werden von europäischen Firmen produziert, die bestimmt keine Ressentiments gegen Peking hegen. Da sie überdies als Angriffswaffen gelten, hatten die Vereinigten Staaten bislang keine U-Boote an Taiwan geliefert.

Die Erklärungen Präsident Bushs, dass die Vereinigten Staaten alles tun würden, um einen Beitrag zu Taiwans Selbstverteidigung zu leisten, deuteten darauf hin, dass man die Insel inzwischen als eine Art amerikanisches Protektorat betrachtete.

Der taiwanische Präsident Chen Shui-bian wollte erreichen, dass die Insel unter den Schutz des japanisch-amerikanischen Militärbündnisses gestellt wurde. Er forderte Japan und die Vereinigten Staaten zu militärischer Zusammenarbeit auf und verwies auf die Gefährdung des freien Schiffsverkehrs in der Taiwan-Straße durch China.

Su Chin-chiang, der Vorsitzende der nach Unabhängigkeit strebenden Partei Taiwan Solidaritäts-Union, ging sogar so weit, bei einer Reise nach Tokio den umstrittenen Yasukuni-Schrein zu besuchen. Chen Shui-bian begrüßte die im Februar 2005 unterzeichnete Erklärung Japans und der Vereinigten Staaten, in der die Sicherheit Taiwans als gemeinsames Anliegen dargestellt wurde.

Im Dezember 2004 zeichneten regierungsnahe Quellen in Peking ein düsteres Bild der Lage in der Taiwan-Straße und sprachen offen über die Möglichkeit einer militärischen Intervention.

Im März 2005 verabschiedete China ein »Antisezessionsgesetz«, das den Einsatz »nicht-friedlicher« Mittel vorsah, falls Taiwan seine Unabhängigkeit erklären sollte. Paradoxerweise führte dies zu einem Ende der verbalen Eskalation zwischen den beiden Lagern.

Als der Kuomintang-Vorsitzende Lien Chan Ende April 2005 China besuchte, sprach Peking vom Beginn einer neuen Phase der Beziehungen zwischen Taiwan und dem Festland. Es war das erste Treffen der einstmals verfeindeten Parteien, seitdem die Kuomintang 1949 nach Taiwan geflohen war. Präsident Chen Shui-bian hatte die Reise zunächst unterbinden wollen, räumte dann aber widerstrebend ein, dass der Besuch zu einer Verbesserung der Beziehungen und einem Austausch über die unterschiedlichen Standpunkte führen könne.

Auch James Soong, der Vorsitzende der zweitgrößten taiwanischen Oppositionspartei, der Volksnahen Partei, reiste nach Peking. Wie Lien Chan und die Kuomintang setzt auch er sich für eine Wiedervereinigung Taiwans mit China ein. Chen Shui-bian ist für Peking kein geeigneter Verhandlungspartner, da er sich nicht für die Wiedervereinigung ausgesprochen hat.

Während die wirtschaftliche Zusammenarbeit zwischen Taiwan und China floriert, schwindet die Popularität der Demokratischen Fortschrittspartei. Die Rückkehr der Kuomintang an die Macht könnte einen historischen Konflikt entschärfen und mittelfristig die Wiedervereinigung zwischen Taiwan und China herbeiführen. Damit würde Washington ein wirkungsvolles Druckmittel gegenüber Peking verlieren.

Taiwans Verteidigungspotential

Der taiwanische Militärhaushalt beläuft sich auf zirka 15 Milliarden Dollar. Das ist etwa die Hälfte dessen, was Peking offiziell für seine Verteidigung ausgibt. Bei einer Ausstellung über Raumfahrt- und Militärtechnologie, die im August 2005 in Taipeh stattfand, veranschaulichten Videosimulationen die Auswirkungen eines chinesischen Angriffs auf die Stadt und insbesondere auf das Gebäude *Taipeh 101*, einen Wolkenkratzer mit 101 Stockwerken inmitten des Geschäftsviertels. Ebenfalls gezeigt wurde die Simulation einer Seeblockade Taiwans durch die chinesische Marine, um den Kauf des Flugabwehrraketensystems Patriot und anderer technologisch ausgefeilter Waffen aus den Vereinigten Staaten zu rechtfertigen. Taiwan hat im Jahr 2005 Marschflugkörper auf mobilen Abschusslafetten stationiert, die auf die großen Städte Südchinas gerichtet sind. Diese Hsiung-Feng-Raketen besitzen eine Reichweite von 1000 Kilometern. Entwickelt wurden sie vom Chungshan-Institut für Wissenschaft und Technologie, das der Armee untersteht. 2005 besaß die taiwanische Armee acht amerikanische Fregatten der Knox-Klasse, sechs französische Fregatten der La-Fayette-Klasse und acht amerikanische Fregatten der Perry-Klasse.

Die beiden wichtigsten Häfen der Insel sind Taipeh und Kaoshiung. Wenn China einige wenige Handelsschiffe in taiwanischen Gewässern oder in der Nähe der Häfen versenken würde, wäre sehr rasch der Seeverkehr unterbrochen, weil die internationalen Versicherungsgesellschaften und Charterer keine weiteren Risiken eingehen würden. Im Fall einer Seeblockade könnten die Vereinigten Staaten zwar Taiwan verteidigen, doch dank der technologischen Fortschritte der chinesischen Marine würden die amerikanischen Schiffe vermutlich Verluste erleiden.

Das wichtigste und symbolträchtigste Angriffsziel der chinesischen Marine wären natürlich amerikanische Flugzeugträger und ihre Trägerkampfgruppen, so etwa die *USS Constellation* und die *USS Carl Vinson*. Die sowjetische Doktrin während des Kalten Krieges war ebenfalls darauf ausgerichtet, etwa hundert Marschflugkörper gleichzeitig auf einen Flugzeugträger abzufeuern. Ein solcher asymmetrischer Angriff wäre relativ ökonomisch und eine echte Bedrohung für die amerikanischen Streitkräfte. Auch die U-Boote stellen eine besondere Gefahr für die Flugzeugträger dar.

Eine zweite Operation bestünde darin, das Hoheitsgebiet Taiwans, das heißt Luftwaffenstützpunkte, Kommando- und Kommunikationszentren, Luftverteidigungsanlagen, Militärhäfen und strategisch wichtige Betriebe mit SRBM (Kurzstreckenraketen) und LACM (Marschflugkörper zur Bekämpfung von Bodenzielen) anzugreifen.

2005 hat Peking die Stationierung von CSS-6- und CSS-7-Raketen eingestellt. China verfügt auf diesem Gebiet über eine erdrückende Übermacht, denn es besitzt nahezu 500 Raketen, die auf Taiwan gerichtet sind.

In einer dritten Phase schließlich könnten die chinesischen Truppen auf Taiwan landen. Doch anders als bei den vorherigen Maßnahmen wäre dieser Schritt mit erheblichen Risiken verbunden und würde daher nur als letzte Möglichkeit ins Auge gefasst. Als Voraussetzung für eine erfolgreiche Invasion müsste China über genügend amphibische Angriffsschiffe verfügen, die derzeit in großer Zahl hergestellt werden. Die Armee würde zunächst die Pescadores-Inseln erobern und sie als Stützpunkt für den Angriff auf Taiwan nutzen.

Doch wenn China sich mittelfristig mit Bombern ausrüstet und seine Nuklearstreitmacht verstärkt, werden mehr als nur zwei Flugzeugträger nötig sein, um seine Truppen von einer Invasion Taiwans abzuhalten. Amerika könnte sich gezwungen sehen, drei oder vier Flugzeugträger und ihre Schutzschiffe in der Region zusammenzuziehen, was die politischen und finanziellen Kosten der Operation erheblich in die Höhe treiben würde. Überdies könnte der Einsatz von Chinas strategischen Bombern den Amerikanern empfindliche Verluste beibringen.

Für China geht es also vor allem darum, die – theoretisch bedingungslose – Unterstützung Amerikas für Taiwan aufzubrechen, indem es die Kosten einer militärischen Intervention in die Höhe treibt. Wie viele Tote würden die USA hinnehmen, um Taipeh zu verteidigen?

Vermutlich würden die Chinesen die amerikanischen Flugzeugträger angreifen, falls sie sich wie 1996 in die Taiwan-Straße wagen sollten. Das ganze Arsenal an Offensivwaffen – Jagd-U-Boote, Laserwaffen, Mikrowellenkanonen, Marschflugkörper – würde aufgeboten werden, um eine amerikanische Intervention so kostspielig wie möglich zu machen.

Kapitel 10

Konfliktszenarien

Welche Form wird die Konfrontation zwischen dem US-Adler und dem chinesischen Drachen annehmen? Wird sie dem legendären Kampf zwischen dem Kranich und der Schlange gleichen?

Im 12. Jahrhundert hatte der taoistische Gelehrte Chang Sanfeng jede Nacht denselben Traum: Ein Kranich stieg von einem Baum herab, und aus der Erde kroch eine Schlange. Die beiden Tiere begannen um einen Nahrungsbrocken zu kämpfen. Der Kranich griff das Reptil mit seinem Schnabel an, doch die Schlange entwand sich geschickt durch eine kreiselnde Bewegung.

Das geschmeidige Ausweichen war also der Kraft des Angriffs überlegen.

Dieser Traum ist nichts anderes als eine dynamische Darstellung der Harmonie und des Gleichgewichts der Gegensätze, wie sie im Tao beschrieben werden. Schnelligkeit wird mit Langsamkeit bekämpft, Stärke mit Geschmeidigkeit, und die Tat wird durch die Ruhe gelenkt. Das Tao lehrt das Wu-Wei, die Kunst, nicht voreilig zu handeln. Vor der Tat steht das Verständnis der Kräfte, die die Ordnung der Dinge bestimmen.

Während China noch Zeit braucht, um seinen »friedlichen Aufstieg zur Weltmacht« zu vollenden, wird die Zeit für Amerika immer knapper. Welche Strategie werden die USA wählen, um diesen beachtlichen Gegner zu bekämpfen, diesen Meister des geschmeidigen Ausweichens, der sich mit der Eleganz der Schlange den Angriffen des Kranichs entzieht?

Als George W. Bush im November 2005 bei seinem Besuch im verhassten Japan der chinesischen Regierung empfahl, das politische System Taiwans zu übernehmen, anschließend in Peking die Vorzüge des Christentums pries und danach in die Äußere Mongolei reiste, wollte er die Chinesen bewusst provozieren. Doch Peking verzichtete auf jeden Protest. Man greift den amerikanischen Adler nicht an, wenn einem die Mittel dazu fehlen. Ein Land, das immer selbstbewusster an seine Zukunft glaubt, findet aus taktischen Gründen nichts dabei, vorübergehend das Gesicht zu verlieren, um nicht langfristig seine Interessen zu gefährden.

Seit 1997 und noch mehr seit 2001 hat China gelernt, seine Worte zu mäßigen und sich nicht zu unüberlegten Reaktionen hinreißen zu lassen. Es bietet keine Angriffsflächen und lässt sich weder von dem Amerikaner Bush noch von dem Japaner Koizumi provozieren. Von den fünfziger Jahren bis zur Taiwan-Krise 1996 reagierte China stets überempfindlich und ließ sich leicht aus der Reserve locken. Doch das China Hu Jintaos ist selbstsicher und siegesgewiss. Drei Viertel der Bewohner des Planeten blicken fasziniert auf ein Land, dem es gelungen ist, mehrere hundert Millionen Menschen aus der bittersten Armut zu befreien. Und so wird es für die amerikanischen Neokonservativen gar nicht so einfach sein, Hu Jintao als »neuen Hitler« und China als »großen Satan« zu verteufeln.

2008 – ein entscheidendes Jahr

Im Jahr 2008 wird in den Vereinigten Staaten ein neuer Präsident gewählt. Für das Pentagon und die Neokonservativen ist eine etwaige Rückkehr zu der Entspannungspolitik Clintons undenkbar. Was also tun, damit die seit 2001 verfolgte Politik der Eindämmung Chinas auch einem demokratischen Präsidenten plausibel und unvermeidlich erscheint? Die Kommunistische Partei Chinas hat keine solchen Probleme, mag sich Dick Cheney vermutlich ein klein wenig neidisch denken …

Oder kann man die Wahl eines kämpferischen Republikaners herbeiführen, indem man die Rivalität mit China bis zur Auslösung eines bewaffneten Konflikts eskalieren lässt?

Der Wahltag rückt näher, und 2008 ist in mehrfacher Hinsicht ein Schicksalsjahr. Vor den amerikanischen Präsidentschaftswahlen im November finden die Olympischen Spiele in Peking statt – eine ideale Möglichkeit für das Reich der Mitte, sein neues Image als industrielle, wissenschaftliche und technologische Großmacht zu präsentieren. Die chinesischen Sportler trainieren schon jetzt äußerst hart, um ihre amerikanischen Rivalen zu überflügeln und ihr Land an die Spitze des Medaillenspiegels zu bringen.

Und wenn sich China an seine Marschroute hält, wird es 2008 in mehreren strategisch wichtigen Sektoren Innovationen liefern und immaterielle Güter produzieren. Außerdem könnte es in diesem Jahr bereits über eine etwas glaubwürdigere Atomstreitmacht verfügen.

Damit wächst die Wahrscheinlichkeit, dass sich die Konfrontation zwischen den Vereinigten Staaten und dem Reich der Mitte zuspitzt. Bis zu diesem Zeitpunkt könnten sich die ökonomischen Perspektiven Amerikas erheblich verschlechtern. Als die Wirtschaft der Vereinigten Staaten im Jahr 2001, ähnlich wie die japanische während der neunziger Jahre, in eine deflationäre Spirale zu geraten drohte, gelang es durch eine extrem expansive Geldpolitik, die Wirtschaftstätigkeit über den Konsum, den Immobiliensektor und die Rüstungsausgaben künstlich wieder anzukurbeln. Die daraus entstandenen Ungleichgewichtigkeiten könnten zu einer schweren Wirtschaftskrise führen.

Kalter Krieg oder offene Konfrontation?

Ein Weltkrieg ist wenig wahrscheinlich, so die beruhigende Versicherung der Kommentatoren. Es wird allenfalls einen unterschwelligen Machtkampf geben, einen langen, unsichtbaren Schattenkrieg, der nicht zur offenen Konfrontation führt. Doch ein Kalter Krieg zwischen den USA und China nach dem Vorbild des Konflikts mit der Sowjetunion ist schwer vorstellbar. Chinas Wachstumsraten und die Größe seiner Volkswirtschaft, seine Fortschritte in den Bereichen Forschung und Entwicklung machen das Land zu einer Bedrohung für die Grundlagen der amerikanischen Wirtschaftsmacht – was bei der Sowjetunion nie der Fall war. Also muss kurzfristig etwas Entscheidendes geschehen, um den Vormarsch des »Drachen« zu stoppen. Ein »Gleichgewicht des Schreckens« oder eine »friedliche Koexistenz« dürften kaum zu den Optionen zählen, die das Pentagon angesichts eines Gegners ohne nennenswerte Nuklearstreitmacht anstrebt.

China als »Schurkenstaat«

Um sich gegenüber Amerika zu behaupten, hat sich China einigen äußerst fragwürdigen Regimen angenähert, die es strategisch unterstützen. Andere liefern ihm die Rohstoffe, die seine Industrie so dringend benötigt. Nur könnte das Reich der Mitte selbst auch als »Schurkenstaat« verteufelt werden.

Wird sich China, das wieder zum führenden Land der Welt werden will, zu einer aggressiven Expansionspolitik entschließen, wie sie Deutschland und Japan im Zweiten Weltkrieg betrieben haben?

Das zumindest behaupten die amerikanischen Neokonservativen, die immer wieder auf Parallelen zwischen dem chinesischen Regime und Nazideutschland hinweisen. Die gleiche totalitäre Struktur, die gleiche Begeisterung für die Massenproduktion ... Dabei lassen sie allerdings außer Acht, dass es Henry Ford war, der Hitler auf die Idee mit dem Volkswagen brachte. Die beiden Männer bewunderten einander.

Auch Amerikas Bündnispartner Japan brandmarkt die Bedrohung, die angeblich vom chinesischen Nationalismus für die Region ausgeht. Seine eigenen Verbrechen in den dreißiger und vierziger Jahren bleiben dabei unerwähnt. So könnte China nach und nach in die Kategorie der »Schurkenstaaten« eingeordnet werden, zu denen es enge Beziehungen unterhält.

Weiterverbreitung von Atomwaffen

Im Oktober 2004 führten Frankreich, Japan, Australien und die Vereinigten Staaten im Rahmen der »Proliferation Security Initiative« (PSI) Seemanöver durch. Bei der Übung unter dem Codenamen »Team Samurai« ging es um das Szenario einer Intervention auf hoher See, durch die die Verbreitung von Massenvernichtungswaffen unterbunden werden sollte. Das in japanischen Gewässern entdeckte chinesische U-Boot beobachtete wahrscheinlich diese Manöver. Resolution 1540 des UN-Sicherheitsrats sieht die Durchsuchung von Schiffen in internationalen Gewässern vor, die man des Transports von Material verdächtigt, das der Verbreitung von Massenvernichtungswaffen dienen könnte. Es ist kaum wahrscheinlich, dass China der Inspektion von Schiffen zustimmt, die unter seiner Flagge fahren. Mit Sicherheit wird es gegen jede Resolution, die in diese Richtung zielt, sein Veto einlegen.

Im Unterschied zu seinem Vorgänger Bill Clinton hat George W. Bush keine Gelegenheit ausgelassen, die Militärhilfe Chinas für zahlreiche den USA feindlich gesinnte Staaten zu verurteilen. Diese Praktiken könnten Amerika und seine Verbündeten dazu veranlassen, konkrete Maßnahmen gegen Peking zu ergreifen.

Auseinandersetzungen im Chinesischen Meer

Denkbar wäre auch, dass zuerst Japan den Kampf gegen China aufnimmt, ein revisionistisches Japan, wo Nationalismus und Revanchismus eine Renaissance erleben.

Die zunehmende Präsenz der chinesischen Marine im Chinesischen Meer beunruhigt Japan. Peking argumentiert, dass ein Land mit 15 000 Küstenkilometern eine Hochseemarine benötige, um seine Hoheitsgewässer zu verteidigen. Tokio dagegen äußert die Befürchtung, dass die strategisch wichtigen Meerengen, durch die das Erdöl und die japanischen Importe transportiert werden, unter chinesische Kontrolle geraten könnten.

Der Streit um die Senkaku-Inseln, auf die beide Länder Anspruch erheben, könnte als Auslöser für einen Konflikt zwischen Japan und China dienen. Vor allem dann, wenn sich herausstellen sollte, dass der Meeresboden – so wie bei Chunxiao – große Gasvorkommen birgt.

Angriff auf die chinesische Energieversorgung

Terrorangriffe, Piraterie, die Abriegelung des Persischen Golfes, eine Blockade der Straße von Malakka – zahlreiche Gefahren können die Energieversorgung Chinas bedrohen. Die Unterbrechung seiner Transportwege wäre für Peking ein Casus belli.

Als der amerikanische Außenminister Cordell Hull sich 1941 weigerte, das Ölembargo gegen Japan aufzuheben, beschloss Tokio die Bombardierung von Pearl Harbor.

Nach Ansicht des Pentagon könnte China in einer vergleichbaren Situation zu extremen Maßnahmen greifen und sich der Energieressourcen seiner Nachbarn bemächtigen. Mögliche Ziele wären dabei Sibirien und Südostasien.

Wirtschaftlicher Druck

Die amerikanische und die chinesische Wirtschaft sind eng ineinander verzahnt. Daher gibt es nur eingeschränkte Möglichkeiten, in diesem Bereich Druck auf Peking auszuüben.

Nach Angaben der IIPA (International Intellectual Property Alliance) bringen die gewerblichen Schutzrechte den Vereinigten Staaten alljährlich zwischen 600 und 700 Milliarden Dollar ein, das heißt mehr als 5 Prozent ihres Bruttoinlandsprodukts. Viele Bereiche der Zukunftsindustrie sind durch Patente blockiert, die sich im Besitz der Vereinigten Staaten und ihrer Alliierten befinden.

Inzwischen verstößt mindestens ein Viertel der chinesischen Unternehmen gegen die Vorschriften über die gewerblichen Schutzrechte. Der Krieg um Normen und Patente wird beginnen, wenn China als Technologielieferant auf den Markt drängt. In diesem Fall würde die amerikanische Militärmacht im Dienste der Verteidigung immaterieller Vermögenswerte intervenieren. Die Flugzeugträger der US Navy und die Bomber der US Air Force würden diese Missachtung der amerikanischen Patente hart bestrafen.

China hat zwei Drittel seiner Währungsreserven – Ende 2005 waren das mehr als 800 Milliarden Dollar – in amerikanischen Papieren angelegt, unter anderem in Staatsanleihen, mit denen die Staatsschulden des Landes finanziert werden. Sollte China, wie es angedeutet hat, seine Reserven umschichten oder – schlimmer noch – seine Staatsanleihen verkaufen, würde dies zu erheblichen Veränderungen auf den Währungsmärkten, bei den Wechselkursen und den Zinssätzen führen. China würde sich dem Vorwurf ausgesetzt sehen, der amerikanischen Wirtschaft zu schaden.

Soziale Spannungen

Auf dem Plenum der Kommunistischen Partei Chinas im Oktober 2005 wiesen die führenden Köpfe auf die Gefahren hin, die dem Land durch die rasante Entwicklung der Wirtschaft entstehen. Das Gefälle zwischen Arm und Reich hat die »Grenzen des Vertretbaren« erreicht, heißt es in einer Verlautbarung der Presseagentur Neues China. Die Regierung hat sich das Ziel gesetzt, mehr soziale Gerechtigkeit und Harmonie zu schaffen und das Los der Bauern zu verbessern, die zu den großen Verlierern des Wachstums gehören. Peking sucht zu verhindern, dass ausländische Kräfte sich diese brisante Situation zunutze machen.

Religion: Rückkehr des »Opiums für das Volk«

Die ständigen Hinweise auf die Menschenrechtssituation in China zielen vor allem auf die Verfolgung religiöser Gruppen und die Missachtung der Meinungsfreiheit. Doch angesichts des »Patriot Act« und der Sondergefängnisse für Terroristen ist die Menschenrechtssituation in den Vereinigten Staaten auch nicht gerade einwandfrei.

In den Aktivitäten der religiösen Sekten sieht China eine ernsthafte Bedrohung für die nationale Sicherheit, vor allem wenn sie Beziehungen zu konfessionellen Gruppen im

Ausland unterhalten. Die taoistisch und buddhistisch geprägte Falungong-Sekte konnte leicht ausgeschaltet werden. Ganz anders sieht es mit den amerikanischen evangelikalen Sekten aus, deren ranghöchster Fürsprecher Präsident Bush persönlich ist. Die Forderung nach Religionsfreiheit ist für die US-Regierung ein hervorragendes Mittel, Peking unter Druck zu setzen. Und die Religion der christlichen Fundamentalisten könnte sich als sehr wirksamer Katalysator erweisen, um Einfluss auf die chinesische Gesellschaft zu nehmen.

Die Falungong-Sekte, die das Ende der Welt verkündete, hatte mehr als hundert Millionen Anhänger, als sie im Juli 1999 verboten wurde. Ihre Inhalte wirken auf den ersten Blick nicht sonderlich bedrohlich. Die Falungong-Anhänger betreiben Übungen in der Art des Tai Chi Chuan, und ihre Philosophie ist verwandt mit der des Buddhismus. Allerdings erhielt die 1992 entstandene Sekte beträchtliche finanzielle Unterstützung aus den Vereinigten Staaten, wo ihr Gründer Lee Hongzi seit 1996 lebt.

Im April 1999 umzingelten Tausende von Anhängern der Sekte im Rahmen einer friedlichen Demonstration die Wohnsitze mehrerer chinesischer Regierungsvertreter. Dies genügte, um Falungong als feindliche Gruppierung zu brandmarken. Die Unterdrückung der Sekte wurde von den Vereinigten Staaten und anderen westlichen Ländern verurteilt, die hierin eine Verletzung der Meinungs- und Religionsfreiheit sahen.

Bereits im 13. Jahrhundert gab es Christen in China, die der nestorianischen Lehre anhingen. Anfang des 17. Jahrhunderts wurde der Jesuit Matteo Ricci am Hofe der Ming wohlwollend empfangen. Damals verpasste der Katholizismus die historische Chance, sich dauerhaft in China zu etablieren. Da aber Rom keinerlei Zugeständnisse gegenüber traditionellen chinesischen Kulten duldete, wurde das Christentum schließlich verboten.

Die zweite Welle der Bekehrung zum Christentum kam dann nach den Opiumkriegen im 19. Jahrhundert. Frankreich zeigte den größten Bekehrungseifer, während die Engländer und die Deutschen eher am Handel interessiert waren. So kam es, dass die Franzosen dem Kaiser von China ein »Toleranzedikt« auferlegten, das dem Schutz der Christen dienen sollte.

Katholische und protestantische Missionare ließen sich in ländlichen Gebieten nieder, errichteten Schulen in den Städten und verbreiteten eifrig ihren Glauben. Allerdings wurden sie von vielen Chinesen als Abgesandte der europäischen Besatzungsmächte betrachtet. Während des Boxeraufstands kam es dann zu Massakern an Missionaren und chinesischen Konvertiten.

Heute sieht Peking eine Gefahr in dem Erfolg der amerikanischen evangelikalen Kirchen, die in China, wie überall in der Welt, ungeheuer erfolgreich sind. Angeblich gibt es im Reich der Mitte hundert Millionen evangelikale Christen – das sind 20 Millionen mehr als in den Vereinigten Staaten.

Auf fünfzig Jahre Kommunismus war ein wirtschaftlicher Aufschwung gefolgt, der breiten Schichten der Bevölkerung materiellen Wohlstand beschert hatte. Auf der Strecke blieb das Bedürfnis nach Spiritualität, und in dieses Vakuum stießen nun die evangelikalen Kirchen.

George W. Bush besuchte während seiner letzten Peking-Reise die Gangwashi-Kirche, eine der fünf offiziell anerkannten protestantischen Kirchen in China.

China akzeptiert die Religionsfreiheit unter der Bedingung, dass Glaubensgemeinschaften vom Staat anerkannt, registriert und kontrolliert werden müssen. Viele Gläubige sind jedoch in Untergrundkirchen organisiert, die sich den wachsamen Augen der Behörden entziehen – was für Peking eine potentielle Bedrohung der öffentlichen Ordnung und der nationalen Sicherheit darstellt. Unter dem Deckmantel der Religion könnten ausländische Kräfte die Staatsorgane und die wichtigsten Institutionen der Gesellschaft infiltrieren.

China wird regelmäßig als eines von acht Ländern der Welt genannt, in denen die Religionsfreiheit am meisten gefährdet ist. Laut der US Commission on International Religious Freedom wurden Geistliche inhaftiert, weil sie Bibeln und andere religiöse Werke außerhalb der vom Staat vorgesehenen Strukturen veröffentlicht hatten.

Nachwort

Chinesische und westliche Werte

»Wie sollen wir die Technologien und die Produktionsweisen des Westens übernehmen, ohne dabei unsere eigenen Werte und unsere Lebensweise aufzugeben?« Diese Frage beschäftigte die Japaner der Meiji-Ära, die Chinesen und später die Tigerstaaten Asiens – wobei sie oft »westliche Werte« und »städtische Werte« verwechselten. Denn auch in Europa verbrachten die Großmütter ihren Lebensabend im Kreis der Familie, bevor die »moderne Gesellschaft« das Altenheim erfand. Die Achtung vor dem Alter ist ein universeller Wert, der erst durch die Landflucht und ihre Folgen in Frage gestellt wurde.

Heute haben sich die Rollen weitgehend umgekehrt:

Die westlichen Länder bemühen sich verzweifelt, ihre Lebensweise angesichts des überwältigenden, ganz auf die Produktion ausgerichteten Wachstums Asiens zu bewahren. 1839 hatten die britischen Kanonenboote die Gewissheit der Chinesen erschüttert, dass sie das Zentrum des Universums bildeten und ihre Kultur allen anderen überlegen sei.

Heute bringt die chinesische Effizienz die Gewissheit des Westens ins Wanken, dass Demokratie und Freiheit universelle und überlegene Werte sind. Da gibt es eine andere, 5000 Jahre alte Welt, die wir aber erst heute in ihrer Unermesslichkeit wahrnehmen. Sollten also unsere aus dem antiken Athen und dem Zeitalter der Aufklärung übernommenen Werte auch nur relativ sein?

Die Anpassung an die chinesischen Werte stellt vieles in Frage – besonders in Ländern, in denen vom »Ende der Arbeit«, von der »Freizeitgesellschaft« oder der »35-Stunden-Woche« die Rede ist.

Doch um unser Gesellschaftsmodell zu bewahren, hätten wir es verteidigen sollen, solange noch Zeit dafür war. Mittlerweile ist das Modell des Wohlfahrtsstaats für viele diskreditiert. Immer lauter ertönt der Ruf nach einer ordentlichen Dosis Ultraliberalismus als Allheilmittel, um die Dinge wieder ins Lot zu bringen. So wurde China de facto zum Verbündeten all jener, die der »Sozialstaatsmentalität« ein Ende setzen wollen und ganz allgemein »weniger Staat« fordern.

Was das Timing angeht, liegt hier jedoch ein tragischer Irrtum vor. Um sich gegen die chinesische Herausforderung zu behaupten, müsste man die Kräfte bündeln und den Staat als Koordinator für die Planung der Zukunft einsetzen. Stattdessen hat sich ein gespaltenes Europa ausgerechnet diesen Zeitpunkt ausgesucht, um den Staat aus der Wirtschaft herauszudrängen. Eine regelrechte Selbstversenkung im Angesicht der gewaltigen Dschunken des Angreifers.

Wird Europa mangels politischer Einigung das Schicksal der Republik Venedig ereilen – wird es zu einem Freilichtmuseum werden, das chinesische Touristen auf Gondeln durchqueren?

Samuel Huntington, der Verfasser des berühmten Buches *Kampf der Kulturen*, stellt im Titel seines letzten, 2004 erschienenen Buches eine beängstigende Frage: *Who are we? Die Krise der amerikanischen Identität.*

Nachdem er sein Land vor dem »Multikulturalismus« gewarnt hat, der aus der starken Einwanderung der Hispanoamerikaner resultiert, karikiert er das, was er als »mexikanische Werte« bezeichnet: ein träges Hinnehmen der Armut, das allzu sehr von einer antriebslosen Selbstgenügsamkeit geprägt ist. Dies ist das komplette Gegenteil des amerikanischen Traums, mit dem sich die protestantische angelsächsische Gesellschaft identifiziert und der sich auf ein Arbeitsethos stützt, das Erfolg und Wohlstand als Lohn Gottes feiert.

Die »mexikanische« Lebensphilosophie fördert keinesfalls den Konsum, der immerhin zwei Drittel des amerikanischen Wirtschaftsaufkommens ausmacht. Somit geht es laut Huntington darum, zu konsumieren und Wohlstand zu schaffen. Doch ruft er die Amerikaner durch diese Glorifizierung des protestantischen Arbeitsethos nicht zum Wettstreit mit den Chinesen auf?

Auch Deng Xiaopings Parole lautete: »Bereichert Euch!«

Die Tyrannei der Effizienz, die der ganzen Welt durch das chinesische System aufgezwungen wird, gefährdet alle Länder Europas, Lateinamerikas und Asiens, die mehr oder weniger bestrebt sind, ihre eigenen »mexikanischen Werte« zu verteidigen. Das auf den materiellen Wohlstand gestützte chinesisch-amerikanische Modell propagiert eine eindimensionale Glücksvorstellung, die all jene Kulturen bedroht, welche den Menschen nicht nur in ökonomischen Kategorien betrachten.

Dieses Modell ist jedoch nur schwer angreifbar, denn immerhin konnten mit seiner Hilfe – und nicht mit Hilfe der kommunistischen Utopie – innerhalb von fünfundzwanzig Jahren etwa 450 Millionen Chinesen aus der Armut geholt werden.

Die Ähnlichkeiten zwischen den beiden Systemen, zwischen protestantischer Ethik und Neokonfuzianismus, sind so frappierend wie beunruhigend. »Gott hat mich reich gemacht«, behauptete John D. Rockefeller. Für die Chinesen ist die Harmonie zwischen dem Menschen und den natürlichen – und übernatürlichen – Kräften die Quelle von Erfolg und Wohlstand.

So kann es nicht erstaunen, dass das reiche Amerika als Land der Autos und der Einfamilienhäuser für die Chinesen das Ideal der Gesellschaft darstellt, die sie errichten wollen. Umgekehrt erweist sich im Hickhack um die höhere Effizienz das chinesische Modell als unschlagbar – was wiederum Amerika dazu veranlassen könnte, sich noch weiter in Richtung eines militaristischen und religiösen Totalitarismus zu entwickeln.

Werden wir eine Konfrontation zwischen dem amerikanischen Modell, jener zuweilen irrationalen, emotionalen und maskulinen, von der Wärme des Yang geprägten Energie mit ihrem chinesischen, methodischen, pragmatischen, von der Kälte des Yin geprägten Gegenstück erleben?

Während das europäische Denken in der Tradition Platons das Überdauernde, Transzendente und Universelle sucht, interessiert sich das chinesische Denken für das Konkrete und Reale im zyklischen Wandel. Den Chinesen sind also Idealismus oder Utopismus völlig fremd.

Wie war der Name des chinesischen Gutenberg, der unter der Song-Dynastie (960–1279) die Buchdruckerei erfand? Wie hieß der chinesische Leonardo da Vinci, der die Pläne für die Hochseedschunke entwarf oder der das Steuerruder, die Schubkarre oder den Kompass erfand? Man dürfte vergeblich nach ihren Namen suchen. Innovation ist in China kein Ergebnis der genialen Eingebung eines Einzelnen, sondern entsteht im Gegenteil aus der Praxis, dem Vorantasten und ständigen Korrekturen. Innovation ist die Frucht der kollektiven Arbeit auf der Basis eines empirischen Prozesses. Wird also jegliche Romantik, jede Utopie, jedes individuelle Heldentum durch den Sieg eines methodischen und anwendungsorientierten Denkens hinweggefegt? Die Zukunft wird es zeigen.

Personenregister

Peter Scholl-Latour
Russland im Zangengriff

PUTINS IMPERIUM ZWISCHEN NATO, CHINA UND ISLAM

432 Seiten mit 16 Seiten Farbabbildungen und Karten
Gebunden mit Schutzumschlag
ISBN 978-3-549-07265-3

»Er hat mal wieder Recht behalten ... Scholl-Latours Urteile sind scharf, die Begründungen fundiert.«

DER SPIEGEL

»Auf ganz unpolitologische Weise kommen scharfe politische Analysen zustande, die sich so spannend wie ein Abenteuerbericht lesen.«

FRANKFURTER ALLGEMEINE ZEITUNG

»Klassische Reportagen über seine Reisen in die russischen Konfliktregionen verbindet der Vollblutjournalist mit treffenden Analysen des Status quo und seiner Auswirkungen auf Mitteleuropa.«

DPA

PROPYLÄEN VERLAG
www.propylaeen-verlag.de